1847

Ein Münchner Studentenleben

in aufregenden Zeiten

Autor: Karl Georg Valentin Rost

Herausgeber: Ernst Dopfer

Transkription: Anke und Ulrich Gaier

Bibliografische Information der Deutschen Nationalbibliothek: Die
Deutsche Nationalbibliothek verzeichnet diese Publikation in der
Deutschen Nationalbibliografie; detaillierte bibliografische Daten sind
im Internet über www.dnb.de abrufbar.

Herstellung und Verlag:
BoD – Books on Demand, Norderstedt

Titelbild: Joseph Karl Stieler
Porträt der Lola Montez, gemalt für die Schönheitengalerie Ludwig I.
Titelfoto Siegestor: Franz Hanfstaengl

Die Zeitungsausschnitte und der Plan von Salzburg entstammen dem
Tagebuch
Alle anderen Abbildungen sind zur Illustration eingefügt und nicht im
Original enthalten (Quelle: wikimedia.org)

ISBN: 9783734799853

Durch einen wundersamen Zufall gelangte ich vor mehr als 30 Jahren in den Besitz eines alten Tagebuchs, verfaßt von einem Münchner Studenten in den Jahren 1847 – 1849.

Georg Werner, der Bruder meiner Frau, und sein Freund Armin Steiner hatten es auf einer der damals noch üblichen ländlichen Müllkippen in der Nähe unseres Wohnorts gefunden. Das Buch war in altdeutscher Schrift geschrieben, so dass wir uns sehr schwer taten, die Sätze zu lesen. Immerhin konnte ich ein paar interessante Worte entziffern, König Ludwig I. und Lola Montez klang vielversprechend. Der Inhalt schien also recht spannend zu sein, und da die beiden damals 12-jährigen Jungen ein uraltes schwarzes Telefon viel besser fanden als ein Tagebuch, konnten wir ein Tauschgeschäft arrangieren.

Zu dieser Zeit, selbst noch ein Student in München, hatte ich allerdings keine Möglichkeit, das Buch transkribieren zu lassen oder gar zu veröffentlichen (das Internet oder eBooks gab es nur als Science Fiction einer fernen Zukunft). So verschwand es erst mal in der Schublade. Aber vor zehn Jahren fiel es mir wieder in die Hände, und jetzt hatte ich die Möglichkeit, dank Internet schnell jemand zu finden, der diese Schrift lesen konnte. Bald stellte sich aber heraus, dass eine vollständige Transkription entweder zu teuer oder vom Umfang her zu aufwendig war. Also legte ich es erneut zur Seite.

Eine Kunsthistorikerin aus Südtirol, die sich vor Jahren für das Tagebuch interessiert hatte, fragte jetzt vor einigen Monaten nach, was aus dem Text geworden sei. Für sie war die Arbeit aber zu umfangreich, und ich wollte nicht schon wieder aufgeben. Inzwischen bestand auch die Möglichkeit, ein Buch selbst zu veröffentlichen, und ich machte mich noch einmal auf die (Internet-)Suche. Endlich stieß ich auf das Sütterlin-Team der AWO Konstanz, die ehrenamtlich oder gegen Spende solche Texte übertragen.

Mit Anke Gaier und ihrem Mann Professor Ulrich Gaier fanden sich dort die idealen Partner, um das Vorhaben zu realisieren. Mein herzlicher Dank geht an diese Beiden für ihre unglaublich schnelle und perfekte Transkription der hier wiedergegebenen Schrift!

Den Lesern wünsche ich viel Freude beim Lesen dieses fast schon literarischen Textes, der eine Fülle von Details über die politischen, sozialen und kulturellen Verhältnisse des damaligen Münchner Lebens enthält. Nicht zuletzt die detaillierten Berichte über den Skandal, den die Affäre der Tänzerin Lola Montez mit Ludwig I. auslöste, machen die Erzählung so spannend. Tatsächlich war die Tante (Maria Auguste Margarethe Vergho) des Verfassers Kammerfrau bei Hof und vielleicht zeitweise auch die Zofe von Lola Montez, wodurch der Münchner Student so einige Dinge erfuhr, die der breiten Öffentlichkeit verborgen blieben.

Ernst Dopfer

Alle Wörter und Sätze sind buchstabengetreu übertragen worden, d.h. auch fehlerhafte oder wechselnde Schreibweisen entstammen dem Originaltext.

II.

TAGE BUCH

von

25 Apr: 1847.

bis zum

31 März 1849.

TAGEBUCH

von

25. Apr. 1847

bis zum

31. März 1849

Kopie aus dem Tagebuch

Kein Mensch ist ohne Fehler, ich besitze viele; - bin
schwach, - -

April.

25. Schwerer, als je wurde mir der Abschied vom
väterlichen Hause: erklären kann ich es mir nicht: doch
fasse Muth, den ein Mann nie verlieren sollte, es sei denn,
er wollte den alten Weibern zum Gelächter dienen. - - Vor
Sonnenaufgang entrollte ich mit M. Schad u. A. Schmitt
Mün. schlechtgepflasteter Straße u. gelangte um 7 Uhr in
Hofheim einen Imbiß zu mir nehmend vor Tischzeit nach
Ebern. Hier besuchte ich Onkel Benedikt, vernahm aber
leider von der Tante, daß er sich in aller Frühe nach
Nürnb. begeben habe. Auch Jos. Will sprach ich über
Tische, worauf wir wieder in die Kutsche stiegen u.
Güßbach gerade erreichten, als vor unsern Augen der
Eisenbahnzug nach Bamberg fuhr: da standen wir u.
schauten uns einander an, doch fanden wir hierin
Entschädigung, daß wir im Wirthshause meinen Onkel,
ferner H. Landr. Leutbecher von Baunach mit
Freul.Tochter trafen. So gelangten wir erst mit dem letzten
Zuge nach Bamberg und um 9 Uhr nach Nürnberg. Nichts
eiligeres zu thun hatten wir hier, als in den Posthof zu
gehen u. uns bis Donauwörth einschreiben zu lassen (3 f.
14 x) [3 Gulden, 14 Kreuzer]. Bis 11 Uhr verweilten wir im
Gasthaus zum Strauß, bestiegen dann den Eilwagen u. die
ganze Nacht hindurch fahrend erreichten wir um ½ 12 Uhr
Donauwörth. Von da beförderte uns die Eisenbahn bis gen
5 Uhr nach München. Schad, als Fremden, begleiteten wir
zu Kappler u. von da zu Hildebrand, wo uns dann das
Münchner Bier vortrefflich mundete: auch Aquilin u.
Heinrich vermehrte die Heiterkeit.

München Hauptbahnhof

26. Vor allem besorgte ich meine Inscription in der Universität und machte hierauf bei Tante Augusta u. bei Appel Besuch. Nachmittags ließen wir uns Zacherl's Bier in der Au schmecken.

27. Herrn Forstamts Aktuar v. Haller auf der Straße getroffen: mit ihm einige Partien Billard im Museum gespielt. In der Dien- u. Knorr-Breu gewesen.

28. Herrn Adv. Riedel u. H. Kan. Münz besucht. Legitimations Charte auf d. Polizei gelöst; Herrn v. Mangstl gesprochen. Schon seit 2 Tagen reiten von Stunde zu Stunde 5 Mann Kuirassiere durch die Straßen Münchens, sowie ebenfalls Piquete Linien-Militär dieselben durchschreiten. Diese Vorsichts Maßregeln mögen hervorgerufen worden sein theils durch die bedauerlichen Vorfälle in Berlin, in Frankf. an d. Oder, in Nürnberg etc, theils durch den herannahenden Mai, wo das Maas Bier 7 x kostet. Ohnedieß hat die Noth heuer einen hohen Grad erstiegen: so kostet in unserm fruchtbaren Bayern der Scheffel Getreide 44-46 f, u. so sind alle Lebensmittel gestiegen: suche man aber nicht diese Theurung in einem Mißjahre zu deuten, nein die großen Ausfuhren u. der hiedurch herbeigeführte Wucher – die Regierungen hätten längst dagegen energisch auftreten sollen! – diese sind die Ursache. Welchen Aussichten gehen wir entgegen, wenn ein Mißjahr eintreten sollte! O, ihr 38 Fürsten Deutschlands, ihr seid Bl. t. g. l.

30. In der Restauration français ein Dejeune genommen. In der Erzgießerei bewunderten wir die kolossale Bavaria; deren Haupt, Arme, Ober- u. Unterleib bereits gegossen ist, durch ihren Siegeskranz konnte ich fast aufrecht gehen. Die Statuen: Fürstbischof Julius von Würzb. und König Odoaker werden eben jetzt ciselirt. – Nachmittags floß der erste Bock u. Schad zu Liebe begab ich mich in die Bockhalle: da war denn ein Lärmen, Geschrei, Stoßen, während die Musik in grellen Weisen dazu stöhnte u. die

Radis Weiber kreischten: daß ich mich freute, nachdem ich mein Glas geleert, diese dampfigen Hallen verlassen zu können.

Gießerei der Bavaria

Mai

1. Der so gefürchtete erste Mai ging im Ganzen ohne bedeutende Ruhestörung vorüber, nur gen den Bockkeller, wo die Köpfe nachmittags etwas erhitzter sein mochten, schritten 24 Mann Gendarmerie, indem man dort die Gläser u. Krüge zusammenschmetterte. Auch einige Studenten sollen bei diesem Vorfalle arretirt worden sein.

2. Bei Herr Advokaten Riedel zu Mittag gespeist. Morgens im Bockkeller den durch die fliegenden Blätter bekannten Maler Stauber kennen gelernt. Nachmittags begleiteten wir (Aquil. u. Heinr. Schad, Max, Block), der wieder nach Franken reist, an die Eisenbahn, wo er, unter Versicherung, es habe ihm hier sehr gut gefallen, von uns Abschied nahm. Wir selbst machten aber von da noch einen Spaziergang nach Sendling.

3. Nach einem Anschlage am schwarzen Brett ist es nun auch den Philosophen gestattet einer Verbindung beizutreten. Diese Verordnung hätte schon längst erscheinen sollen, indem das Verbot gerade das Gegentheil bezweckt hatte. Auch wurde ein neues Corps „Isaria" vom Ministerium privilegirt, so daß jetzt 5 Verbindungen an unserer Universität vegetiren: die der Schwaben mit schwarzen, der Franken mit dunkelgrünen, der Bayern mit weißen, der Pfälzer mit rothen, u. die der Isaren mit hellgrünen Kappen. Außer diesen schleichen noch die Burschen im Dunkeln. Im ganzen jedoch wird der Corpsstudent ebenso wenig beachtet, als der Obscurant u. wenn auch viele Studenten die hiesige Universität besuchen, sie verschwinden in der großen Hauptstadt.

5. Da die Schluß Examina für das Wintersemester wegen der Vorfälle am ersten März nicht vorgenommen werden konnten: so erschien neuerdings ein Rescript vom kgl. Ministerium, wonach die Examina schriftlich abzuhalten seien: u. so hatten wir mittags das erste aus der mittleren Geschichte unter Leitung des Prof. Geus, der die 22 Fragen Höfler's dictirte, von denen wir dann 2 zur Beantwortung auswählen konnten. Was von diesen schriftlichen

philosophischen Examina zu halten sei, überlasse ich dem Gutdünken eines Jeden; nur so viel will ich erwähnen, daß es viel besser gewesen sei, uns Frequenszeugnisse zu geben, als solchen Hohn zu treiben.

6. Als ich heute morgens nach dem schriftl. Examen aus der Physik nach Hause kam, erzählte mir die Schwester meiner Hausfrau: sie sei gerade mit dem Aufräumen meines Zimmers beschäftigt gewesen, als ein ganz nobler Herr eingetreten sei u. die Frage aufgeworfen habe: wohnt hier nicht ein Student? ach wie heißt er denn nur, sein Name ist mir entfallen: „Rost" antwortet sie; richtig: diese Pfeife dort hat er mir zum Geschenke gemacht, wollen sie die Güte haben, mir dieselbe übergeben. Sie dagegen: Ohne Auftrag von ihm selbst, kann ich Ihnen dieselbe nicht überreichen. „Scheine ich Ihnen vielleicht verdächtig" war seine Antwort; nein, kommen sie später wieder u. als er sich angelegentlich erkundigte, ob sie allein zu Hause sei, sagte sie, nein, worauf er sich denn endlich entfernte. – Ich selbst habe keinem Menschen eine Pfeife zum Geschenke versprochen, kann also nicht anders schließen, als daß dieser Unbekannte ein so genannter Industrie Ritter ist. – Nachmittags hatten wir schriftliches Examen aus der Archäologie, das an Lasaulx Stelle Prof. Thiersch abhielt.

7. Nach dem schriftl. Examen aus der bayrischen Geschichte begab ich mich in das Kupferstich-Kabinet der Pynakothek, wo ich mir aus der deutschen Schule die Lithographien u. Kupferstiche Albrecht Dürers vorlegen ließ. Es mögen wohl an 700 Blätter sein, theils das Leben d. heil. Maria, theils das Leiden Christi, Schlachten, Wappen, einzelne Figuren darstellend. Das Merkwürdige an ihnen ist, daß sie der berühmte Meister nicht nur entworfen, sondern auch selbst geschnitten u. gestochen hat. AD. – Abend führte mich als Gast Weiß, Corpsbursch der Isaren in ihre Kneipe zu den vier Jahreszeiten ein. Unter abwechselnden Gesprächen und Gesang verging mir der Abend sehr vergnügt: ich lernte da ihren Senior Wagner, Max u. Consenior Schlosser, sowie Corpsb. Anzenhofer aus Dillingen kennen. Auch Prof. Kunstmann, ein Philister von ihnen, war gegenwärtig; derselbe früher

Hofkaplan der Kaiserin von Braganza trägt an Philipps Stelle Kirchenrecht vor. Außer ihm waren noch 6 Philister anwesend.

München Pinakothek

8. Da mit dem Sommersemester hier Stundung eingeführt, zog ich es doch vor, lieber gleich zu zahlen u. so entrichtete ich denn heute folgendes Honorariengeld:

		Aesthetik
bei Thiersch	9 f. –	
		Neuere Geschichte
bei Neumann	9 f. –	
		Math. phys. Geog.
bei Recht	7 f. –	
		Relig. Phil.
bei Döllinger	- - -	
		Physik
bei Sieber	- - -	

_____

25 f. –

Die beiden letzten Herren hatten die Güte, mir die Honorarien nach zu lassen, was ich dankbar anerkenne. Von diesen 5 Collegien wird Aesthetik, Neuere Geschichte u. Physik 5 mal wöchentlich gelesen. Religions Philos. u. Math. physikal. Geograph. 3 mal: alle jedoch morgens, so daß ich jeden Nachmittag u. jeden Samstag frei habe.

9. Fast unglaublich, und doch ist der Fall erst vor einigen Wochen hier vorgekommen, daß sich mehrere Mädchen u. junge Frauen aus einem Spiegel wahrsagen ließen! Sei es nun, daß die Einen gerne Männer gehabt, die andern ebenso gerne sich andere gewünscht: ich will es dahingestellt sein lassen; aber zeugt es nicht von einer grenzenlosen Neugierde u. unverzeihligen Aberglauben, sich das so unschätzbare Dunkel der Zukunft enthüllen lassen zu wollen, was keinem Menschen zu seinem Glücke vergönnt ist, zu lichten. Ganz abgesehen davon, daß diese Wahrsagungen ganz unwahr sind, so weiß ich nicht, wen ich von den Geteuschten für den Unglücklicheren halten soll: denjenigen, dem zwar Glück prophezeit – aber bitter geteuscht durch das Gegentheil; oder jenen, den nach den Vorspiegelungen Unglück verfolgen wird. – Bemitleiden

muß man solche Frauen, verlachen kann ich sie nicht in ihrem Wahne.

10. Nach Brunnthal gegangen; hier unterhielt ich mich mit einer 84 jährigen Frau, deren Mann Oberauditor war: nicht genug konnte ich mich über sie verwundern, ihr Gang ist noch ziemlich rasch u. was noch mehr werth ist, ihr Geist fast gar nicht geschwächt; 42 Jahre lebte sie in der Ehe u. seit 21 Jahren ist sie Witwe: in Brunnthal braucht sie die Wasserkur während der Sommermonate.

11. Man erzählt sich jetzt wieder einen Geniestreich von L. M. Sie soll zu sich zum Diné einen Theaterschreiber eingeladen haben, der schon viele Schmähgedichte auf sie verfaßt habe. Die ausgezeichnete Tafel ließ sich dieser munden u. bemerkte bei der lebhaften Unterhaltung nicht, daß sie das letzte Gericht nicht kostete. Als er sich den Mund abgewischt, erhob sie sich u. ihn durchbohrend anblickend sprach sie zu ihm: „Warum schmähen sie mich so in ihren Gedichten, verdiene ich es? Doch damit ich sie zum Stillschweigen bringe, so wissen sie: in der letzten Speise war das stärkste Gift." „Gift" stammelte er u. wurde vor Todesangst leichenblas, greift nach seinem Hut u. stürmt in Zuckungen nach Hause: „Ärzte, Ärzte" schreit er. Sie kommen u. es stellt sich heraus, daß er nicht vergiftet war. – Welchen Schrecken hat es wohl diesem Mann durch die Glieder gejagt! – Vom Ministerium kam nun ein Rescript, alle Beamten hätten in Uniform die Frohnleichnams Procession zu begleiten (wahrscheinlich auf den Wunsch der Lol. Montez hin). Seine Majestät selbst wird sie mit S. Gegenwart verherrlichen; blos um dem Volke zu zeigen, daß er noch ebenso gut katolisch ist, wie früher! –

12. Um mir die französische Construktions-Weise anzueignen u. um dieser Sprache mächtig zu werden lese ich jetzt: La grande ville, nouveau tableau de Paris comique, critique et philosophice, par Paul de Kock. Bruxelles. 1842. Freilich bietet es mir anfangs Schwierigkeiten, doch hoffe ich, dieselben nach und nach überwinden zu können. Nach einer kurzen Einleitung führt er uns auf seinem Spaziergange Dans Paris au hasard in

ein „Bureau des nourrices" u. bespricht dann „Bains a domicile". So viel heute. –

13.   Eine halbe Stunde mochte ich schon geschlafen haben, als ich erschrocken von meinem Lager emporfuhr u. der dumpfe Schall der Lärmtrommel mir den ganzen Körper durchschauderte. Schnell sprang ich ans offene Fenster u. vernahm dann, daß das Haus eines Stadtgärtners beim Pechgarten in lichten Flammen stehe. Doch bald schwiegen die Trommeln u. die Glocken u. andern Tags hörte ich, daß das Feuer bei der Windesstille nicht weiter um sich gegriffen u. blos das einzelne Haus eingeäschert habe.

14.   Auf der Isaren-Kneipe gewesen; ihren Secretär Oberniedermeier u. dessen Bruder kennen gelernt.

Ludwig I.

15.   Brachten die Corpsstudenten S. Majestät einen Fackelzug, weil er den Philosophen die Freiheit ertheilt, einem privilegirten Corps beitreten zu dürfen; nach meiner Ansicht hätte aber dieser Fackelzug von den Philosophen ausgehen sollen. Nun gut; diese versammelten sich dann am Universitäts Gebeude u. zogen mit 4 rauschenden Musik Choren der Ludwigsstr. entlang vor die Residenz u. nachdem sie hier einige griechische Feuer losgelassen schritten sie durch die Kaufingerstr. durch's Karlsthor vor d. protestant. Kirche u. verbrannten hier unter „gaudeamus" ihre Fackeln. Eine Masse Volkes begleitete den Zug, jedoch schienen sie nicht sehr diesen in Rauch aufgehenden Aufwand zu billigen, denn das ihm gebrachte „Hoch" fiel äußerst piano aus. Die um die Residenz liegenden Gebeude: das Theater u. die Post nahmen sich in Fackelbeleuchtung mit hin u. herwogenden Riesigen Schatten imposant aus.

16.   Wir haben jetzt ein sehr fruchtbares Frühjahr: heufige Gewitter mit gedeihlichen Regen verbunden, des Tags über jedoch die Alles hervorlockende Wärme der Sonne, so daß es scheint, als ob sie gut machen wolle, was sie verseumt habe. – Der Eremit von Gauding fällt folgendes Urtheil über Lola Montez: ihre Schönheit ist Silber, Gold ist ihr Verstand, und Diamant ihr Muth! Was wünschen sie mehr?

17.   Zur Erzgießerei lenkte ich heute abermals meine Schritte, um nochmals das Monument Fürstbischof Julius Echter von Mespelbrunn zu bewundern, indem es morgen verpackt wird. Dasselbe ist nach Würzburg bestimmt, woher er ist der das in Deutschland einzige Spital gegründet, er, der für Franken soviel gethan. Dieses Monument verdankt seine Entstehung dem weltbekannten Kunstsinn unseres Königs u. wird eine Zierde Würzburgs werden, wo ohnedieß noch solcher Schmuck fehlt. Der Bischof selbst steht im vollen Ornate in der linken den Stab haltend u. mit der rechten auf sein Gebeude zeigend, ohngefähr 9 Fuß hoch u. von 50 Zentner im Gewichte.

18.   In Georgen Schweig ein Flußbad genommen, das Wasser war schon sehr warm.

19.   Schon längst freute ich mich wieder auf eine Gebirgsreise, die sich denn beim Beginne Pfingstferien realisierte. Mein Freund Primbs begleitete mich auf derselben.   –

Mit dem Stellwagen entrollten wir der Residenzstadt u. über Ramersdorf, Perlach hatten wir Gelegenheit die Ottoseule zu besehen: hier nahm S. Maj. d. König von seinem Sohne Otto K als dieser als König nach Griechenland reiste, Abschied. Über Hechenkirchen hatten wir nach 12 Uhr Pais erreicht, wo zu Mittag gespeist wurde. In Aibling wurde beim Schubreukeller angehalten u. nach kurzer Zeit bewunderten wir das gothische Theresien Monument, wo wir um 6 Uhr Rosenheim betraten, das freundliche Städtchen durchschreitend, lenkten wir unsre Schritte der Brandstätte zu, wo wir denn sahen, daß das am verfloßenen Sonntag aus Unvorsichtigkeit ausgekommene Feuer 21 Häuser u. Stadel in einen schwarzen Schutthaufen verwandelt hatte. Vom Schlößchen hatten wir eine schöne Aussicht ins Gebirg u. in das Inn- u. Mangthal. In Stephanskirchen war unser erstes Nachtlager.

20.   Nach vier Uhr uns aus den Federn erhebend schlugen wir unsern Weg über Riedering, Söllhuben nach Prien ein, wo wir ein Frühstück zu Leibe führten, nur noch ½ Stunde hat man zu gehen u. man befindet sich in Stock: hier bestiegen wir einen aus einem Baumstamme gezimmerten Kahn u. ließen uns auf die ¼ St. entfernte Herren Insel überfahren: das frühere Kloster ist in eine Brauerei umgewandelt, von wo man bei einem Kruge starken u. guten Bieres sitzend seine Augen auf d. Fraueninsel u. die große Wasserfläche dahinschweifen lassen kann. Die Herren Insel umsegelnd u. die Breite des Chiemsees durchschneidend landeten wir in Feldrieß. Über Grabenstätt durchschritten wir nach 4 Stunden Traunstein, wo wir uns sehr gut in der Weißbreu Huter einlogierten. Der Besitzer derselben hatte die Güte, daß uns noch diesen Abend ein Ausweis ausgefertigt wurde. Zufällig traf ich hier Herrn Laun, der früher im Kurhaus zu Kissingen angestellt war u. unterhielt mich mit ihm während eines starken Gewitters auf's Beste.

21. In der Frühe bestiegen wir den von Traunstein ½ Stunde entlegenen Berg Edendorf: leider war uns aber die Aussicht in das Gebirg durch Nebel benommen. Nach eingenommenen Frühstück gelangten wir bis zum Mittag nach Teisendorf, von wo wir mit einem Postwägelchen nach Liefering fuhren. Zuvor wurde jedoch in Saalbrücke unsre Botanisir Büchse nicht nur, sondern auch alle unsre Taschen genau visitirt, ob wir wohl nichts Zollbares einschwärzten. Da das Lustschloß Kleßheim nur ½ Stunde von Liefering liegt, so schlugen wir unsern Weg dahin ein. Als Sommer- u. Jagd-Schloß im italienischen Geschmack von 1708 – 1730 erbaut umfaßt es einen Zier-Fasanen-Garten und Jagdpark mit einer Mauer, deren Länge über eine Stunde beträgt, umgeben. Durch eine lange Allee zur Rechten den kolosallen Untersberg gelangt man zum Neu- oder Sigmunds Thor: oberhalb desselben 415 Fuß langen, 22 Fuß breiten u. 39 Fuß hohen durch den Mönchsberg gehauenen Felsen sieht man in einer Nische die Bildseule des heil. Königs Sigismund, 16 Fuß hoch u. aus einem 700 Zentner schweren Marmorblock gehauen: erst in den Jahren 1765 – 1767 ist dieses Felsenthor durchbrochen worden. Bei den drei Alliirten am linken Salzachufer kehrten wir ein.

22. Salzburg führt seinen Namen von dem Salzachstrome, der es in zwei ungleiche Theile scheidet, welche durch eine 370 Fuß lange Brücke in Verbindung stehen. Die Stadt selbst mit den Vorstädten Nonnthal, Mülln nebst Stein zählt gen 13000 Einwohner u. seine im italienischen Baustyle errichteten Häuser werden theils vom Mönchs-Schloß- u. Kapuziner- Berg umschloßen, theils lehnen sie sich malerisch an dieselben. Fast jeder Schritt bietet dem Auge neue Ansichten mit der herrlichsten Umgebung: die Natur scheint hier verschwenderisch mit ihren Reizen umgegangen zu sein u. hier sich concentrirt zu haben. – Über die Salzach Brücke gelangt man durch ein Portal von Sandstein zum Kapuziner Kloster, das im J. 1599 aufgeführt wurde. Links der Gartenmauer entlang leuft der Weg durch Waldpartien auf die Kuppe des Berges zum Franziszi- Schlößchen, von wo man die schönste Aussicht

auf die Stadt u. ins Gebirg genießt. Den Berg herab führt der Weg zum Mirabellen Platz u. zum gleichnamigen Schloße, welches nach einem Brande von Kaiser Franz I. in seiner jetzigen einfachen Gestalt hergestellt. Hinter dem Schloße zieht sich ein großer Lustgarten mit Statuen u. Vasen geziert hin. In diesem Palaste erblickte König Otto das Tageslicht. Bei der Dreifaltigkeitskirche vorbei erblickt man am Eckhause Nr. 397 ein Porträt mit der Unterschrift: Philippus Theophrastus Paracelsus von Hohenheim, geb. zu Einsiedeln anno: 1493 starb in diesem Hause anno: 1541. Die Brücke wieder überschreitend gelangt man durch einige Straßen an den Residenzplatz 250 Fuß breit u. 410 Fuß lang. Die Residenz bewohnt jetzt Fürst-Erzbischof Friedr. VI. v. Schwarzenberg. Gegenüber liegt der Neubau, in dem verschiedene kaiserl. Gerichte ihren Sitz haben: auf dem obern Absatz des Thurmes befindet sich ein holländisches Glockenspiel, welches täglich um 7, 11 u. 6 Uhr ertönt u. jeden Monat mit seinen Musikstücken abwechselt. Am Fuße des Thurmes ist die Hauptwache. Die Mitte des Platzes ziert ein 40 Fuß hoher marmorner Springbrunnen. Die Muschel auf der Höhe, wo ein Triton das Wasser durch ein Horn in 3 Strahlen über 8 Fuß hoch sprizt hält 25 Eimer; die je aus 1 Stücke gehauenen 4 Pferde, welche aus dem 2500 Eimer haltenden Becken hervorragen u. aus den Nüstern u. Mund Wasser schnaufen, wiegen 600 Zentner. 3 Atlanten mit verschlungenen Füßen tragen die obere Muschel u. der Dom im italien. Geschmack 1614 begonnen erhebt sich mit 2 Thürmen: das Innere desselben ist einfach u. edel aus weißen und rothen Marmor. Vom Domplatze gelangt man in die Franziskanergasse und zum Kloster der Franziskaner: ihre Kirche u. der Thurm sind zum Theil gothisch. Das Benediktiner Stift S.Peter enthält in seiner Kirche die Grabmäler des heil. Rupert u. Vital u. des berühmten Componisten Michael Haydn's Denkmal. Rechts vom Eingange der Kirche führt ein Thor in den Gottesacker, um den sich ringsherum in Arkaden Familiengrüfte befinden: in seiner Mitte steht die Margarethenkirche, deren Glasmalereien (Wappen) u. alte Epitaphien sehenswerth sind. Dicht am Gottesacker erhebt sich der Nonnberg, u. an seiner steilen Felsenwand ruht die Aegidiuskapelle; durch eine steinerne Stiege betritt man die Einsiedelei des heil. Maximus, der schon 454 im Juvavum lebte, diese Felsenkapelle baute u. mit seinen Anhängern diese Berghöhle bewohnte: das Gewölbe derselben trägt eine altrömische Seule mit e. Inschrift. – Jeder Fremde in Salzburg sollte den S. Peterskeller nicht unbesucht lassen, denn hier fließt ein köstlicher ungarischer Ausbruch (Ruß) welcher ein angenehmes Feuer durch alle Adern pflanzt. Hat man sich einen Einlaßschein in die Festung Hohen Salzburg beim General Komando gelöst, so betritt man dieselbe ohne Hindernisse. Diese nun jetzt theils zur Kaserne, theils zum Gefängnisse benützt u. ragt auf e. steilen Felsen, der nur mit dem Mönchsberge zusammenhängt, hoch über die Stadt empor. Berühmt in ihr sind die alten fürstl. Gemächer mit d. Gefängnisse des Bischofs von Raitenau, der Glockenthurm mit prächtiger Aussicht, heiml. Gericht u. Tortur u. eine Orgel mit 200 Pfeifen. Auf der sogenannten Reise werden die größten Lasten in die Festung gezogen. – Will jemand ein Kaffe besuchen, so ist das Augusten zu empfehlen. – Nachmittags fuhren wir mit e. Stellwagen in e. Moorbad am Untersberg u. berührten auf dem Heimwege Leopoldskron: jetzt ist dieses mit fürstlicher Pracht erbaute Schloß in Privathänden u. ist in ein „Grand Hotel" umgetauft. Sehenswerth sind hier die schöne Kapelle mit einem Altare von 8terlei Marmor u. der 2 Geschosse hohe Saal mit Gallerien u. Fresko Gemälden. Eine Kastanien Allee verfolgend gelangt man zum Nonnberge: hier steht ein adeliges Benediktiner Nonnenkloster auf römischen Grundmauern vom heil. Rupert gestiftet. Unter dem Chor Altare ist in einer gothischen Grypta die Gruft der heil. Ehrentraud. – Auf dem Michaelis Platze steht das schöne Monument „Mozart", das ihm seine Vaterstadt setzen ließ: nicht fern von den Alliirten befindet sich sein Geburtshaus. Von der Kajetanerkirche gelangt man durch den Chiemseehof, wo die Suffraganbischöfe zu Chiemsee ihren Sitz hatten, zum Kapitalplatz u. zu der im Jahre 1732 aus weißen Marmor erbauten Kapitelschwemme.

23. Am Bürgerspitale u. am Ursulinerinnen Kloster vorbei durch das Klausenthor erreicht man die Vorstadt Mülln u. zu dem gleichnamigen frühern Augustiner- jetzt Benediktiner Kloster mit einem 200 Fuß hohen Thurme.

Gen die Stadtseite hin genießt man die schönste Aussicht von der Stadt; auch ist an dieser Seite der Kirche ein Römerstein eingemauert. Von da lenkten wir unsre Schritte zum Johannisspitale mit einer kleinen aber schönen Kirche: hinter derselben befindet sich in e. Hofe ein gut erhaltenes römisches Bad. Auf 21 in Felsen gehauenen Treppen gelangt man in einem oben rund zulaufenden Gewölbe mit 2 Nischen: in der Mitte desselben ist ein rundes Becken mit einem unversiegbaren Quell; jetzt ist es zu einem Behältnisse für Blutegel bestimmt. Durch das Neuthor gelangten wir wieder zu unserm Gasthof u. nachdem wir gespeist, schieden wir schwer von der schönen Stadt mit ihren einzigen Umgebungen im Herzen den Wunsch hegend: o könnte ich nur hier bleiben. –

Aber die Zeit drängte u. das Kajetanerthor durchschreitend setzten wir uns in den bereit stehenden Stellwagen u. einer schattenreichen Allee entlang stiegen wir nach ½ Stunde in Hellbrunn ab. Dieses Schloß im J. 1613 von Erzbischof Markus Sittikus erbaut bietet an sich wenig anziehendes dar, desto merkwürdiger sind der anstoßende Garten u. die in dem selben enthaltenen Grotten, Triebwerke u. Wasserkünste, von welchen besonders die durch das Wasser gehobene Krone, ein Orgelhaus mit allen Handwerken nebst Gaucklern, die sich alle in Bewegung setzen, sich auszeichnen. Während nun diese Gegenstände von den Umstehenden mit Aufmerksamkeit betrachtet werden, spritzt von allen Seiten auf einmal aus mehr als 5000 im Boden verborgenen Röhrchen Regen auf dieselben, dem man fast nicht entrinnen kann. Aus den Sitzen um der Fürstentafel springt das Wasser armdick u. von allen Seiten regnet es. Sogar ein Regenbogen wird künstlich nachgebildet, das Ganze ist ein nasser Spaß u. da heute gerade Pfingstsonntag war, so wurde der Garten, den auch Statuen des Orpheus u. der Euridice etc. zieren, von Menschen aus allen Ständen besucht. Doch auch von hier mußten wir uns trennen u. einer Allee folgend hemmte die Salzach unsre Schritte, hat man jedoch dieselbe überfahren, so betritt man nach einer viertel Stunde den Park Aigen, von dem der Salzburger sagt: „Es giebt halt nur Ein Aigen." Dieses Schloß u. seine Anlagen sind im Besitze des Schwarzenbergschen Fürstenhauses u.

zeichnet sich durch einen künstlichen Wasserfall mit Grotten u. immer abwechselnden Partien aus. Nachdem wir diesen schönen u. sehr besuchten Vergnügungs-Platz besichtigt, bestiegen wir den 4073 Fuß hohen Geisberg, welcher bis zum Gipfel mit Nadel- u. Laubholz bewachsen ist, abwechselnd von Bauernhöfen, Almen u. Saatfeldern belebt. Auf der Zißel Alpe, wo wir übernachteten, genießt man das herrlichste Schauspiel des Sonnen Untergangs.

24. Schon vor 3 Uhr entschlüpften wir dem Heubette u. hatten nach ¾ Stunde die Kuppe des Geisberges erstiegen. Sieben Seen, eine Masse Städte u. Dörfer u. hunderte von Bergspitzen schaut das Auge; mit guten Fernröhren soll man sogar die Liebfrauenthürme Münchens sehen: leider ging die Sonne nicht rein auf, so daß wir zum Theil unzufrieden den steilen Berg hinab über Ebenau nach Hof eilten. Nach eingenommenen Mahle führte uns ein schattiger Fußsteig den Fuschelsee entlang, rings vom Wald begrenzt mit einem auf einer Landzunge gebauten Jagdschloße nach Fuschl. Von da zieht sich der Weg zwischen mit Bäumen verdeckten hohen Frehenbergen? gen den Schafberg hin, wo man, plötzlich aus dem Wald hervortretend, eine herrliche Ansicht von S. Wolfgangsee, ringsum von Bergen umschloßen, S. Gilgen im Vordergrunde genießt. Nachdem ich mich hier in dem See gebaden, bestiegen wir einen Nachen u. ließen unsre Augen von dem sich immer mehr entfernenden Gilgen auf die benachbarten Gebirge schweifen. Von Ferne glänzt im Norden des Sees die Kreideseule, welche ihren Ursprung folg. Vorfalle verdankt: Einem gegenüber wohnenden Metzger sprangen 2 fette Ochsen in den 500 Fuß tiefen See; er hofft einen vom Wassertode zu erretten u. faßt ihn beim Schwanze, aber der Ochse kümmert sich nichts darum und schwimmt, den Metzger nach sich ziehend, ans jenseitige Ufer: zum Andenken an diese seltsame, etwas nasse Lustpartie ließ er 1607 dieses Denkmal setzen. Bald hierauf erblickt man am Fuße des Falkensteins, dessen Echo 4-5 Sylben 5 mal nachspricht, ein steinernes Kreuz, das an eine schaurig sich endende Hochzeit erinnert. Fünfzig Personen wohnten 1604 derselben bei: in der ausgelassenen Freude wagten die Brautleute u. Hochzeitsgäste auf der Eisdecke des Sees zu tanzen; auf

einmal bricht die tückische Fläche u. alle sammt der lustigen Musik sanken in das kühle Grab, rettungslos verloren. Hat man kühngeklüftete Felsen u. den neu erbauten Leuchtturm umfahren, so liegt der Markt S. Wolfgang vom See, von Bergen u. Wäldern eng umschloßen vor uns. Wir mußten uns noch glücklich schätzen, bei Schwarzenrieder eine Unterkunft zu finden, da wenigstens 300 Wahlfahrter hier sich herumtrieben. Die geräumige Pfarrkirche mit der Kapelle des h. Wolfgangs zeigt uns einige gothische Portale u. Fenster: jedoch ist der Bau ein Gemisch des bycantinischen u. gothisch. Stiel u. bildet einen Übergang dieser Elemente. Bei dieser Kirche befindet sich ein alter gothischer Brunnen von ausgezeichneter Gußarbeit. Aus den Gängen des Kirchhofs erblickt man nochmals mit Vergnügen den 3 Stunden langen u. ½ St. breiten See mit seinen malerischen Umgebungen. Um den frommen Wallfahrtern auch eine weltliche Unterhaltung zu verschaffen spielte des Abends auf dem Boden eines alten Wirtshauses eine rührende Bande: Don Juan, der dreifache Mörder. Auch ich fand mich in einer Loge ein, erhob mich aber, sobald der Vorhang aufgegangen u. ich die ersten Worte aus dem Munde eines Hanswursten hörte, verließ spornstreichs den Dachboden u. warf mich äußerst geteuscht ins Bett.

25. Ein schöner Weg führt über Schwarzenbach, Graben Radau an der Marien-Luisens Quelle vorbei nach Ischel, das in einem schönen Gebirgsthale liegt. Das Gasthaus zur Post ist jedem Fremden zu empfehlen. Die zum theil großartigen Kurgebeude liegen zerstreut: eines führt die Unterschrift: „In sale et in sole omnia consignunt." Dieser Kurort beginnt seine Saison erst mit dem 1.ten Juni u. wird von den höchsten Herrschaften u. Adel besonders aus Österreich besucht: gegenwärtig waren fast noch keine 100 Kurgäste angelangt. Im Badehause nahm ich ein Vollbad 48 x kostend. Nach Tische verließen wir Ischl u. durch eine Allee am linken Traun-Ufer entlang hatten wir Gelegenheit das Sophien Monument u. weiter aufwärts die Hygiea zu bewundern: letzteres trägt die Inschrift: „Man nennt als größtes Glück der Welt, gesund zu sein: ich sage: nein! Ein größeres ist: gesund zu werden." Die Ruine Wildenberg rechts liegen lassend erreicht man Laufen, wo man

Doppelbier trinken kann. Die Hitze war heute fast unerträglich, manches Tröpfen Schweis rann mir von der Stirne, doch dieses Unangenehme schwand, wenn man das Auge mit den immer neu hervortretenden Gebirgspartien beschäftigte: so forteilend lag, Grisern u. Stegern durchschreitend, der Hallstädter See vor uns. 1 ½ Stunde in der Länge u. 100 Klafter tief windet sich der See durch die wilden Ramsauer Gebirge Scharstein u. Gryptenstein, Kastenfelsen zum Theil mit Schnee bedeckt hin. Nach einer guten Stunde lag das Städtchen Hallstadt, vom See bespült, seine Häuser terrassenförmig über einander gebaut, vor uns. Da sich gleich hinter diesen ein steiler Berg erhebt, so kann es sein Getreide nicht bauen u. es muß ihnen alles, da kein Landweg zur Stadt führt, über die See zugeführt werden. Ihren Erwerb finden sie in den nahgelegenen alten Salzbergwerken, die äußerst ergiebig bei 300 Arbeiter beschäftigen. Ihre Frohnleichnamsprozession feiern sie auf dem See. Wir kehrten hier in der weißen Laube ein u. trafen da die Hr. Hüttenmeister Lang, einen gebornen Ungar, den protestant. Pfarrer Sattler u. den Waldmeister, mit denen wir uns bis 10 Uhr vortrefflich unterhielten. Gegen 2 Uhr schaute ich einmal zum Fenster hinaus, da sah ich wie im Norden der Blitz zuckte u. ein Wetter schwarz herangezogen kam; bald war der mir gegenüber liegende Berg in Wolken umhüllt, dessen Umrisse man nur erkennen konnte, wenn sie der Blitz beleuchtete. Aber düster u. tiefer umschleierten sich die Berge, der Regen goß in Strömen herab u. die See vom stürmenden Winde gehoben, schlug ihre Wellen heftig ans Land: erst nach 1 Stunde wurde der Regen schwächer u. hie u. da tauchten die Gipfel der Berge hervor. Einem so mächtigen Naturspiele schaue ich immer gerne zu u. im Gebirge rollt der Donner gewaltiger, als in den Ebenen u. pflanzt sich wiederhallend von Thal zu Thal fort.

26. Heute war der Himmel nimmer so rein, als seither, denn Schichten von Wolken lagerten sich theils in d. Mitte der Berge, theils verdeckten sie die Gipfel derselben. Knapp am Hallstadter See entlang auf einem Fußsteige, wo einst ein Priester reitend sammt seinem Pferde in den See stürzte und verschwand, erreichten wir am Holzzwange

vorbei die Goßaumühle. Von da erstreckt sich der Weg durch waldige Felsenhöhen hindurch nach dem beinahe eine Stunde lange Dorf Goßau. Immer Berg auf oder Berg ab gelangt man nach 5 Stunden auf sehr schlechten Weg in Altenau an, das ringsum von Gebirgen umschloßen ist. Hier geht wieder bayerisches Geld u. Gemäß, während in Ischl, Hallstadt u. Umgegend nach Münz-Schein-Geld, Zwölfer u. Zwanziger gerechnet wird: so daß man da an einen Gulden 12 x u. an einem Kronenthl. 5 x verliert.

27. Von hier lenkten wir unsre Schritte gen Gotting hin u. als wir nach 4 Stunden die Landstraße erreicht, schlugen wir zuerst einen Fußpfad zu den Öfen der Salzach ein u. über eine von der Natur über Salzach gebildeten Felsen Brücke gelangt man zu derselben. Mit Staunen und Grauen schaut man, wie die Salzach mit Gewalt durch die in wilde Unordnung zusammengestürzten Felsenmassen u. tiefe Klüfte sich hinstürzt. Vorwärts gehend betraten wir wieder die Gollinger Landstr. u. bei der einsamen Kapelle Brunneck hatten wir eine Uebersicht des Passes Lueg: die Straße wird hier von den steilen Wänden des 7682 Fuß hohen Tännen Gebirges eingeschloßen u. da auf beiden Seiten Festungs Werke angebracht sind, so können wenige Truppen im Stande sein, großen Heeren den Durchzug zu verhindern. – Bald hatten wir uns von da in Golling gelabt u. bei der Burg vorbei die Salzachbrücke, S. Nikola rechts liegen lassend zieht sich ein romantischer Pfad zum Wasserfalle des Schwarzbaches. Dieser Wasserfall hat das Eigenthümliche, daß er 3 Bilder mit den schönsten Ansichten darstellt. In dem ersten stürzen die scheumenden Fluthen mit wachsender Breite über ungleich hervorragende Felsen von beträchtlicher Höhe auf große Steinmassen herab u. verbreiten weit umher einen starken Staubregen. Auf Treppen gelangt man höher u. den gen den Abgrund hin tiefer angebrachten Sitz erreichend, stellt sich das zweite Bild dar: durch eine felsige Wölbung zeigt sich der senkrechte Fall des Baches u. seine Wellen beiderseits von Felsen zurückgestoßen u. eingeengt, sprühen durch den Felsenbogen einen dichten Staubregen hervor. Noch höher zeigte sich uns das 3.te Bild: auf der Brücke stehend die über den Felsenbogen gebaut, sieht man den Bach aus einer Berges Höhle

hervorsprudeln, gegen sich hereilen u. plötzlich vor seinen Füßen in den schauerlichen Kessel hinab sich wälzen, betäubendes Getöse verbreitend. – Viele lassen den Bach aus dem Königssee bei Berchtesgaden herkommen, andere von den Schneelagern des hohen Göhls. – Wieder nach Golling zurückkehrend setzten wir uns in einen Stellwagen u. hatten in anderthalb Stunden über Kuchl die düstere Stadt Hallein mit 4500 Einwohnern erreicht. Auf die Frage: „ob wir heute noch das Salzbergwerk sehen könnten?" hieß es: ja. Ein Cicerone sorgte uns für einen Erlaubnißschein u. führte uns in ¾ St. zum Bergwerk. Nachdem man Bergknappenkleidung angezogen führte uns ein Knapp zum Stollen ungefähr 2000 Schritte hinein, dann gleitet man blitzschnell 20 – 40 Klafter langen Bergrollen hinab u. gelangt zu einem See, der 300 Fuß lang u. 7 Fuß tief ist 200000 Eimer enthaltend: derselbe ist ringsum beleuchtet u. wir durchfuhren denselben. Dieser mit Soole gefüllten Seen giebt es 30. Am andern Ufer harrte unsrer ein von 2 Bergknappen mit großer Schnelligkeit fortbewegter Wagen. Nähert man sich während der Fahrt dem Ausgange der Stolle, so entdeckt man von ferne einen blauglänzenden Punkt, der nach u. nach ein flimmernder Stern wird, bald darauf eine leuchtende Scheibe: bis man plötzlich wieder den Himmel über sich sieht. Vom untersten Hauptstollen Wolf Dietrich bis zum höchsten Tagesschacht mißt der Salzberg 1632 Fuß. Das süße Salzwasser schwängert sich mit den Salztheilen u. läßt den Thon zu Boden fallen, gesättigt wird es in hölzernen Rohren in die Salzpfannen nach Hallein geleitet, wo 1000000 Eimer Sulzen gesotten werden, welche 200000 Zentner Salz ergeben. Tag u. Nacht arbeiten je von 6 zu 6 Stunden abwechselnd die Knappen um 24 x. Noch muß ich erwähnen, daß Stollen, wenn sie 20 – 30 Jahre nicht befahren werden, wieder zu wachsen. Auf eine so angenehme u. lehrreiche Art bringt man 2 Stunden im Innern des Berges zu u. kein Fremder sollte dieses Bergwerk unbesucht lassen, wiewohl es uns zwei auf 4 f zu stehen kam. Im grünen Baum logiert.

28. Über den Dürnberg beim Gränzzollamte Zill vorbei gelangten wir nach Berchtesgaden, welches von allen Seiten in einiger Entfernung mit mächtigen Gebirgenumgebung auf einer Anhöhe liegt, deren Fuß die

Abba bespült. Die schöne, im gothischen Geschmack erbaute, Stiftskirche scheint mir eine Restauration zu bedürfen. Das frühere Stiftsgebeude der regulirten Augustiner u. die Residenz der gefürsteten Pröbste wurde in e. kgl. Schloß umgewandelt. Auch das Wallnerische Magazin besuchte ich, wo man die Schnitzarbeiten der Berchtesgadner Bauern, welche trotz ihrer harten Feuste dieselben mit Richtigkeit und Geschicklichkeit ausführen, nicht genug bewundern kann. Nach eingenommenen Frühstück schlug ich den sich durch Waldpartien hinschlängenden Weg über Schonau zum Königsee ein. Hier bestieg ich einen Kahn u. an der Insel Christlieger, von welcher nur ein kleiner Theil des Sees gesehen wird, vorbei gelangt man bald durch eine Wendung zur Ansicht des herrlichsten Seebildes. Rings um von hohen Bergen umschloßen, auf denen zum Theil noch viel Schnee lastet, erstreckt er sich 1 ½ St. in d. Länge u. ½ St. in d. Breite. Der gebrannten Wand gegenüber, die ihre Bekleidung 1767 durch Feuer verloren, ruft der Kahn u. ein Pistolenschuß wird 7 bis 8 mal durch das Echo von Klüften, Felsen u. Zinnen herab anfangs mit Donnergeroll vernommen, bis er immer ferner sich fortpflanzend leise verhallt. Weiter lenkte der Schiffer den Kahn u. bald landete ich auf der Wallner Halbinsel, welche eine Einsiedelei verbirgt, während im Hintergrunde von furchtbar eng zusammengedrängten Felsen der Kesselbach hoch herabstürzt. Den Kahn wieder betretend u. quer über die See gleitend erreicht man bald die Erdzunge, auf welcher das Jagdschloß S. Bartholomä steht. Nach einem Spaziergange zur Eiskapelle mit wilden zerrissenen Felsenthal eilte ich zurück u. aß unter dem Schatten der Bäume die trefflich zubereiteten Saiblinge. Auf der Rückfahrt erzählte mir der Fischer, daß im Siebzehnten Jahrh., daß ein Bär von der gebrannten Wand her in den See gepurzelt sei, u. Schiffer, die gerade vorbeigefahren seien, hätten denselben nach hartnäckigen Kampfe erlegt; auch zeigte er mir über ein Schneelager schnell dahinsetzende Gemsen. Als wir gelandet führte mich ein Fußsteig nach Ramsau und von da die Soolenleitungsstraße zwischen dem Lastenberge u. dem hohen Reitalpengebirge mit schönen Thal u. Schluchtenpartien über Jettenberg nach Reichenhall, wo ich in der Kandlerbreu einkehrte.

29. Diese in einem Gebirgskessel liegende Stadt war mit ihren ergiebigen Salzquellen schon den Römern bekannt und zeichnet sich jetzt durch palastähnlichen Gebeude mit den Beamten Wohnungen mit den Brunn- u. Sudheusern vortheilhaft aus. Schlägt man den Weg nach Traunstein ein, so bietet einen freundlichen Anblick die Antoni Kirche u. Pankrazenkapelle auf einem waldbegränzten Hügel dar. An den kleinen, aber tiefen Dummsee [Thumsee] vorbei nahm ich im Maden Wirthshaus ein Frühstück ein u. gelangte von da nach Inzell, das in einem wunderschönen sich rundenden Gebirgsthale liegt. Über Siegersdorf eilte ich nach Traunstein u. benutzte von da, um schneller nach München zu gelangen, den Stellwagen. Um 1 Uhr abfahrend hatten wir Gelegenheit, da der Chiemsee im Norden umfahren werden mußte, die schöne Ansicht desselben gen das Gebirg hin zu bewundern. An Hartmannsberg, das von 2 Seen eingeschloßen ist, vorbei u. durch Endorf u. Prutting hatten wir um ½ 10 Uhr Rosenheim erreicht.

30. Von Rosenheim aus schlug der Stellwagen denselben Weg wieder nach München ein, den wir hinzu genommen. Um 5 Uhr war ich wieder in meinen alten Bestimmungsorte angelangt voll der schönsten Reiseerinnerungen, die ich nun meinem Tagebuche anvertraut habe. Nicht leicht wird es an Natur Schönen u. Großartigen eine gleiche Reisetour geben, als eben diese. Jedoch ist sie aber auch mit bedeutenden Ausgaben verbunden, da schon die Trinkgelder einen großen Theil derselben in Anspruch nehmen: so kommt mich diese Reise während der 11 Tage fast auf 3 f täglich zu stehen; nimmt man aber an, daß ich in dieser kurzen Zeit 130 Stunden u. zwar 32 zu Fuß u. 56 zu Wagen oder Schiff zurücklegte, so wird sich diese anscheinend große Auslage erklären u. rechtfertigen. Nun lasse ich noch meine Reiseroute u. den Plan von Salzburg mit s. Umgebungen nachfolgen.

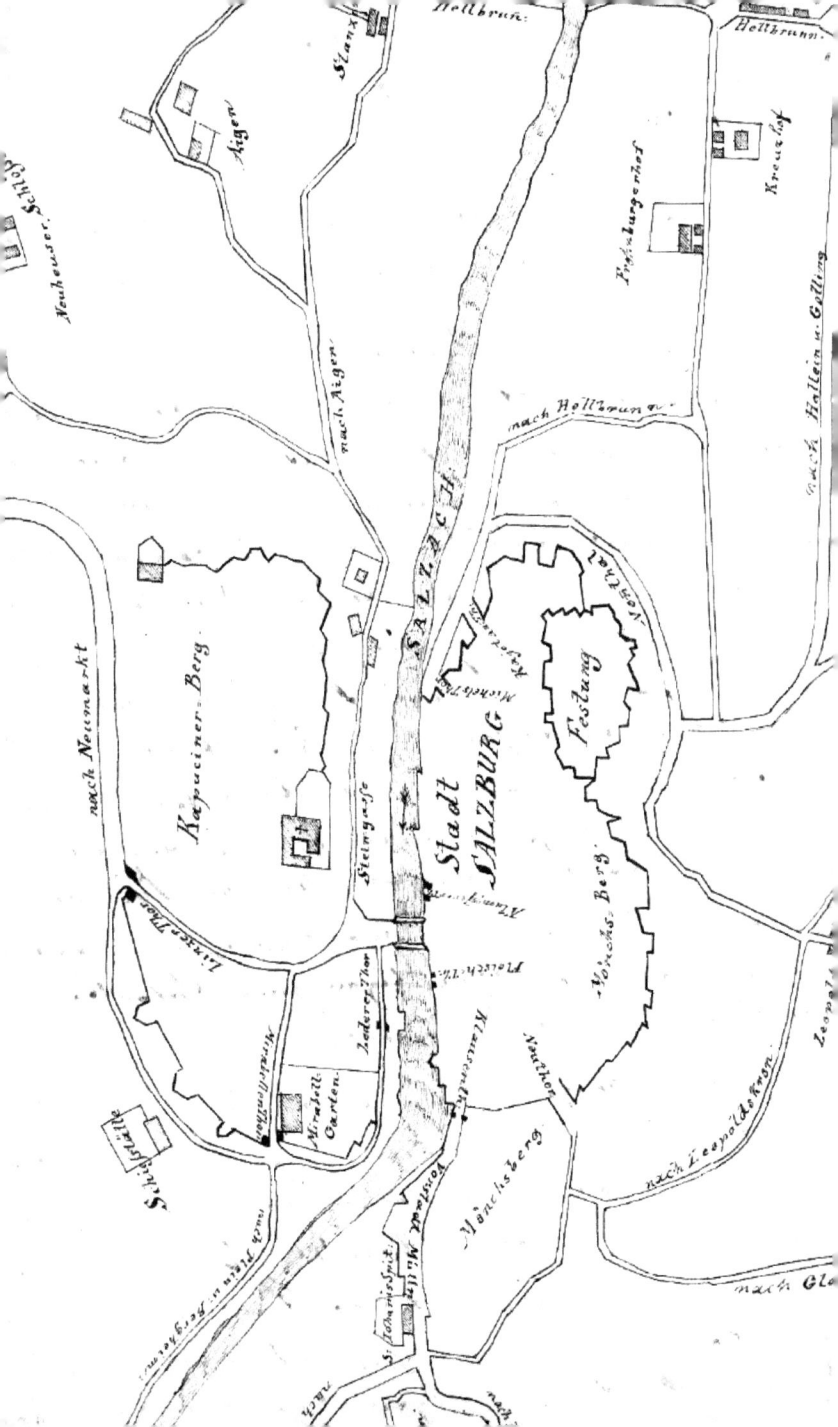

31. Heute begannen unsre Kollegia sämmtlich wieder. Da Abends die berühmte Tänzerin Mad. Marie Taglioni zum letztenmale im Theater auftrat, so begab ich mich auch dahin: sie tanzt auf den Fußspitzen, man glaubt sie schwebe; reichlicher Beifall wurde ihr zu theil u. sehr viele Blumenkränze flogen zu ihren Füßen.

Juni.

1. Zur Kellnereröffnung begab ich mich in d. Schützinger Breu. Auch sah ich heute die ersten Kirschen feilbieten.

2. Nachmittags wurden zur Vorfeier des Frohnleichnamsfestes die Bockhalle geöffnet u. am hintern Theil des Postgebeudes, wo der Bock in größerer Masse verschleist wird, bemerkte ich einen langen Zug von wenigsten 250 Dienstmädchen, die mit Krügen, Bartheln beladen sich zum Eingange des Quells hindrängten: es sah aus wie eine Vorprocession.

3. Heuer war die Frohnleichnams-Procession großartiger als im vorgehenden Jahre schon deshalb, weil ihr Seine Majestät selbst, Prinz Luitpold u. Adalbert beiwohnten. Nur mit mitleidigen Auge konnte ich sie von meiner Tante Fenster herab betrachten, denn als Schaugepränge immerhin leer, schaal, ihren Zweck gänzlich verfehlend dient sie nur den anders Gläubigen zum Gespötte. – Bei Frau von Apell zu Mittag eingeladen.

4. Bei Frau Dr. Kanneberger, meiner Hausfrau zu Mittag gespeist. Gegen Abend begab ich mich nach Kleinhessenlohe u. fuhr mit Geel auf dem See des englischen Gartens in einer leichten Gondel spazieren. Anfangs im Rudern ungeschickt lernt man bald die Kunstgriffe kennen u. durchschneidet dann mit Sicherheit u. Schnelligkeit die Wogen dieses kleinen Sees.

5. Die Mai- u. Juni-Schwämme: Champignons u. Mauronen, deren ich heute einige im eingemachten Kalb- oder Lammfleisch aß, verleihen diesem einen äußerst pikanten u. angenehmen Geschmack.

6. Um 12 Uhr wohnte ich einer Unterhaltung des vielharmonischen Vereins unter Leitung Herrn Schönchens im kgl. Odeum bei. Ein H. Armin aus Franken trug unter andern den Taucher von Schiller vor: besitzt aber kein gutes Organ; mehr sprach mich ein Tscherkessen- Lied von H. Meier gesungen an. – Abend war gen 8 Uhr schon wieder Feuerlärm: die Glocken schlugen an, die Lärmtrommel durchzogen die Straßen: es brannte jedoch nur der Woll-Garten ab.

7. Schon seit einigen Tagen hat sich die Witterung umgeschlagen, ein andauernder Regen, morgens und abends mit Kälte verbunden, ergießt sich u. verfehlt nicht eine mißmuthige Stimmung im Gemüthe hervorzurufen. – Wie ich schon längst voraussah, hat es H. Ass. Eberlein endlich durchgesetzt, seine jetzige Stellung mit Ass. Dorner in Roding zu vertauschen: heute bestätigten es die Zeitungen.

8. H. Polizeikom. v. Mangstl ist mit Freulein Hetznecker, ersten Sängerin vom hiesigen Theater verlobt. Seine Zukünftige, ein von Blatern zerrissenes kurzes Gesicht, zeichnet sich durch eine schöne Figur aus.

9. Herrn Kintze aus Hof, Sänger im hiesigen Conversatorium, kennengelernt; derselbe besitzt eine Tenorstimme, voll Biegsamkeit u. Stärke mit vorherrschenden Gefühle: der kann sich wohl noch tausende aus seiner Kehle hervorzaubern.

10. Am Schluße der Frohnleichnams Oktav fand heute eine Prozession von der Ludwigs Kirche ausgehend statt, weßhalb heute auch keine Kollegien gelesen wurden. Bei meiner Ferienbeschreibung habe ich vergessen zu erwähnen, daß man in jenen Gebirgsgegenden keinen schönen Menschenschlag findet, ja heufig von der Natur ganz vernachlässigte Geschöpfe: zwergartig mit einem oder zwei Kröpfe beschwert u. dabei stumpfen Geistes. Traurige Wesen!

11. Gegen Abend fand beim Hause der Lol. M. ein kleiner Zusammenlauf wieder statt, der jedoch durch Absperren

der Straße bald wieder zerstreut wurde. Man erzählt sich von ihr auch wieder folgendes: Sie habe bei seiner Maj. den Wunsch geäußert: einen Springbrunnen in ihrem Garten plätschern zu hören. Gut es wird einer hergestellt: ihr war aber der Strahl zu dünn, sie öffnet einige Stefte, auf daß er dichter springe: dadurch entzog sie aber den Nachbar Bronnen das Wasser, so daß sich die Besitzer derselben beim Bronnenmeister beschwerten: dieser verfügt sich zu ihr u. ersucht sie nicht mehr Stefte zu öffnen; statt aller Antwort giebt sie ihm eine Ohrfeige: er aber nicht träge, gab sie ihr doppelt zurück. – Nach jahrelangen Abwesen auf seinen Reisen durch Preußen, Frankr., Italien, Sicilien u. Griechenland kam um 9 Uhr der Kronprinz hier an. Man ist begierig, wie er sich in d. Montez Geschichte bewegen wird, vielleicht fesselt sie auch ihn.

Lola Montez

12. Welch' rauhe Witterung wir jetzt haben, davon zeugt, daß viele Öfen geheizt werden, daß Damen u. Herren Mäntel anziehen: es muß im Gebirge geschneit haben, sonst könnte es nicht so kalt sein: um 1 Uhr kieselte es hier stark. Natürlich wirkt diese Witterung äußerst ungünstig auf die Getreidepreiße, so daß dieselben auf der heutigen Schranne um 6 – 8 f stiegen.

13. Mit Monds Zunahme hat sie sich plötzlich gebessert u. die launige Frau Sonne scheint uns heute wieder gnädig an. – Es soll nun gestattet sein, in allen Straßen der Stadt zu rauchen, jedoch mit Ausnahme des Residenzplatzes u. des Hofgartens u. zwar auf Wunsch der L. M. [Lola Montez] hin, von der natürlich jetzt alles herrühren muß.

14. Da es ein sehr schöner Mittag war, so begab ich mich nach Georgenschwaig u. nahm im Canal ein Bad: entsteigt man demselben, so fühlt man sich gestärkt u. frischer wird der Geist; für die Gesundheit ist nichts zuträglicher, als ein solches Wasserbad.

15. Morgens reiste Ihre Majest. die Königin ins Franzenbad, während Prinzessin Alexandra Marienbad besucht.

16. Da Benno, als Schutzpatron von Bayern einen Feiertag nach sich zieht, so benutzte ich diese Gelegenheit u. besuchte nach einem Jahre wieder einmal die vereinigten Sammlungen. Sie sind so reich an alt römischen, griechischen, deutschen u. chinesischen Antiken, daß man an jedem Saale, deren 8 es sind, tage- u. wochenlang studieren könnte. Nachmittags begab ich mich nach Brunnthal, wo es, wie gewöhnlich an Festtagen sehr belebt war. In der Residenz hatte ich das Glück, S. kgl. Ho. den Kronprinz nebst Gemahlin in Wagen einsteigen zu sehen: beide scheinen sich des besten Wohlseins zu erfreuen.

17. Herr Professor Thiersch setzte heute sein Kolleg über Aesthetik aus; wahrscheinlich wegen der Feier seines Geburtstages.

18. Schon vor einigen Tagen konnte man in d. Universität einen Anschlag von einem Theile der Studenten ausgehend lesen: „die Studenten sollten je nach der Fakultät eine farbige Auszeichnung tragen." Wozu dieses? frage ich: sollte man daran erst den Studenten erkennen, so wäre das ein sehr trauriges Zeichen. Will nun einer durchaus Farben tragen, nun gut – so schließe er sich einem Corps an. Nichts, als Vereinzelung und Spaltung unter den Studierenden. Ich hoffe jedoch, daß der gesunde Verstand siegen wird über den farbigen Auswuchs solch simpler Köpfe, die sich bezopft auf der einen Seite schwarz, auf der andern gelb anstreichen lassen sollen.

19. Morgens fand ich auf meinen Tische einen Zettel: Friedrich Hack, vulgo Bier Fritz aus Königshofen möchte ich bei Dr. Gehm aufsuchen. Abend kamen wir im Buttermacher Garten, wo er es sich nicht nehmen ließ, mir zu wichsen. Schwiegermutter d. H. Ass. Dambusch k.g.

20. Als ich morgens an mein Fenster trat, war zum Theil die ganze Türkenstr. überschwemmt: es hatte die Nacht hindurch geregnet u. bis Abends 7 Uhr ergoß sich ein immer anhaltender u. dichter Regen, bis sich endlich da der Himmel etwas aufhellte. Im philharmonischen Verein hatte ich Gelegenheit Violin Virtuosen Albert Kußner aus Berlin spielen zu hören: reichen Beifall erndete er durch sein reines u. fertiges Spiel.

21. Man erzählt sich wieder so manches von L. Montez: wie z. B. Es hätten ihr 4 Pfälzer (Corpsstudenten) ihre Aufwartung gemacht u. seien von ihr zu e. Soupee eingeladen worden, welches bis morgens 5 Uhr gedauert habe. Hier hätten sie sich so weit vergessen, ihr ein Pfälzerband umzuhängen: da sich nun das Gerücht verbreitete, als seien auch andere Corpsstudenten dabei gewesen, so vereinten sich die Senioren der 4 anderen Verbindungen, gingen zum Polizeidirektor Marx u. stellten ihm vor, wenn man nicht dieses Gerücht öffentlich in einem Blatte wiederrufe, so würden sie der Lola ihre Fenster einwerfen: - - - - Der Polizeidirektor befinde sich nun in der Klemme. – Es scheint ihr nicht sicher genug, daß gerade ihr genüber Gendarmerie Mannschaft liegt:

auch in ihrem Hause, erzählt man sich, liegt Gendarmerie u. am Ende ihres Gartens befindet sich ein Posten.

22. Heute ist S. Majestät der König nach Brückenau abgereist u. mit ihm – Lol. Montez. Es wird heuer das hundertjährige Bestehen des Bades durch ein Jubileum gefeiert werden.

23. Aus Blättern konnte man schon vor einiger Zeit entnehmen: Großherzogin Mathilde von Hessen Darmstadt befinde sich im interessanten Zustande u. es bestätige sich diese Nachricht vollkommen. – Nach vierzehnjährig unfruchtbarer Ehe! Es ist doch sonderbar. – V.2.M.k.K.

24. Es giebt sich jetzt doch ein eigenes Treiben der Studenten nach farbiger Auszeichnung kund; nicht genug, daß vor einem Monate die „Isaria" privilegirt wurde, will sich nun wieder eine neue Verbindung die „Rhenania" aufthun. Es scheint als wolle man das alte Corps Wesen wieder auf die Oberwelt zurückführen. Wie oft ein Kranker vor seinem letzten Seufzer noch einmal frisch auflebt u. mit dem Tode – aber vergebens – kämpft, so das Corpswesen..........

25. Man scheint noch immer Befürchtungen über die Stimmung der hiesigen Stadt zu hegen, denn noch immer sieht man Kuirassiere die Straßen durchreiten. Die Polizeidirektions-Stelle hier ist durchaus nicht beneidenswerth.

26. Zur Feier des Stiftungs-Tages hielt um 11 Uhr Rector magnif. Dr. Weisbrod in Anwesenheit der Minister Exell. v. Zenetli u. Frh. v. Zurhein u. aller Professoren in der kleinen Aula eine Rede. So interessant dieselbe hätte gehalten sein können, so gehaltlos u. langweilig war sie. Nachdem er kurz die Gründung der Univ. durch Herzog Ludwig v. Landshut 1472 berührt, ging er auf eine lange Lebensbeschreibung der in diesem Jahre verstorbenen Professoren Dr. Erhard u. Berger über, u. erwähnte ganz trocken die Quieszens oder Versetzung der Prof. Phillips, Lasaulx v. Mai etc. sowie die Ernennung der neuen

Professoren. Zum Schluße machte er die Lösung der Preis Aufgabe bekannt: in der medicinischen Preis Aufgabe wurde unter die Arbeit Eines für würdig befunden, den Namen des Verfassers öffentlich zu nennen: als nun der Rector das geschloßene Papier erbricht, um ihn zu verkünden, sieh: da das Papier war weis, kein Name stand darauf, was allgemeines Gelächter hervorrief. – Ich war herzlich froh, als die Rede beendet, auch schien sich Min. v. Zurhein gehörig zu langweilen, indem er sich unwillkührlich veranlaßt fand, die Uhr seines Nachbars, Präsid. Oberrechnungs Rathes v. Beiseler in Anspruch zu nehmen.

27. Das Schweizerische Volkstheater besucht, wo die eingemauerte Nonne v. Kotzebue gegeben wurde, es war jedoch so voll, daß ich nicht einmal den ersten Akt aushalten konnte.

28. Man erzählt sich hier – verbürgen kann ich es nicht – daß Lol. Montez auf ihrer Durchreise in Nürnberg Sechser unter das Volk geworfen, welches sich trotzdem mißbilligend geäußert. In Bamberg selbst, wo sie übernachten wollte, wurde sie in den Straßen mit „pereat" empfangen, so daß sie sich gezwungen sah, Postpferde zu bestellen u. abzufahren. In Brückenau sollen bei ihrer Ankunft 14 Familien das Bad verlassen haben. – Heute sah ich Exemplare der in der Gegend von Laufen herabgeregneten Kartoffeln, welche die Größe von Ameiseneiern haben; man hält sie für Kartoffelsaamen – ein zweiter Manna.

29. Im kgl. Hoftheater wohnte ich der Aufführung zweier oberbayrischen ländlicher Scenen v. Er. v. Kobel : „Der Kraga" u. der „Räuba" bei. Hierauf folgte: „Die Schwestern" Lustspiel von Angeli, in der sich denn Jahn als Gretchen u. Lang als Hammeling auszeichneten. Zum Beschluße stellten die Gebrüder Landler, Gymnastiker der kgl. Theater zu Landen „Die Vergnügungen des Ikarus" dar. Ihre Gelenkigkeit, Schnelligkeit u. Sicherheit ist nicht genug zu bewundern; nicht weniger ihre Stärke z. B. beim Radschlagen.

30. Morgens reiste S. kgl. Hoheit der Kronprinz nebst S. hohen Gemahlin ins Bad Kissingen. Dieser Tage ist auch Großfürst u. Thronfolger nebst Gemahlin daselbst eingetroffen u. wird in Bälde Kronprinz u. Kronprinzessin v. Würtemberg dort erwartet; ihre Majestät die Königin v. Würtemberg besucht dieses Bad wie alljährlich mit Anfang August. Schon zählt man über 1400 Kurgäste u. es ist nur zu wünschen, daß sich ihre Zahl verdoppele, denn ich glaube, es giebt in Kissingen Häuser, die in manchen Jahre nicht ihre Zinsen, viel weniger, das aufgenommene Kapital abtragen können. Wie würden den Kissingern die Augen übergehen, wenn eine ihrer Hauptquellen versiegen sollte, ohnedieß verliert es ungemein viel durch das Bad Homburg, dessen Umgebung u. Anlagen viele Kurgäste dort festhält. Die Umgebung des Bades Kissingen geniest im Ganzen wenig Vortheil, vielmehr sproßen wegen der Nähe des Bades manche nachtheilige Folgen hervor: durch die Consumation u. fremdes Geld in Kissingen steigern sich die Lebensmittel höher, als es sonst der Fall wäre: nicht allein Wildpret, Geflügel, sondern auch Butter, Eier u. was sonst in den Haushalt gehört, wandert nach Kissingen, wo es theuer bezahlt wird u. wird den Nächstwohnenden entzogen, wenn sie sich nicht zu demselben Preiße verstehen wollen.

Juli.
1. Was ich am 28. v. M. über die Reise Lolas niederschrieb, laß ich heute bestätigend in der „Ulmer Chronik" mit folgenden Beisätzen: Nach den Vorfällen in Bamberg äußerte sie sich gegen ihre nächste Umgebung: „Jetzt sähe sie, daß es in Bamberg mehr Jesuiten gäbe, als in Nürnberg!" Auf der Poststation Schwabach trafen mit ihr zugleich die Eilwagen ein u. als sie barsch verlangte: „man solle erst sie befördern" erkundigte sich der Posthalter nach dem Stand der Person u. näherte sich hierauf ihrem Schlage mit den Worten: „Die Eilwägen müßten zuvor expedirt werden, sie möge sich nur gedulten", erwiederte sie mit aller Heftigkeit: „wenn er ihren Befehl nicht respektire, sei er am längsten Posthalter gewesen", worüber natürlich alle Umstehenden in lautes Gelächter ausbrachen. – Die Corps-Geschichte mit Lola (s. den 21.ten v. M.) hat in soweit ihre Entwicklung genommen,

daß der Polizei- Direktor die Repräsentanten des Corps dieser Tage in Kenntniß setzte:„man müsse die 4 geschasten Pfälzer ohne Verlust ihrer Ehre wieder aufnehmen." Wahrscheinlich hatten sich diese an Lol. Montez gewendet u. von ihr ging der Befehl aus. Die Corpse werden aber ihre Aufnahme nicht zugeben u. man wahrscheinlich der Auflösung „Palatia" entgegensehen. – Auch das Gerücht hat sich hier verbreitet: Lola habe in Brückenau den Adjutanten S. Maj. H. v. Gemeiner, der ihr Widerspruch gehalten niedergeschossen: - ich schenke ihm jedoch keinen Glauben, wiewohl es sich bei ihrem Charakter bestätigen könnte.

2. Hier u. in der Umgegend ist es Sitte, daß Bauernbursche Rosen u. andere Blumen hinter die Ohren stecken, wie viele Schreiber ihre Federn. Heufig haben sie selbe von ihren Mädchen erhalten u. sind stolz darauf, wiewohl sie sich äußerst einfältig in diesem Schmucke ausnehmen.

3. Man erzählte mir heute, als die Pfälzer auf ihrer Kneipe versammelt gewesen wären: seien ganz unerwartet die Minister u. der Polizei-Comissär eingetreten u. nachdem sie sich niedergelassen: hätten sie sich über die letzte Studentenangelegenheit ausgelassen u. das Corps ersucht sie möchten doch die 4 wieder aufnehmen u. zugleich sollten sie schriftlich ihre Stimme darüber abgeben. Da erhob sich der Senior u. sagte: ihr Ausschluß sei Beschluß des Convents u. jeder hat dafür gestimmt. Und als man sie aufmerksam machte, daß der König dadurch sehr gereizt würde, antworteten sie: nach ihren Statuten könnten sie nicht anders verfahren. – Wahrscheinlich wird sich diese Verbindung auflösen u. vielleicht auch die übrigen, um im Geheimen fortzubestehen. – (Lola Montesia).

4. Das schöne Wetter veranlaßte mich heute nachmittags mit Zeisner, Primbs u. Schmitt über die Dämme nach Menterschwaig, welches mehr von der noblen Welt Münchens besucht wird, zu gehen. Nachdem wir unsern Kaffe geschlürft u. uns umgeschaut, schlugen wir unsern Weg über die Anhöhe „Gasteig" zurück, wo uns Dürstende der Schützinger Keller labend aufnahm.

München Gasteig

5. Abends 5 Uhr hatte Musikmeister Streck eine großartige Produktion, mit 2 Militär Musiken ausgeführt, angekündigt, worauf ein ländlicher Ball folge. Da den Studenten die Eintrittskarte blos 12 x kostete, so ging auch ich hin u. fand den Garten von den verschiedensten Ständen angefüllt. Wie alle von Streck arrangirte Stücke, so waren auch die heutigen ungemein lärmend, daß ich sogar noch vor dem Balle aufbrach u. nach Hause eilte.

6. Abends wurde ich ganz angenehm von meinem Bäschen Augusta Ehlen überrascht, die zu längern Besuche bei Tante Aug., von Würzburg hieher gereist ist.

7. Mit Frau v. Apell u. Aug. im Kunst Verein gewesen wo ausgezeichnete Gemälde von Heß, Eberhard etc. aushingen. Nachmittags trank ich bei Tante Aug. Kaffe, uns weit u. breit über Verhältnisse Würzb. auslassend.

8. Kanonen-Donner u. Musik in aller Frühe kündete den Bewohnern der Stadt den Geburtstag Ihrer Maj. der Königin an; abends das Theater bei beleuchteten Hause. Das waren die Festlichkeiten, wie konnten da Collegia gelesen werden?

9. Mich täglich mit dem Französischen beschäftigend fühle ich, daß mir das Lesen der „grand ville" schon viel leichter u. schneller von Statten geht. Die Lektüre dieses Buches ist äußerst unterhaltend: besonders hebe ich folgende Capitel hervor: „Bouquetieres en boutique", „Les trottoirs", „Cabriolets-Milords", „Les faux-Toupets", „Notre Dame de Lorette", „La rue Saint-Denis", „Estaminets-Disans", „Le vent", „La sortie des Spectacel".

10. Heute fiel das Getreide um 8 f. wahrscheinlich wegen der Nähe einer guten Erndte. Vater whndl. v. Kitzingen bei Oberpollinger getroffen.

11. Ein geprestes Seufzen, das schon seit 8 Abenden aus den weiten Hallen der Maxburg hörbar war, hatte bei ängstlichen Leuten den Glauben an Gespenster

hervorgerufen, so daß man in der ganzen Stadt davon sprach. Die Polizei legte sich ins Mittel u. schickte einige handfeste Maurer durch die alten Böden, wo sie nach langen Suchen – die Gespenster erhaschten: es waren Nachteulen.

München Maxburg

12. Die Ludwigsstraße ist zwar eine der schönsten, die man sehen kann, Palast reiht sich an Palast: aber ist eine Straße wenig belebt, so verliert sie den lebenden Reiz u. erhält einen todten Anstrich u. dieß ist bei der Ludwigsstraße der Fall: theils rührt dieß von der ungeheuren Breite der Straße, theils von den vielen öffentlichen Gebeuden in derselben her. Man nehme nur das englische Freuleininstitut, das Salinen Gebeude, das Priester Seminar, das Blindeninstitut, die Bibliothek u. das Kriegsministerium, Gebeude, aus denen nur selten ein menschliches Wesen herausschaut. Nicht ohne Absicht baute man die Universität am Ende der Straße, um doch wenigstens die Trottoir durch die zu jeder Stunde hin u. her wallende Studenten zu beleben; wie sehr sind besonders die Mediziner zu bedauern, die fast jeden Morgen in den botanischen Garten, ins Krankenhaus u. von da in die Universität zu rennen haben.

13. Aus den Zeitungen entnimmt man, daß S. Majest. das Jubiläumsfest in Brückenau vom 18. Juli auf den 8. August verlegt habe, bis wohin er sich schon in Aschaffenburg befinde. Jedoch ist ein Grund dieses Verschubs nicht angeführt u. ich kann mir ihn nicht anders erklären, als daß S. Majestät die Einladung der hohen Herrschaften in Kissingen umgehen will oder daß er bei dem wahrscheinlich großen Zusammenfluß von Menschen Gefahr fürchtet, wenn auch nicht für sich, doch für s. L. M.

14. Viel Aufsehen erregt hier der Tod u. die Abweisung der Heilsmittel in den letzten Augenblicken des alten Schweiger, welcher durch sein Volkstheater so bekannt war: Natürlich begleitete unter diesen Verhältnißen kein Geistlicher seine Leiche, die auf ungeweihten Boden nun ruht, nur Freunde erwießen ihr die letzte Ehre u. ein hiesiger Literat hielt am offnen Grabe eine Rede.

15. Herr Prof. Thiersch hatte heute die Güte, seine Zuhörer in der Aesthetik in die hetrurische Vasensammlung der Pynakothek zu führen. Hier wieß er uns nach, daß es 3 Stylarten derselben gäbe, wie er schon in einer der frühren Stunden dargethan, nemlich:

1.Vasen mit rothen Grund u. schwarzen Figuren (blos Weiber u. Stuten weis) – steif ; 2.Vasen mit rothen Figuren auf schwarzen Grund – manche Mannigfaltigkeit u. Feinheit; 3.Vasen mit blaßrothen Grund, die Figuren frei von Steifheit, aber die Heupter größer, als sie im Verhältniß sein sollten. – Abends hörte ich im Hoftheater das Nachtlager von Granada Oper in 2 Aufzügen v. K. Kreutzer. Die Musik ist tief u. verfehlte bei mir ihren Zweck nicht; aber der Text ist zu einförmig u. dadurch langweilig.

16. Gestern wurde Advokat Karl vom Bierwirthe Kugler angefallen u. mit einem Rasiermesser im Gesichte verwundet, weil er demselben die Schuld beimaß, daß er ausgepfändet wurde. Der alte Mann wurde in die Frohnfeste abgeführt. Mit einem Briefe von meinen Eltern erhielt ich auch einen französischen von H. Stadtpfarrer P. Adeodat, den ich in Bälde beantworten werde. Unter andern traf mich ganz unerwartet u. schmerzlich die Nachricht, daß Pater Alphons zugleich Pfarrer von Burglauer am 7.ten d. M. an Herzerweiterung gestorben sei. Als ich das letztemal Münnerstadt verließ, vermuthete ich nicht, diesen starken Mann nicht mehr zu sehen.

17. Um 4 Uhr morgens ging ich mit Zeißner nach Staremberg u. nachdem wir in dem klaren See ein erfrischendes Bad genommen, bestiegen wir einen Kahn u. ließen uns am schönen Ufer entlang nach Possenhofen fahren. Hier kosteten wir die schmackhaften Renken, besahen den Schloßgarten des Herzogs Max u. die Herzogin, welche hier den Sommer zubringt, gerade bei Tafel saß, wurde uns auch ihr Salon u. Arbeitszimmer gezeigt, das äußerst elegant u. feenhaft ist. Abend 6 Uhr fuhren wir mit einem Stellwagen durch den 2 Stunden langen Park, wo wir 10 Stück Dammwild an der Straße ungestört äßen sahen. Wie stark Staremberg u. seine Umgebung von München aus besucht wird, kann man daraus abnehmen, daß täglich 4 Stellwagen, von denen jeder 12 Personen faßt, u. oft noch mehr hinaus fahren.

18. Man erzählt sich hier, S. Maj. habe sein Auge in Brückenau auf eine schöne Polin geworfen, die erst 17

Sommer zähle: Lola Montez verfolge ihn deßhalb auf Schritt u. Tritt.

19. Ein junger Mann muß nothwendig einen Theil seiner Selbstständigkeit verlieren, wenn er sich in die Lage versetzt sieht, entweder wegen trauriger Verhältniße od. gar wegen üppigen Leben, Schulden zu machen. Der Verlust der Selbstständigkeit kann nur einen nachtheiligen Einfluß auf den Charakter eines Menschen ausüben und einmal diesen Weg eingeschlagen, reißt sich nur selten und nur ein von Natur aus kräftiger Geist von diesen ihn immer mehr u. mehr umschlingenden Banden los: ein leichtsinniger ist aber rettungslos verloren. Denn in der Ordnung der Finanzen beruht die Moralität u. das Glück eines Menschen.

20. Schon seit einiger Zeit befindet sich in hiesiger Stadt ein Mann, Ernst Mahner, dessen schwulstige Anschlagzettel, welche allen Menschen, die seine Lehre befolgen, Gesundheit u. langes Leben versprechen. Ich hatte heute morgens 6 Uhr Gelegenheit ihn im englischen Garten zu hören. Er ist ein kräftiger, noch junger Mann mit starken Barte u. langer Schnurre, die blonden Haare bis in den Nacken wallend. Heute ließ er sich über folgende Gesetze aus: trink kaltes Wasser u. da nur wenn du Durst hast, vermeide alle gebrannte Getränke, als Branntewein, Punsch u. Kaffe, denn sie sind Gift. Ebenso verabscheue die Suppe, Breie u. alles gesottenes Fleisch: gebraten sollst du letzteres essen. Das stinkige, dich auszehrende Tabakskraut wirf von dir. Dann brachte er seine Lehre in Beziehung mit der des höchsten Priesters des Herrn: nicht aus meinem Hirne ist sie entsprungen, sondern sie stammt her von dem, der die ewige Wahrheit ist, dessen Diener ich bin, ich der einzige Inhaber dieser ursprünglichen Hygiena u. wer nicht an mir glaubt, ist ein Lügner. . . u. sofort. . alle Ärzte, ich muß es offen sagen sind Betrüger! In einem Decennium, wenn ihr meine Lehren befolgt, werdet ihr ein gesundes, starkes Volk sein, die Frauen werden nicht mehr so schwer gebären u. kräftige Kinder zur Welt bringen. – Seine Absicht mag eine gute sein, ob er aber Jünger finden wird, das möchte ich bezweifeln, denn die jetzige Lebensweise, obwohl sie sich nachtheilig auf den

Gesundheits-Zustand äußert, hat zu tiefe Wurzel bei den Menschen geschlagen, als daß sie so leicht zu verändern wäre.

21. Von Wüst eingeladen begab ich mich abends auf die Isarenkneipe, die sie in den Bauhof verlegt haben.

22. Heute sah ich zum erstenmale neue Kartoffeln auf den Tisch, die keine Spur von einer Krankheit an sich tragen. Man sollte nicht glauben, welchen bedeutenden Einfluß eine gute oder schlechte Kartoffel Ärndte auf die jetzigen Verhältniße ausübt, eine Frucht, die man vor ungefähr 100 Jahren in unsern Gegenden noch nicht kannte oder wohl gar verschmähte.

23. Allgemeines Aufsehen erregt hier folgender Vorfall: Gestern Abend fand man den Consenior der Isaren, Dorner, in einem Bette (in d. Löwenstr.) erstochen. Er soll mit Keck, einen Mainländer auf Pariser losgegangen u. von diesem den Todesstoß erhalten haben. Ersterer ist der einzige Sohn des Rentamtmann in Füssen u. soll ein wackrer Kunde gewesen sein, Keck dagegen, der in Würzb. Dittelbergerfaß schon einmal erstochen, ist als charakterlos bekannt, gar nicht als Student inscribirt u. steckt bis in d. Ohren in Schulden. – Zufällig trank ich bei Tante Kaffe, als ihr Freulein Mailhausen, die Erzieherinn des kleinen Kronprinzen sagen ließ: wenn sie die Gemächer S. kgl. Hoheit des Kronprinzen u. seiner Gemahlin sehen wolle, so möge sie zu ihr kommen. Natürlich benützte ich diese Gelegenheit u. besah auch dieselben. Als mir der kleine Kronprinz seine Hand gab, dachte ich: du jetzt so kraft- und macht-los bist bestimmt auch einst den Thron einzunehmen u. über ein Volk zu herrschen, das du beglücken kannst! Es ist ein Kind von 3 Jahren mit ungemein starken Haupte u. großen blauen Augen, jedoch fehlt seinen Wangen die Frische, ohne welche kein Kind schön ist.

24. Zwei Schweizer, Weber u. Aquelin, an der hiesigen Universität mußten heute die Stadt verlassen, weil sie an die Spitze eines Schweizer-Studenten-Vereins standen, bei welchem auch die Schweizer-Jesuiten betheiligt sein

sollen. – Mein Bäschen Aug. Ehlen in das Naturalienkabinet geführt.

25. Die Dult hat bereits begonnen u. man sieht manches Schöne da: dieses und jenes wünschte ich mir, aber.....

26. Zeisner, cand. jur. reiste heute in seine Heimat. Keck u. der Senior der Isaren, Max Wagner, sollen auf d. Polizei sitzen. Letzterer wahrscheinlich als Sekundant betheiligt; man weiß noch nichts Näheres. Gestern in der Frühe (Sonntag) senkten die Corps den Erstochenen in die Erde u. der Senior Wagner hielt am offenen Grabe eine Rede; jedoch fehlten die kirchlichen Feierlichkeiten.

27. Der Nuntius am hiesigen Hofe Morichini wurde von hier abgerufen heißt es nach den Zeitungen, weil er das Clima nicht habe vertragen können. Es liegt aber eine andre Ursache zu Grunde: Er selbst der deutschen Sprache nicht ganz mächtig, gab seinen Sekretär oder wem den Auftrag, das Gedicht S. Majestät: „Ihr habt mich aus dem Paradies getrieben...“ s. m. Tgb. I. Bd. S.143. ins Italienische zu übersetzen. Man weiß nicht auf welchen Wege ging das ins italienisch übersetzte Sonett in mehrere Zeitungen über, was seine Abberufung nach sich zog.

28. Das jetzige Gesangsfest in Regensburg, das von Stunz dirigirt wird, ist, scheint es, von vielen Studierenden der hiesigen Universität besucht worden, denn die Hörsäle sind ziemlich schwach besucht. Mein Bäschen Augusta in die vereinigten Sammlungen geführt.

29. Neuerdings ließt man „in der allgemeinen Zeitung“ ist dieser Tage ein unglückliches Duell in Würzburg zwischen dem Officire Grebana u. dem Stud. Hedenus vorgefallen. Letzterer erschoß Erstern auf 30 Schritte Distanz. Der Thäter u. Sekundant stellten sich dem Gerichte. Hedenus, der im vorigen Jahre sich auf hiesiger Univers. befand, hatte hier das Unglück in e. Duelle durch einen Nachhieb ein Auge zu verlieren, weßhalb er das Forstfach, dem er sich gewidmet, aufgeben mußte; nun hat er das Pech, einen verheiratheten Officier zu erschießen, was ihm wahrscheinlich alle Aussichten raubt. – Keck, der hier

Dorner erstochen, hat sich nach die Schweiz geflüchtet u. hat sich so dem Gerichte entzogen.

30. Um ¾ 4 Uhr in der Residenz die Gemächer S. Maj. des Königs u. der Königin beschaut. Dieselben sind mit wunderschönen Fresken geziert (ihren Stoff schöpfend aus den Gedichten Göthe's, Schiller, Bürger, Theokrit etc.) und bei weiten großartiger, als die des Kronprinzen, aber nicht so heimlich.

31. Nun hat sich wieder ein neues Corps „Allemania" gebildet, das aus Mitgliedern besteht, welche auf den Geschichten mit Lol. Montez hin, aus dem Corps „Palatia" ausgeschlossen wurden. Sie tragen dunkelrothe Kappen mit Gold und Blau. Natürlich werden sie von den übrigen Verbindungen nicht anerkannt werden; einige Spaßvögel haben dieses neue Corps „Lola Montezia" getauft. Warum sollte die uneheliche Tochter nicht den Namen ihrer Mutter tragen?

August.
1. Die hiesige Universität zählt in diesem Semester 1471 Studenten; hievon sind 1334 Inländer u. 117 Ausländer: u. insbesondere 584 Candidaten der Philosophie, 3 Mathematiker, 494 Juristen, 192 Theologen, 94 Mediciner, 7 Chirurgen und 95 Philologen.

2. Mit Freuden laß ich heute in einer Zeitung, daß das Korn in Schweinfurt um 13 f. verkauft worden sei u. daß es auf der nächsten Schranne noch um 2 f. fallen werde. Hier will es nicht so rasch mit dem Abschlagen gehen.

3. Im Schweiger'schen Volkstheater sah ich den verwunschenen Prinz, Schwank in 3 Akten von Plötz über die Bühne gehen. Seit der alte Direktor zu Grabe getragen, kommen bessere u. neue Stücke zur Aufführung u. werden dieselben mit bessern Erfolg vorgetragen. Von einem Platzregen überrascht, mußte man in einem Wirthshause bei der protestant. Kirche Schirm suchen, wo ein 2.tes komisches Spiel zur Aufführung kam.

4. Da heute H. Prof. Neumann verhindert war zu lesen, so hörte ich H. Privat Dozenten Sepp über neuere Geschichte. Dieser vertritt die katholische Richtung, scheint jedoch über alles zu rässonniren, hiebei besitzt er ein volltönendes angenehmes Organ u. freien fließenden Vortrag, so daß er sehr viele Zuhörer an sich gezogen hat. Vor kurzem erhielt er einen Orden vom Papst Pius IX. wegen seiner Schrift gegen den gottlosen Strauß u. wegen einer Vertheidigungsschrift auf's heilige Grab. – Als er den Saal verlassen hatte, laß ein Student eine Bittschrift an S. Maj. d. Könige vor, die die Wiederanstellung Dr. Lassaulx bezwecken soll u. ersuchte um Unterschrift.

5. Abend 7 Uhr besuchte ich die Menagerie von Schreier. Der Eisbär zeichnet sich besonders durch seine Größe aus. Das Löwenpaar ist erst 4 Monate alt, daher noch klein. Die gefleckte u. gestreifte Hiänen sind ausgewachsene Thiere. Ein Leoparde, Strauß, Zebra, angorischen Ziegen. Schlangen finden sich auch darin vor, doch verdient vor allen ein schwarzer Tiger wegen seiner Behendigkeit u. Schnellkraft Beachtung. Da gerade Fütterungs-Zeit war, konnte man die Freßgier dieser Thiere bemerken; hierauf begann die Bändigung, Schreier ging unerschrocken mit hintergeschlagenen Hemdärmel in den Käfig der Löwen, Hiäne, der Tiger u. Leoparden, welche Thiere ihn küßten, über ihn wegsprangen, ihm Fleisch aus dem Munde nahmen. Das kühnste u. gefährlichste war jedoch als er seinen Kopf in den Rachen des Leoparden steckte u. in dieser Lage ein Pistol losschoß, worauf der Leoparde wie todt hinsank u. sich auf der Schulter herumtragen ließ, wie der zahmste Hund.

6. Die Kunst-Wercke des Automaten Droz bewundert. Das eine Kunstwerck, einen kleinen Knaben vorstellend, schrieb einen kleinen Satz „Willkommen in München" u. das aufgegebene Wort: „Glück" dabei dunkte der Kleine in ein Tintengefäß, verfolgte mit seinen Augen die schreibende Hand u. wischte sich die Feder aus. Ein andrer kleiner Knabe zeichnete: „Amor auf einem Wagen von einem Schmetterlinge gezogen," so fein straffirt, daß ein Künstler es nicht schöner einem Papiere entwerfen kann. Das dritte Kunstwerck war eine Klavierspielerin, die,

nachdem sie ihr Pieçe beendet, sich äußerst graziös gegen das Publikum verneigte. Dann machte er noch einige elektromagnetische Experimente: besonders mit dem Elektro Telegraph.

7. Auf der Isarenkneipe einer musikalischen Unterhaltung beigewohnt. Einige Streichquartetten u. Männerquart.: (bes. des Jägers Abschied von Mendelsohn-Bartholdy u. des Schäfers Sonntagslied v. Kreutzer) u. mehrere fortepiano pieçen kamen zur Aufführung. Ganz besonders zeichnete sich aber der Philos. Claser auf der Violine „im Carneval von Venedig" aus. Sehr viele Philister u. einige Prof. waren gegenwärtig.

8. Da ich von Herrn Schad ein Billet zum philharmonischen Verein erhalten, hatte ich das Vergnügen, H. Wilkoszewski auf der Violine meisterhaft spielen zu hören. – Von Herrn General-Major Mailinger zu Mittag eingeladen fand ich eine äußerst liebe, den Stolz nicht kennende Familie. Kaum saßen wir zur Tafel, als ihm gemeldet wurde: Lol. Montez sei um   1 Uhr angekommen etc.

9. Den Cirkus der Kunstreiter Renz besucht. Die Dressur der Pferde ist ausgezeichnet u. die verschiedenen Glieder der Gesellschaft führen ihre Produktionen mit Sicherheit u. Grazie aus, sowohl Damen als Herrn (worunter auch ein Neger des Prz. Max). Ein Schimmel tanzt einen Walzer, ein Hengst apportirt nicht nur Sacktücher, sondern sogar Porcellan Teller.

10. Schillers Reuber durfte ich nicht ungesehen über die Bühne gehen lassen, noch dazu, wo Grunert Franz Mohr spielte. Nicht genug kann man an ihm sein Spiel vor allem aber seine Mimik bewundern. Dieses Rollen der Augen, das Verzerren u. Zucken des Gesichtes, der gepreßte Ton der Stimme stempelt ihn ganz zu den niederträchtigen Franz, der seinen Vater u. Bruder kalt morden könnte. Amalie gab Mad. Dahn, die leider nicht mehr die jugendliche Frische u. das Feuer der Geliebten Karls besitzt. Karl selbst wurde von Schenk nicht ausgefüllt. Dagegen hatte Spiegelberger (Büttchen) seine Rolle gut aufgefaßt. Heigel

spielte die Rolle des alten Vaters Max vortrefflich. Ich selbst mag dieses Drama nicht mehr sehen; es hat mich zu sehr ergriffen. – Morgens schloßen die Herrn Professoren Döllinger, Neumann u. Recht ihre Colleg.

11. Heute beendeten die Herrn Thiersch u. Sieber ihre Collegia u. zwar Letzterer unter Blitz und Donner. – Man erzählt sich wieder mehreres von Lola Montez: Seine Maj. soll sie hier bei ihrer Ankunft durch ausländische Blumen und Gewächse haben überraschen lassen. – Zweien von dem Corps Allemania soll sie ein Stipendium von 300 f. jährlich verschafft haben. – In Würzburg soll sie einer Schildwache, die sich weigerte, ihren Hund in den Hofgarten einzulassen, eine Ohrfeige gegeben haben.

12. Nachmittags hielt H. Prof. Zeus an Neumanns Stelle (der Comissär in Augsburg) das schriftliche Examen in der neuern Geschichte ab. Als er die Fragen diktirt, entfernte er sich u. sagte nach 2 Stunden würde er wiederkommen. Viele zogen nun die Röcke aus, rauchten etc. Es wäre viel besser gewesen, sie hätten Frequenzzeugnisse hergegeben, als solchen Unfug hervorgerufen. – Beim Ministerium sollen wieder Veränderungen vorgehen: Berks Minister des Innern werden, Zenetti den Cultus als eignes Ministerium erhalten. – S. kgl. Hoheit der Kronprinz soll in Würzburg seine Winter-Residenz beziehen.

13. Morgens Examen aus der Physik, nachmittags aus der Aesthetik, beide schriftlich. – Morgens wurde mir erzählt, daß die Professoren: Döllinger, Hanneberg u. Sepp von der Universität entfernt würden. Als ich nachmittags in die Universität kam, laß ich am schwarzen Brett folgenden Anschlag: „Es sei zur Anzeige gebracht worden, daß einige Professoren bes. der Theologie abgesetzt würden; es sei dieß durchaus falsch. Man ersuche daher die Studierenden, dieses Gerücht nicht weiter zu verbreiten, widrigenfalls strenge Ahndung dagegen eintreten würde D. Weisbrod v. z. Rekt.". Es muß also doch etwas daran sein.

14. Die Examina aus der Religions Philosophie u. aus der mathematisch physikalischen Geographie nahmen denselben Gang, wie die frühern.

15. Da nun mit dem Schluße der Examina das letzte philosophische Semester geschloßen war, so reiste ich mit Wütscher um 11 Uhr von München ab, bestiegen in Donauwörth den Eilwagen, in Nürnberg wieder die Eisenbahn, so daß wir um 8 Uhr morgens in Bamberg ankamen.

16. Hier wurde ich recht herzlich bei Kirchgeßner aufgenommen. Ein Bad in der Regnitz war für mich, der auf der Reise so viel von der Hitze u. dem Staube auszustehen hatte, sehr wohlthätig. Im Rökeleins Keller recht frisches gutes Bier getrunken, freilich zahlen es aber die Herrn auch mit 8 x die Maas. Die Garten Anlagen sind sehr traulich.

17. Die berühmte Altenburg bestiegen, sehenswerth ist noch die Kapelle mit alten Glasmalereien. Auch Onkel Fritz befand sich mit seiner Frau Gemahlin in Bamberg u. besah die Waldungen, welche ihr sehr gut gefielen, wie er sich ausdrückt. Im Grünewalds Keller war das Bier nicht so gut; außerdem ist man hier sehr eingeschloßen.

18. Bamberg besitzt kein Kaffe, wenn man nicht die „Rose" als solches annehmen will, welches jedoch eine schlechte Brühe siedet. Bei Vetter Lohr speiste ich zu Mittag.

19. Besah ich das Naturalien Kabinet u. Lohr zeigte mir ihre große Keller, in denen viele volle Fäßer liegen. Mit dem Eilwagen fuhr ich über Schweinfurt morgens 11 Uhr ab, so daß ich abends 9 Uhr zu Hause ankam. Als Reisebegleiter bis Schweinfurt hatte ich Herrn Alexander, Prof. an der Gewerbsschule zu München. – Man fühlt sich denn doch viel heimlicher im Hause der Eltern, als sonst wo. Traurig ist es, wenn ein gespanntes Verhältniß zwischen Eltern u. Kindern obwaltet. – Im 2.ten Studienjahre betrugen meine Ausgaben 440 f.

20. Verschiedene Besuche gemacht, wie es der strenge Wohlanstand in kleinen Landstädtchen fordert, denn da kann man eher anstoßen als in adelichen Cirkeln.

21. Mit Vater, der eine Tagfahrt in Weichtungen hatte, nach Masbach gefahren, wo wir vergnügt den Abend zubrachten.

22. Von Herren Pfarrer Hohbach Tags zuvor eingeladen, sein Erlanger Bier zu kosten, für Herrn Rentamtmann Schneidawind, Adv. Hippeli, Vater u. ich nach Poppenlauer. Der Stoff ließ uns nicht ungerührt, alles war aufgereumt bis zum späten Aufbruche.

23. In unsern Franken haben wir heuer eine sehr reiche Erndte gehabt, so daß der Scheffel Korn schon um 12, 10, ja 8 f. verkauft wurde. Aber auch ein sehr trauriger Uebelstand ergiebt sich hieraus: manches Beuerlein ist gezwungen 3 Scheffel zu verkaufen, um den einen Scheffel, den er vor 2 Monaten gezwungen war zu kaufen, bezahlen zu können; er entblößt sich auf diese Weise seiner Vorräthe u. geräth schon bei herannahender Noth in Schulden u. Verzweiflung; es zeigen sich durch Ueberhandnahme des Maschinen- u. Fabrik-Wesen immer deutlicher u. trauriger die Symtome: „Reiche und Arme", wie in England. Arbeitet doch manche Maschine soviel in einem Tag als früher 100 Menschen in doppelter Zeit zu leisten nicht im Stande waren und – einem Einzigen fällt der Gewinn zu, von dem sich früher mehrere Familien ernähren konnten. O welch trauriges Bild könnte man von unsern jetzigen Gewerben entwerfen.

24. Begab ich mich nach Kissingen theils um meine Schwester zu sehen, die sich daselbst seit einiger Zeit aufhält, theils um die Beleuchtung des Kurpalastes u. des Altenberg zur Vorfeier des Namenfestes S. Maj. mit anzuschauen.

25. Der Kurplatz ist morgens noch immer sehr belebt; es mögen immerhin noch 200 Kurgäste anwesend sein. Nachmittags verfügte ich mich wieder nach Hause.

26. Schon eine ganze Nacht u. Tag hindurch regnete es unaufhörlich, so daß die Lauer ihr Bett verlassen u. sich über die Wiesen ergeht, wo größtentheils das Ohmet schon

geschnitten ist. Es kann hiedurch großer Schaden angerichtet werden.

27. Mit H. Ass. Dorner eine Tagfahrt in Bildhausen abgehalten unter Sturm und Regen.

28. Die Ermordung der Herzogin Choiseul-Praslin durch ihren Gemahl erregt allgemeines Aufsehen. Welchen Abscheu muß diese That erregen wenn man bedenkt mit dieser Frau war er 27 Jahre verheirathet, hat mit ihr 9 Kinder gezeugt und jetzt mordet er sie wie ein gemeiner Mörder, um vielleicht eine andere heirathen zu können. Wohl fühlend, daß die eingeleitete Untersuchung ihn als Mörder herstellen müßte u. den rächenden Ausspruch fürchtend, nahm er in einem unbewachten Augenblick Gift, in Folge dessen er in einigen Tagen starb. Diese That zeigt, daß selbst in den höchsten Kreisen nicht immer Tugend die Heupter zieren, sondern gerade der Adel verderbter ist, als das Volk, auf welches er noch immer herabsieht, wie ein indischer Götz auf die Parias. Doch auch sie werden stürzen müssen, denn nicht im geadlichten Namen liegt der Vorzug eines Mannes, sondern in dem Adel seiner Gesinnung.

29. Bei Frau Majorin Metz zum Kaffe eingeladen, hatte ich bei dieser Gelegenheit das Vergnügen mit Frau Assessoren Dietz u. Schmitt einen Sansprander.

30. Die Abiturienten hielten heute Abend bei Metzger Schneidawind einen rauschigen Commers, dem ich jedoch nicht beiwohnte.

31. Morgens mit H. Ass. Dorner in Burglauer einen Kriminalfall aufgenommen; nachmittags nach Thundorf gefahren, um einen Vergleich wegen strittigen Ackerfeld zustande zu bringen. Auf dem Nachhause-Weg bei Schellhammer angehalten u. einige Kegelpartien gemacht.

September.
1. Signora Lola Montez wurde denn doch zur Gräfin von Landsfeld erhoben, was wohl hinlänglich zeigt, daß sie noch im Vollgenuße ihrer Macht steht.

2. Die Vorfälle in Bamberg bei der Durchreise Lola Montez haben S. Majestät veranlaßt: Seiner kgl. Hoheit dem Kronprinzen u. dessen Gemahlin die Residenz Würzburg für Herbst u. Winter anzuweisen; wiewohl schon alles für dessen Empfang im Bamberger Schloße hergerichtet war; sogar die 2-300 Klafter Holz müssen von da nach Würzburg geschafft werden. Die Bamberger ärgern sich nicht wenig.

3. Professor Döllinger von München ist seiner Professur enthoben; der Grund hievon ist größtentheils in dem herannahenden außergewöhnlichen Landtag zu suchen. Die Theologen ganz Bayerns sind bestürzt u. vergießen Thränen innerer Wehmuth.

5. Die Herren Commissär Huber, Rechtspraktikant Küttenbaum u. Schwarz v. Königshofen kamen heute hieher zu speisen zu Mittag. Nach Tisch begleiteten Glaubler, Schmitt u. ich sie nach Neustadt, wo wir recht vergnügt in Neuhaus u. bei Weigand von einander schieden.

6. Etwas Näheres von der Adeligung Lolas aus der Dorfzeitung:
Die Urkunde, wodurch Lola Montez zur Gräfin von Landsfeld erhoben wurde, ist öffentlich bekannt gemacht u. vom 14. August aus Aschaffenburg dadirt, vom Minister v. Maurer contrasignirt. Darin wird sie die aus spanischen Adel geborne Maria v. Paris u. Montez genannt; in ihrem gräfl. Schild ist ein blankes Schwerdt, ein streitfertiger gekrönter goldner Löwe, ein links gewendeter Delphin u. im weißen Felde eine blasrothe Rose. Wer der Verleihung dieser gräflichen Würde entgegenhandelt, soll durch den kgl. Fiskal vor die Gerichte gefordert u. wegen Mißkennung wohlerworbener Befugnisse einer dritten zu öffentlichen u. Privaten Genugthuung angehalten werden. Damit die Gräfin Lola v. Landsfeld standesgemäß leben kann, ist ihr eine jährliche Rente von 20 000 f. ausgesetzt worden.

7. Mit Herrn Ass. Dorner in Großenwenkheim Hausuntersuchung wegen Diebstahl vorgenommen.

8. Heute begab sich August nach Lohr, wo er gegen 3 Wochen bei seinem Großvater H. Physikus Goi verweilen wird.

9. Große Damenkaffegesellschaft bei Mutter.

10. Tagfahrt in Poppenlauer.

11. Tagfahrt in Nüdlingen. Der thumste Bauer, den ich je gesehen u. gehört, pochend auf sein Geld habe ich bei dieser Commission kennen gelernt.

12. Bei Herrn Ass. Dorner zu einem Gabelfrühstück eingeladen. Es gab Hasenbraten, Salat u. Bier.

14. Mit Herrn Ass. Dietz eine Tagfahrt nach Steinach, Haus-Versteigerung vorgenommen.

15. Von Friedrich und Ringer, welche von Königshofen kamen, erhielt ich einen Brief von Schneider, welchem eine Rolle aus dem Sklaven von Benedix, die sie in 14 Tagen zur Aufführung bringen wollen, beilag. Es ist die des Brown, ich habe sie angenommen.

19. Bei Herrn Ass. Dorner spielte ich einen Sansprander.

20. Herr Stadtpfarrer Pater Adeodat Deforet, welcher nach Königshofen fuhr, hatte die Güte, mich mitzunehmen. Bei Schneider fand ich eine freundliche Aufnahme.

21. Als heute auch Ziegler von Stöckach eintraf, konnte Mittags die erste Probe abgehalten werden. Das Stück selbst ist ein dreiaktiges Drama von Roderich Benedix:

Die Sklaven:

Personen:

Brown.............................Pflanzer...................................
.....Rost

   Jones...............................Pflanzer..Schneider
   Morne.............................Pflanzer..Wiener
   Fuller..............................Pflanzer..Riegler

Jackson...........................Friedensrichter..............................Langenbrunner
   Elisabeth...........................Browns Nichte ....Aug. Reinhard
   Anna...............................Browns Nichte ....Jos. Hertlein
   Mary...............................Browns Nichte............................ Au. Hertlein
   Eagle...............................ein   alter   Indianer..........................Grab
   Heinrich...........................ein   junger Deutscher....................Ziegler
   Cäsar...............................ein Neger, Heinr. Diener...............Mertesheuser

Nach meiner Ansicht ist die Wahl eines Dramas bei einer solchen Gelegenheit durchaus ein Fehlgriff; Lustspiele sollte man da dem Publikum über die Bühne führen. Langenbrunner, der mit Ziegler kam, ist der Sohn des Gerichtsarztes v. Passau u. wird im nächsten Monat in der Apotheke zu Euerndorf als Gehülfe eintreten.

22. Bierfritz, den wir Studenten in seinem Felsenkeller aufsuchten, stellte uns ein treffliches Bier vor.

23. Heute hatte ich das Vergnügen Postpraktikanten Langenbrunner in Kissingen kennen zu lernen. Ich fand in ihm einen gesetzten jungen lieben Mann; er wird nach Homburg in der Pfalz versetzt werden.

24. Im Casino kann man sich sehr angenehm unterhalten, aber das Getränke ist schlecht und der Wirth Weidenbusch gar nicht geschaffen, eine größere Gesellschaft zu bedienen.

26. Von Ziegler eingeladen gingen Schneider, Langenbrunner u. ich über Aubstadt, Bundorf nach Stöckach, wo gerade die Kirchweih gefeiert wurde. Wir wurden hier sehr freundschaftlich aufgenommen.

27. Uns überraschend kam heute gen Mittag der Postpraktikant Albert Langenbrunner von Kissingen nach Stöckach, fuhr aber wieder selbigen Tages zurück.

28. Morgens vertrauten wir uns einer Chaisse an u. gelangten glücklich um 10 Uhr nach Königshofen. Es gefiel mir in Stöckach recht gut.

29. Auch ein Billard steht bei Rathgeber, aber im schlechten Zustande.

Oktober.

1. Die 500 Theaterzettel, welche um 3 f. 30 x. in Kissingen gedruckt wurden, sind schön und einfach.

2. Die Aubstädter Musik wird um 24 f. beim Theater und im Ball spielen.

3. Nachmittags um ½ 4 Uhr fand unsre Hauptprobe statt, die uns 12 f. abwarf; von der Stadt-Gemeinde erhielten wir 6 f.

4. Bei H. Stadtschreiber Reinhard zu Mittag eingeladen.

5. Nachmittags trafen schon viele Studenten zum morgigen Feste ein, unter andern auch Freund Wüst etc.

6. Trotz des schlechten Wetters war doch der Schauplatz gefüllt und gegen 84 f. fielen in die Kasse. Man lobte unser Spiel, das fast alle Damen bis zu Thränen rührte. Durch Ball-Entrée gingen uns noch 28 f. ein, so daß sich die Total Einnahme auf 130 f. belief. Den Ball selbst anlangend konnten sich wohl nur Jene amüsiren die eben tanzten; denn die Getränke waren durchgehends schlecht: das Bier nicht hell und matt, der Wein mit Most gemischt, der Glühwein – Spülwasser, der Punsch – Mistlauche. Die Studenten hielten jedoch bis morgens 6 Uhr aus, wo sie

auf dem Marktplatze mit Musikbegleitung „gaudeamus igitur" sangen u. hierauf dem oder jenem Freulein ein Ständerchen brachten. Reder, Forstprakt......schmollirt.

7. Luden die Studenten die Königshöfer Damen zu einer Kaffe-Partie im Rathaus ein, an die sich Pfänder-Spiele anschloßen. Abends gen 6 Uhr fuhr ich mit Herrn Rechtsanwalt Hippeli nach Münnerstadt zurück.

8. Freund von Königshofen herkommend besuchte mich.

9. Langenbrunner hier durchfahrend brachte Freulein Josephine Ziegler mit, welche bei uns übernachtete.

10. Freund begab sich heute nach Haus.

11. Das hier mit dem Kloster verbundene, seit 6 Jahren sich immer mehr erweiternde Seminarium generorum entzieht den Studentenhaltenden Familien nicht nur jene Studenten die zahlungsfähig sind, sondern auch jene, welche am meisten Kopf besitzen, damit dann sie (die Mönche) in die Welt hinausposaunen können: „seht, welch Früchte unser Seminar trägt." Hörte ich doch vor kurzem erst Stimmen, die mit bitterer Rück-Erinnerung sich über ihr Seminar-Leben ausließen: nirgends größere Verderbniß der Jugend und leichtere Fortpflanzung desselben, als in Seminarien, abgesehen davon, daß Scheintugend u. Heuchelei u. Kriecherei systematisch darin ausgebildet werden, kann wohl kein vernünftiger Mensch leugnen, daß in einem solchen Institute wohl keine Weltbildung erzielt werden kann. Wie heufig sind leider die Fälle vorgekommen, daß gerade ihre – nach ihrer Ansicht – brävsten Zöglinge (die ihre Augen nicht aufschlugen u. während ihres Gymnasial-Lebens einher krochen wie Würmer) nach ihren Uebertritt an die Universität die ausgelassensten Subjekte wurden! Ihnen fehlte Charakterstärke, ist doch moralischer Zwang unfruchtbar u. sind die Zügel ihm gelüftet, so reißt er sich von allen natürlichen Gesetzen los, bis er ermattet!

12. Seit dem 20.ten Sept. sind unsere Stände außerordentlich einberufen, um Geld zu bewilligen für den Weiterbau der Eisenbahnen. Bis jetzt erstreckten sich die Wahlen der Präsidenten u. der Ausschüße. Erster Präsident der Reichs-Räthe ist Fürst von Leiningen, zweiter Fürst v. Wallerstein; die Kammer der Abgeordneten wählte als ersten Frh. von Rotenhahn, als zweiten Grafen Hengernberg Dux. Es sind nun verschiedene Anträge gestellt: unter andern die Preißfreiheit etc. die Theurung der jetzigen Zeit betreffend.

15. Mit Vater u. Schad nach Masbach gegangen; H. Rentamtmann Schneidawind, H. Prof. Gutenäcker u. H. Rechtsanwalt Hippeli fuhren später auch nach. Da Schellhammer uns noch ein altes Bier vorstellte, so war die Gesellschaft recht aufgereumt.

16. Mit der Tagfahrt nach Großwenkheim war auch ein Ausflug nach Bildhausen verbunden.

17. Einen Spaziergang mit Schad, Schmitt, Berninger u. Schneidawind nach Poppenlauer gemacht.

18. Herr Dechant u. Schulinspektor Münz von Rannungen besuchte uns heute u. lud mich ein, mit ihm nach Rannungen zu fahren, was ich auch annahm.

19. Begab ich mich, nachdem ich mich vortrefflich mit H. Kaplan Schmitt v. R. unterhalten, nach Münnerstadt zurück.

20. Nach langen Erwarten kam endlich heute Anton Schneider zu mir auf Besuch.

24. Die Studenten rücken ein – überall reges Leben, belebte Straßen.

25. Als ich heute nachts gen 11 Uhr aus der Kneipe ging sah ich ein sehr schönes Polarlicht (Nordlicht), das über eine halbe Stunde anhielt.

26. Mit Herrn Rechtsanwalt Hippeli, Vater u. Schneider um 5 Uhr nach Kissingen gefahren, wo wir den Abend recht vergnügt im sächsischen Hof bei Würzburger Bier zubrachten.

28. M. Schad hatte auf heute Abend im fränkischen Hofe ein Conzert veranstaltet unter gefälliger Mitwirkung der Stadt Lauringer Liedertafel. Er selbst spielte das „Te Deum" mit viel Energie u. Sicherheit u. Tanzaufforderung v. C. M. v. Weber. Die Liedertafel trug einige schöne Pieçen vor. Auch meine Schwester Agnes setzte sich ängstlich keck an den Flügel. Eine Tanzunterhaltung schloß sich an das Conzert an. Schad selbst zog sich zurück.

29. Schneider verließ uns heute, indem er nach Würzburg abreiste.

30. / 31. Verabschiedete ich mich bei verschiedenen Familien. Wohl ein ganzes Jahr werde ich nimmer nach Münnerstadt kommen. – In diesen Tagen fand auch in meiner Heimath die Weinlese statt; zwar giebt es viele Trauben, aber sie haben wenig Zuckerstoff: man hatte im Monat August von großen Hoffnungen einer guten Weinlese getreumt, ja die alten Weine sanken im Preiße – allein der regnerische September verdarb viel, so daß die frühern Jahrgänge wieder im Preiße gestiegen sind.

November.

1. In Begleitung Schmitt, Reindl u. Berninger verließ ich mit dem Eilwagen Münnerstadt früh 4 Uhr u. gelangte vor 8 Uhr Schweinfurt. Hier trennten sich unsre Wege: Schmitt u. Reindl fuhren nach Würzburg, während Berninger u. ich nach fast 3 stündigen Aufenthalte (Dondorf) über Haßfurt, Zeil, Eltmann nach Bamberg zueilten. Gerade fanden wir noch Zeit, um mit dem letzten Eisenbahnzuge um 8 Uhr nach Nürnberg zu gelangen.

2. Mit dem Eilwagen nachts 10 Uhr abfahrend erreichten wir vor 11 Uhr Donauwörth, wo wir die Eisenbahn bestiegen, mit der wir um 3 Uhr in München ankamen. Bei

Oberpollinger stiegen wir ab u. ich hatte abends das Vergnügen, hier Gößmann, Wasemuth u. Anselm zu sehen.

3. Bei Frau v. Appell meinen Besuch abstattend, erfuhr ich, daß meine frühere Hausfrau Dr. Kanneberger in der Amalienstr. Nr. 4 / 2 ihr Logie frei habe. Ich begab mich sofort dahin u. miethete auch bei ihr ein Zimmer um 6 f.; Berninger fand ebenfalls hier eines. – Tante Augusta erzählte mir unter andern, daß Onkel Fritz – ich fuhr gerade von der Eisenbahn herein, er hinaus – gestern mit seiner Gemahlin nach Würzburg abgereist sei. Er befand sich nemlich hier, um es womöglich durchzusetzen, in Lohr Forstmeister zu werden. Bei seiner Majestät erhielt er nicht persönlich Audienz, dagegen bei der Königin. Mit stolzen Hoffnungen ging er von hier fort, mit solch stolzen, daß er sich – ich weiß nicht, vor wie viel Jahrhunderten die Familie Vergho adelig war – wieder in den Adel erheben lassen will. Welch eitler Stolz – Frau Ida – wie ein Pfau wird sie zum Dank ein Radel um sich schlagen.

4. Meinen Koffer im besten Zustande erhalten. Mit Kintzel schmolliert.

5. Herr Prof. Hefner u. Canonikus Münz besucht. Nach Neuhofen mit Berninger u. Gößmann gegangen.

6. Bei Herrn Adv. Riedel meine Aufwartung gemacht: traf aber nur seine Frau Gemahlin u. seine Schwägerinn Walli, indem er selbst eine Tagfahrt hatte. Auch die Familie Maillinger war verreist. Herr v. Lasaulx überbrachte ich meine Aufträge.

7. Herrn v. Mangstl Polizei Com. mein Compl. gemacht. Von H. Decan u. Prof. Arndts, dem ich meine Aufwartung machte, wurde ich sehr freundlich aufgenommen. Herr Landstand Reichert, den ich besuchte, hatte die Güte mir ein Billet zum Eintritt in die Stände Versammlung zu geben.

8. Ich kann mich nicht erinnern je so dichte u. den ganzen Tag hindurch sich herabsenkende Nebel erlebt zu haben,

wie die jetzigen. Man glaubt sich nach England versetzt, so drückend beengen sie die Brust.

9. Lola Montez befindet sich nach wie vor in ihren mächtigen Einfluß hier u. ist größtentheils von Cavalieren umgeben. Ihr barsches Auftreten hat sie neuerer Zeit abgelegt.

10. Um 8 Uhr begab ich mich in das Ständehaus, um der wichtigen Sitzung in der Geldfrage zu Eisenbahnbauten, weshalb eigentlich die Stände einberufen waren, bei zu wohnen. Die Sitzung dauerte von ½ 10 – ¼ 2 Uhr und blos 3 Redner: Schwindel, Vogel u. Closen traten auf u. hielten Vorträge über die Geldanleihe zu 10 ½ Million u. über die Mittel, wie dieselbe bewerkstelligt werden könnte. Zum Beschluße kam der Gegenstand nicht u. Fortsetzung auf morgen früh anberaumt.

11. Bei der heutigen Stände Versammlung sprachen Frh. v. Schätzler, Heintz, Minister Zenetti, Graf Hegnenberg Duc: es kam zur Diskussion aber nicht zum Beschluße.

12. Der Privatdocent Dr. Sepp soll die ihm übertragene Professur zu Bamberg ausgeschlagen haben, worauf hin ihm die Weisung zuging, sofort sich in seine Heimath Tölz zurückzuziehen.

13. Endlich heute konnte ich meine Collegien ordnen nebst dem Honorarien Geld: wie folgt:

1.	u.	2.	Institut:	in	Verbind.:	der
			Röm.- Rechts-Gesch. b. Arndts		täglich 8 – 10:	18
f.						
			3. Deutsch. Rechts Gesch. b. v. Maurer		täglich 10 – 11:	
9						f.
			4. Encyklop. b. Arndts Dien./Mitt. u. Don./Freit.			11 – 12:
4			f.			3x
			5. Finanz. b. Herrmann		täglich 2 – 3:	
9						f.
			6. Polizei b. Herrmann		täglich 3 – 4 :	
9						f.

49 f.

14. Seit einigen Tagen befindet sich auch Rothschild v. Frankfurt hier und besucht auch in der Diplomaten Loge

die Stände Versammlung, man bringt seine Anwesenheit mit der Geldfrage in Verein.

15. Daß unsre Kollegien erst jetzt beginnen hat seinen Grund darin, weil sich die theorethischen Examina der in der Universität absolvirenden Juristen erst Mitte voriger Woche schloßen u. sich die H. Professoren doch auch einige freie Tage der nöthigen Erholung gönnen wollten. – Ich will eben nach dem heutigen ersten Kolleg noch kein Urtheil über meine H. Professoren fällen, doch sprachen mich Arndts u. Herrmann ganz besonders durch ihre Klarheit u. Consequenz an, während v. Maurer mir schien, als sei ihm selbst sein Gegenstand nicht ganz licht, so fuhr er mit seinem Schifflein hin u. her.

16. Aus Unterfranken befinden sich in diesem Semester an hiesiger Universität mehrere Studenten, von denen ich einige von früher her kenne: wie Wasemuth, Jahrsdörfer, Anselm, Dehler etc.

17. Man erzählt sich jetzt hier eine schaurige Geschichte, doch möchte ich ihr wenig Wahrheit schenken. Vor einigen Tagen soll ein Herr einen Maurer, der nach Hause zu gehen im Begriffe war, aufgefordert haben: er möge in die Chaise steigen, er habe zu Hause etwas zu mauern. Als er folge geleistet, wurde dem Maurer von einem noch in der Chaise sitzenden Herrn die Augen verbunden mit der Weisung „er solle sich ruhig verhalten oder man stoße ihn nieder." Endlich hielt die Chaise, man führte ihn verbunden in einen Keller; hier sah er, nachdem ihm der Verband abgenommen ein frischgegrabenes Loch, Steine u. Mörtel schon vorräthig: nicht ferne stand ein Mädchen von 15 – 16 Jahren ganz abgemagert: dieses Geschöpf solle er nun einmauern oder man schieße ihn nieder. Durch die Drohung erschreckt vollendete er die Arbeit, wurde dann verbunden wieder in die Chaise gebracht u. auf dem Marsfelde angehalten. Er sprang hinaus – ehe er jedoch die Binde abreißen konnte, war die Chaise wieder verschwunden. In seiner Tasche fand er aber 100 f. Andern Tags soll er auf der Polizei seine Anzeige gemacht haben u. nun erkrankt im Spitale liegen. –

18. Die Studentenschaft beabsichtigt dem derzeitigen Rektor Dr. Thiersch einen Fackelzug zu bringen: ich habe mich bei demselben betheiligt.......

19. Prof. Herrmann der Finanzen und Polizei frei vorträgt, nimmt gar keine Rücksicht für die Nachschreibenden: so rasch er spricht, ebenso schnell soll man im Schreiben nachkommen u. wenn Einem vor Müdigkeit die Finger herabfallen.

20. In Hinsicht der Universitätsverhältnisse ist auch wieder eine erwünschte Änderung eingetreten: die Univ. Polizei wurde in das Univ. Gebeude verlegt, was sehr zweckmäßig ist.

21. Als ich heute abermals einen Besuch bei H. Landstand Sattler abstattete, war er sehr erfreut u. ersuchte mich, mit ihm u. seiner Freulein Tochter Rosalie in der Stadt London zu Mittag zu speisen, was ich auch annahm. – Abends hörte ich im Theater „Die Jüdin" Oper in 5 Aufzügen v. Haveli [Halevy]. Auch S. Maj. war anwesend u. Lola Montez äußerst üppig: man erzählt sich, daß sowie der König seine Loge – auch schon nach dem ersten Akte verlasse, sie ihm in die kgl. Gemächer der Residenz folge.

22. Auch der Karcer für Studierende ist jetzt ins Univ. Gebeude verlegt worden: er befand sich vordem in dem Pol. Gebeude. – Am schwarzen Brett befindet sich auch ein Anschlag, der mit aller Kraft vor ähnlichen Vorfällen des verflossenen Studienjahres warnt und nicht nur mit Relegation, sondern auch mit Ausschluß auf Staatsdienst im Wiederholungsfalle droht.

23. Abends 7 Uhr durchzogen gen 300 Fackeln die Ludwigs-Brienner-Barrer-Maisstraße mit 2 Militär Musiken zur Wohnung des derzeitigen Rectors Hofrath Thiersch, der den seinen wärmsten Dank für diese Ehre aussprach, das neu aufgegangene Licht der Univ. Freiheit und den Prometheus dessen ein dreifaches Hoch brachte. Den Weg durch die Karlsstraße wieder einschlagend, bildeten wir vor der protestantischen Kirche einen Kreis u. unter „Gaudeamus" schlugen wogende Flammen die

zusammengeworfenen Fackeln empor. Im Bauhof schloß ein Commers diese Feier, dem ich aber nicht beiwohnte.

24. Morgens 11 Uhr hielt der neue Rector magnif. Thiersch in der kleinen Aula seine Antritts Rede: natürlich gab es da einen Dies academicus.

25. Jahrsdörfer, der in Würzburg bei dem Nassauer Corps war, trägt jetzt die hiesigen Schwabenfarben.

26. Im kgl. Hoftheater die Alpenscene „S letzti Fensterln," Musik von Ignatz Lachner gehört. Es ist soviel Natur, soviel Gemüthliches in diesem Stücke, daß ich vollkommen befriedigt das Theater verließ.

27. Nachmittags nach Nimphenburg mit Berninger, Gößmann u. Witscher gegangen.

28. Bei Herrn Sattler mich verabschiedet: er hat sich Urlaub genommen u. reist morgen ab; doch wird auch schon nächsten Dienstag Schluß der Stände Versammlung sein. Briefe von meinen Eltern erhalten, ich beantwortete sie sofort u. werde sie durch H. Landstand Vill besorgen lassen.

29. Heute hat sich das Gerücht bewahrheitet, daß dem Minister der Justiz v. Maurer sein Portefeuille abgenommen worden: auch die andern Minister werden folgen u. man bezeichnet Wallerstein als Minister des Innern. Wie kann aus so heufigen Wechsel Ersprießliches für das Land hervorgehen?

30. Schon wieder ist ein Monat verfloßen, seit ich das elterliche Haus verließ, wie schnell verfliegt die Zeit, wenn man eine neue Bahn mit Freuden betritt.

Dezember.
1. Der Minister Wechsel ist nun officiell: Zenetti kommt wieder als Präsident nach Landshut, Zurhein als Professor nach Regensburg, Maurer als Gesandter nach Brüssel. Minister Verweser des Innern wird Berks, Minister Verweser der Finanzen wird Heres, Minister Verweser der

Justiz wird Baisler, nur Fürst Wallerstein wird Minister des Äußern und des Cultus: die Verweser sind wahrscheinlich seine Maschinen. – Was soll man zu diesem schnellen Wechsel sagen: wo uns kaum die Landstände verlassen haben, welche sich in der Kammer äußerten: sie hätten Vertrauen zu diesem Ministerium, in ihm sei Hoffnung u. Heil.

2. An die Residenz oder an das Stände-Haus soll dieser Tage folgender Anschlag gemacht worden sein: Maurer ist ein Stein, Zurhein ist zu fein, Zenetti ist zu stumm, der Andere ist zu thum. Der andere ist der Kriegs Minister von Hohenhausen, der allein sein Portefeuille behielt.

3. Heute war Prof. Herrmann verhindert das Collegium der Polizei zu lesen. – In einer der frühern Stunden erwähnte er, daß er in den letzten 6 Jahren mehr, denn 800 Nächte ganz durchgemacht habe: er besitzt aber auch ein horrendes praktisches Wissen.

4. Mit Berninger u. Gößmann H. Can. Münz besucht.

5. Wir sind doch nun so weit schon in der traurigsten Jahreszeit vorgerückt u. oft haben wir so milde, laue Tage wie im schönsten Frühling. Dieses unnatürliche Wetter äußert denn auch seine schlimmen Folgen: viele Menschen haben die Grippe in einem hohen Grade, ganze Familien hat sie überfallen – Primbs, Berninger u. ich gingen nachmittags nach Föhring und genossen von da bei heitern Himmel eine herrliche Aussicht in das majestätische Hochgebirg.

6. Auf der Universität Gießen ereignete sich vor einigen Tagen ein bedauernswerther Vorfall. Als der Churfürst von Hessen Cassel durch die Stadt fuhr u. gerade bei der Post umgespannt wurde, kam ein Haufe stark angestochener Studenten daher, steigen auf den Tritt des Wagens und sagen ihm die größten Grobheiten, worauf der Churfürst auf eine Untersuchung wegen Majestäts-Beleidigung gedrungen hat. – Ohne Zweifel ist es eine Gemeinheit sondergleichen einen Fremden, der ruhig durch die Stadt fährt, auf eine solche Weise zu beleidigen; eine um so

größere, wenn sie von jungen Männern ausgeht, die Anspruch auf Bildung machen.

7. Die ganze Studentenschaft beschäftigt hier soeben das Duell des Allemannen mit einem frühern Pfälzer. Dieselben waren schon an Ort u. Stelle, als die Polizei sie abfaßte, zwei davon wegen Widerstand gefesselt abgeführte und den ganzen Pauk-Apparat der Allemannen in Beschlag nahm (200 f.). Außerdem sollen noch 8 Allemannen auf der Polizei fest gesetzt worden sein. Lola soll jenes Tags mehrmals auf die Polizei gefahren sein, wahrscheinlich um sich ins Mittel zu legen: man sagt sogar, sie habe vorher die Polizei von dem Duelle in Kenntniß gesetzt. Man ist sehr gespannt auf den Ausgang dieser Geschichte. – Dieser Tage hat sich auch Keck den Gerichten gestellt u. hat nun seinem Strafurtheile entgegen zu sehen, s. S. 54 [23.7.1847]. Mangel an Unterhalt mag ihn wohl zu diesem Schritte gezwungen haben.

8. Gegen Abend trübte sich der Himmel bei einiger Kälte und bald hatten die Häuser weiße Bedachung, so hat uns denn doch der Winter seinen ersten Besuch abgestattet.

9. Officiell ist jetzt bekannt, daß der frühere Minister v. Abel als Gesandter zum Bundestag nach Frankfurt ernannt ist: es scheint, als wolle ihn Seine Majestät wieder mehr in seiner Nähe haben.

10. Bei Herrn General Major Mailinger zur Tafel eingeladen. Ich lernte hier eine Nichte von ihnen Freulein Therese, die Tochter des H. Präsidenten Godin und Freulein Fuchs kennen. An Fr. Therese eine gebildete Dame, die nicht leicht in Verlegenheit geräth, gefunden.

11. Nachmittags fand die Fakultäts Inscription für die Juristen statt, geleitet durch den Dekan H. Professor Arndts.

12. Die Untersuchung wegen des letzten Duells ist, wie man sagt wegen Mangels an Beweiß niedergeschlagen worden.

13. In der deutschen Zeitung und in der Ulmer Chronik ließt man äußerst freie Urtheile über die Glieder des neuen Ministeriums. Unter andern: Wallerstein sei ein vielfach aber nur oberflächlich gebildeter Mann. Berks, Wallersteins und Lolas intimer Freund werde heufig von letzterer im Gebeude des Ministeriums des Innern von ihren Besuchen überrascht, die er dann mit tiefen Bücklingen bis auf die Straße zu ihrem Wagen begleite. Was sei von einem Justizminister wie Baisler zu erwarten, der früher Officier gewesen? Etc.

14. Ihre Majestät die Königin war dieser Tage nach Bamberg gereist, wo die Herzogin von Würtemberg schwer erkrankt war, nach deren Tode sie nun wieder hier eingetroffen ist.

15. Wallerstein ist nach Würzburg gereist, um wie man sagt die Kronprinzeß zu bereden, ihrer Niederkunft hier entgegenzusehen. Wahrscheinlich liegt aber eine politische Tendenz der plötzlichen Reise zu Grunde.

16. Man spricht wieder davon, daß Philipps, Lasaulx, Döllinger als Professoren der hiesigen Universität ernannt werden sollen: wie viel Wahres daran sein mag, wird die Zukunft zeigen.

Schluſſe zweimal nacheinander rauſchend hervorgerufen, ein Fall, der ſich in Brau[n]-
ſchweig noch niemals ereignete.

∗∗ München. Die Leipziger (Brockhaus) „Blätter für literariſche Unterhaltun[g]
laſſen ſich über den dritten Band der »Beiträge zur deutſchen Bühne von Johann[a v.]
Plötz« alſo vernehmen: Die dramatiſchen Arbeiten des Verfaſſers ſind als leichte, [ge-]
ſchmackvolle und mit großer Bühnenkenntniß entworfene Leiſtungen ſtets willkomme[n.]
Gänzlich Verfehltes kommt niemals aus ſeiner Feder, dagegen zeigt ſich wenig Manni[g-]
faltigkeit und geringer Reichthum in der Erfindung bei ihm, und alle ſeine Arbeit[en]
ſtehen in einer unverkennbar nahen Verwandſchaft zu einander.   Der vorliegende Ba[nd]
bringt eine Jugendarbeit: „Die Familie Starkenburg“, Trauerſpiel in drei Bra[n-]
zügen, das halb der Sturm- und Drangperiode, halb dem Müllner-Houwaldſchen Gra[uel]
wie es im „Bild“ und in der „Schuld“ ausgeprägt iſt, angehört.   Dieſe Gattu[ng]
völlig antiquirt, und wir hoffen auch, daß kein Reiz von Vers und Sprache im Stan[de]

                                                                    B.

Münchener Tagblatt.

Sechsundvierzigſter   Jahrgang.

Montag   **№ 24.**   **24. Jänner 1848.**

Tagscalender: Kathol. und Proteſt. Thimotheus. — Kgl. Odeon: Redoute. — Im
Buttermelchergarten: Geſangs-Unterhaltung. — Geſellſchaft Terpſichore: Ball. — Eiſen-
bahnfahrten nach Augsburg Morgens 6 und 11 Uhr, und Nachmittags halb 4 Uhr. —
Oeffentliches Schreib- Bureau Schäfflergaſſe Nro. 18 über 2 St.

∗∗ München. Unſere ſogenannten Obskuranten, die nach den ſchönen Beweiſen
ihres Strebens und ächt ſtudentiſchen Wirkens eigentlich die Illuminanten heißen
ſollten, arbeiten gegenwärtig an einem neuen ſchönen Werke, nämlich an der Gründung
einer akademiſchen Liedertafel. Da, wie wir hören, unter den wackern jungen
Leuten, die ſich nun ebenfalls zu einem dem deutſchen Vaterlande ſo rühmliche Vereine
konſtituiren, ganz herrliche Kräfte ſind, ſo dürfte ſich das Publikum manchen hohen
Genuß verſprechen.

∗∗ Prof. Dr. Zuccarini liegt bedenklich krank darnieder und es iſt herzlich

Zeitungsausschnitt im Tagebuch

[handschriftliche Zeilen, teilweise unleserlich]

München. Wie wir eben vernehmen, ist einem Privatdozenten hiesiger Hoch=
schule die Fortsetzung seiner praktischen Uebungen über Auskultation und Perkussion
im hiesigen allgemeinen Krankenhause durch Ministerial=Entschließung untersagt worden.
— Wir begrüßen dieses Verbot im Interesse der armen Kranken um so freudiger, als
schon die einmal nicht zu umgehende Qual=Objekte der Klinik zu seyn, von Seite dieser
Kermisten ein gewiß hinlänglicher trauriger Ersatz für die Wohlthaten der Kranken=
hauspflege und Wartung ist. Nicht nur, daß Morgens während der Klinik tausend
Fragen, welche oft die delikatesten Punkte des Lebens betreffen, an den Leidenden
gerichtet werden, muß derselbe sich auch noch des Abends von zwei ungeübten Händen
betasten und befühlen lassen seine Brust dem Stethoskop und Plessimeter darbiethen,
und so neue Qualen zu seinem alten Leiden gehäuft zu sehen. Dieser Uebelstand
wurde nun durch das berührte Ministerial Verboth beseitigt, — aber nur zum Theil
— und zwar nur zum geringsten Theil. Denn während die von nur 6 Zuhörern be=
suchten Auskultations=Uebungen des Dr. B. seit obigem Ministerialverboth aufgehört
haben, dauern in demselben Krankenhause die diagnostischen Uebungen des Direktors v.
B....l ungestört fort!! Bei fast ganz gleicher Tendenz mit den verbotenen Auskulta=
tions-Uebungen haben diese diagnostischen Uebungen natürlich noch mehr und noch ent=
schiedenere Nachtheile für die Kranken, als die ersteren. Denn nicht nur daß dieselben
Individuen, welche schon Morgens Schaustücke der Klinik waren, nun auch noch in den
Abendstunden, wo der Kranke mehr als je der ungestörtesten Ruhe bedürftig ist, aufs
Neue den Fragen und Qualen von Seite der Studierenden Preis gegeben sind, so
beschränkt sich in diesen diagnostischen Uebungen die Zahl dieser wißbegierigen Aeskulaps=
Jünger nicht etwa auf 5 — 6, sondern in stürmischer Hast durcheinander 20 — 25
junge Praktikanten die Säle des Jammers, um eben an den Leidensten, das heißt den
„interessantesten“ Kranken, Ohr und Finger zu üben, sie aufs neue alle jene, ärztlichem
Wunsche entsprechenden Experimente durchmachen zu lassen, welche dem Kranken bereits
in der Klinik den Aufenthalt im Krankenhause zur Hölle machten!! Wir ziehen keine
weitern Schlüsse, fügen keine weitera Fragen über Recht und Billigkeit die Grenzen
direktorieller Gewalt ꝛc. bei — sondern überlassen dieß und noch einige andere hieran
sich knüpfende Bedenken dem ruhigen Ermessen des unpartheiischen Lesers! Nur das
eine müssen wir noch beifügen: Sollten vorstehende Angaben als übertrieben oder falsch
von was immer für einer Seite verdächtigt oder bestritten werden, so sind wir bereit
ihre Wahrheit und Richtigkeit durch die Aussagen von mehr als 15 solcher Gequäl=
ter bestättigen zu lassen!

[handschriftliche Zeilen, teilweise unleserlich]

17. Es muß ein sehr trauriges Gefühl der menschlichen Schwäche sein, wenn sich ein Arzt auf das Krankenbett geworfen sieht, wenn er fühlt, meine inneren Organe sind angegriffen; der Tod umgrallt mich eiseskalt, ich weis kein Mittel dagegen. Wie muß ein Stich ihm durch das Herz fahren, wenn seine vor ihm stehenden Kollegen Arzneien verschreiben gen eine andere Krankheit als die, welche in ihm schmerzvoll wühlt. Ich gestehe offen, ein Arzt möchte ich nicht sein: das tägliche Elend der Menschheit vor Augen zu sehen, ich könnte mich meines Lebens nicht freuen, bis in den Treumen würde es mich verfolgen und mir nicht einmal im Schlafe Ruhe gönnen. Wenn ich so einen Arzt vor dem Kranken stehen sehe der die eigentliche Ursache der Krankheit nicht erkennt, der aus dem Symtome derselben falsch zu schließen fürchtet, er schreibt ihnen wohl ein Rezept dabei denkend: hilft's nichts, so schadet es doch wenigstens nicht. Wie heufig findet es sich, daß Aerzte, wenn sie schon viele geliefert, ganz gefühllos vor den leidenden Mitmenschen treten u. doch lindert die Schmerzen eines Leidenden nichts mehr, als das Mitleid derer, von welchen er Hilfe erwartet.

18. Da schenke ich dem Jus den Vorzug, das doch einen sichern Halt gewährt und welches durchaus nicht eine so trockene Wissenschaft ist, als wie es verschrieen. Möchte ich doch sagen, daß das Recht der Inbegriff aller Lebens-Wahrheiten ist und mich wird es gewiß nie reuen dieses Fach ergriffen zu haben.

19. Einen sehr treffenden Witz hat dieser Tage die Ulmer Chronik geliefert, sie spricht sich über die 3 sich schnell aufeinander folgenden Ministerien aus: das Ministerium Abel war das Ministerium des Glaubens, das Ministerium Maurer das der Hoffnung, das Ministerium Wallerstein das der Liebe.

20. Es geht jetzt stark das Gerücht, als würde S. Maj. München auf einige Zeit verlassen, um der Einladung der Lola zu den Hofbällen auszuweichen. – Regisseur Dahn wurde letzterer Zeit dieses Postens entsetzt, weil er in der Rolle des langen Israel zu spezielle Betonung auf diejenigen

Ausdrücke legte, welche auf jetzige Zeit-Verhältnisse anspielten.

21. Briefe von meinen lieben Eltern erhalten.

22.   Ganz geheim geht jetzt das Gerücht, als wolle S. Majestät abdanken und sich auf 2 Jahre nach Italien zurückziehen und dem Kronprinzen würde dann die Regentschaft übertragen: man bringt die Reise Wallersteins nach Würzburg hiemit in Berührung. (Die Geisteskräfte S. M. sollen angegriffen sein).

23.   Heute schlossen meine Herrn Professoren wegen Herannahen der Weihnachtstage ihr Kolleg und werden erst am 3.ten Januar wieder zu lesen beginnen.

24.   Heute erhielt ich durch den Boten ein Paquet das nebst Bergs Polizei auch noch eine Beilage von Herrn Präsident Gutenäcker an einen Freisinger Professor enthielt, was ich morgen per Post an seinen Bestimmungsort befördern werden lasse. Morgens ließ ich einen Brief an meine lieben Eltern abgehn.

25.   Die Morgenstunden der Weihnachtsferien werde ich dazu benutzen, mir sowohl einen Überblick als einen tiefen Einblick in meine einzelne Kollegien zu verschaffen. Ich bin sehr froh, während den Herbstferien keine Institutionen durchgegangen zu haben, denn manches würde ich gar nicht verstanden haben, anderes würde ich grundfalsch aufgefaßt haben und das wäre noch schlimmer gewesen.

26.   Die Münchner Universität zählt in diesem Semester 1300 Studierende, Berlin 1540, Heidelberg 828 und Marburg nur 260: alle haben mehr oder weniger verloren im Verhältniß zu früheren Jahren.

27. Der Gehalt eines Beamten muß hinreichen, um nicht allein seine und seiner Familie nothwendige Bedürfnisse, sondern auch jene Ausgaben, die ihm sein Rang und seine Stellung im gesellschaftlichen Leben nöthig macht, vollständig bestreiten zu können, wenn anders er den Anforderungen entsprechen soll, welche man an die

Thätigkeit und Geschicklichkeit eines Beamten macht. Insbesondere müssen jene Stellen, die eine größere Kraft-Anstrengung, besondere Kenntnisse u. ausgezeichnete Geschicklichkeit voraussetzen oder bei denen ihrer Natur nach eine größere Versuchung stattfinde, besser dotirt werden. (Grenzboten).

28. Ein dünner Schnee war des Nachts gefallen und doch sah man des Tags einspännige Schlitten durch die Straßen dahin jagen, obwohl noch der Pferde Huf das Pflaster schlug.

29. In der Untersuchung Hedenus wegen Duells mit Lieutenant Grebner ist das End-Urtheil gefällt, es lautet: Hedenus acht Monat Gefängniß, Sekundanten frei.

30. Lola Montez sah letzterer Zeit den Corps-Studenten (Bayer) Haider, Sohn des Landrichters von Altötting und verfolgte ihn wie ehemals Frau Potiphar den unschuldigen Joseph. Aber wie dieser ließ er lieber seinen Mantel in Stich, als seine Unschuld. Damit war jedoch der liebebegehrenden Lola nicht gedient, – rächen mußte sie sich und der alte Vater das Bad ausgießen – er wurde quiescirt. Doch besitzt er ein großes Privat-Vermögen, weßhalb er sich wohl leicht darüber wegzusetzen vermag. – Im Hoftheater wurde die Oper „Der Wildschütz" von Lortzing gegeben (Fr. Oberm. Seehofer); als S. Majestät erschien, ertönte ihm ein dreifaches Hoch – man sagt wegen der Censurfreiheit – da konnte ich mir denn auf einmal erklären, warum alle Allemannen im Parterre saßen – sie waren bezahlte Klatscheure – so wird seine Majestät geteuscht. – Die Oper gefiel mir ausgezeichnet: der Schulmeister Bakulus (Siegel) sowie der Hofmeister Pankratius (Lang) spielten ihre Rollen sehr treu. Frau Dietz nahm sich als Student sehr gut aus. So hat mich denn doch die Stimme der Natur nicht geteuscht: er blickte mich so treu an. (Reh – Esel) Närrisch!

31. Der Tante Augusta brachte ich meine besten Wünsche beim Wechsel des Jahres. Mit Primbs und Berninger brachte ich diesen trunkensten aller Abende beim

Franziskaner und im englischen Kaffe traulich und ruhig zu.

1 8 4 8.

Januar.

1. Bei meiner Hausfrau mit Berninger zum Punsch eingeladen brachten wir den Abend recht vergnügt zu.

2. Lola, erzählt man sich, soll jedem Allemannen ein Present mit einer Cylinder-Uhr und einer gestickten Mütze gemacht haben. Auch soll sie mit ihnen auf dem Canal bei Nimphenburg Schlittschuh fahren. – Dem Flügeladjudant von Hunoldstein, dem S. Majestät den Wunsch äußerte, mit ihm auszufahren, besteigt arglos den Wagen und sieh da, derselbe hält vor dem Hause der Lola: hier scheint er einige Äußerungen über Zwang etc. habe fallen zu lassen, worauf hin er nun nach Landshut versetzt wurde.

3. Heute begannen meine Professoren sämmtlich zu lesen, so daß sich unsre Weihnachtsferien vom 24. Dezember bis zum 3. Januar erstreckten. Ich freute mich schon wieder längst darauf, denn eine regelmäßige Beschäftigung soll einen jungen Mann mehr ansprechen als eine sinnlose Nichtsthuerei.

4. Dieser Tage hielt Lola auch einen Ball und da soll sie im Präsentiren eines Stuhles den Lüster zerschlagen haben, der auf ihr gefallen sei.

5. Heute mittags 12 Uhr wurde die Dreikönigsdult eingeleutet: die Gewinnsucht der Leute läßt sich selbst nicht im Winter erkalten.

6. Heute spielte die Musik-Gesellschaft a la Gungl in der goldenen: einen wohlfeileren Genuß kann man sich wohl nicht leicht verschaffen, denn der Eintritts Preis kostet nicht mehr, als 6 x und die Musik ist ausgezeichnet (4 – 6 Uhr). Die berühmte Stöckl-Heinefetter trat heute Abend in

Norma auf: sie erhält von der Theater Intendanz für jedes Auftreten 300 f.

7. Im Hoftheater sah ich den Vetter, Lustspiel in 3 Aufzügen v. Rod. Benedix über die Bühne gehn. Der alte Vetter (Jost) durch sein vortrefflich simpelhaftes Mienenspiel ungetheilten Beifall. In den Zwischenakten trug Ferd. Laub, absolvirter Zögling des Prager Convers. „fantasie über Themas aus der Oper" Othello v. Rossini für die Violine u. W. Ernst u. Papageno Rondo v. W. Ernst vor. Seine Fertigkeit und die Reinheit seines Spiels ist um so mehr zu bewundern, da er erst 15 Jahre zählt und man in Hinsicht seiner Jugend Unerhörtes erwarten kann.

8. Morgens 10 Uhr promovirte der Rechts Praktikant Walter, Sohn des geheimen Raths v. Walter. Die oratio inauguralis handelte de

9. Im Beisein der ganzen Familie meiner Hausfrau, des Primbs und Schad feierten wir heute beim Glas Punsch nachträglich den Namenstag des schwarzen Kaspar. (½ 12).

10. Herr Prof. Arndts war durch Krankheit verhindert letzten Samstag und heute zu lesen. Nach sechs Wochen erhielt ich endlich einen Brief von Schneider, dann auch ein aus Besorgniß hervorgerufenes Briefchen von meinem Bäschen Dorette, indem sie fürchtete, Tante Augusta möchte hier erkrankt sein.

11. Diese Besorgniß zu heben schrieb ich schon heute an sie, daß Tante sich in ihrem Alter einer vortrefflichen Gesundheit erfreue. – Daß Apotheker Anton Kirchgessner so plötzlich starb hat mich tief ergriffen, um so mehr, da ich ihn noch in den letzten Herbstferien als einen der kräftigsten Männer vor mir stehen sah. – Als mittags der Herr Minist. Rath Prof. von Herrmann seinen Hörsaal betrat, sprach er: Zu meinem Bedauern, meine Herren, muß ich seit einiger Zeit wahrnehmen, daß sie in den Hörsälen rauchen, heute begegnete es mir gar, daß Einer der Herren, bei mir vorübergehend, eine Wolke mir ins Gesicht bließ; – was würden sie sagen, wenn ich mit

brennender Cigarre in den Saal träte, ebenso kann ich von Ihnen fordern, sie möchten das Rauchen unterlassen. In diesem Dampfe sehe ich mich nicht bemüßigt zu lesen und – er verließ den Saal. – Ich selbst finde es auch nicht in der Ordnung in den Hörsälen zu dämpfen: es zeigt von keiner Rücksicht auf die Herren Professoren.

12. In diesem Semester suchen viele Obscuranten durch engern Anschluß unter sich den Corpsen ein Gegengewicht entgegen zu stellen und ihnen so entgegen zu arbeiten. Sie halten heufig große Zusammenkünfte, verabreden Schlittagen, nachdem sie zuvor die Erlaubniß der Polizei eingeholt: ich selbst betheilige mich nicht bei dergleichen Zusammenkünfte, finde auch durch mein Fachstudium hinlänglich Entschädigung.

13. In dieser Nacht und den Tag hindurch schneite es so dicht, daß der Schnee fast 2 Fuß hoch liegt und wir einer herrlichen Schlittenbahn bei dem festgefrorenen Grunde entgegensehen. In diesem Winter hat man noch wenig von vorherrschenden Krankheiten sprechen hören und daß es an Ärzten hier nicht fehle mag daraus hervorgehen: daß sich in hiesiger Stadt 84 Civil-Ärzte, 32 Militär-Ärzte, 7 Zahn- 5 Land-Ärzte, 3 magistri chirurgiae, 14 Chirurgen, 7 approb. Bader, 51 Hebammen, 16 Apotheken und 15 Thierärzte befinden. Wenn so viele Kämpfer gen den Tod auftreten, wer sollte sich da noch fürchten? Oder sind sie vielleicht von ihm bestochen die Herren des Lebens und liefern ihre Mannschaft in seine Hände?

14. Heute hielten die Allemannen einen Commers im bayrischen Hof: Lola soll auch den Minister Wallerstein hiezu eingeladen haben, dieser habe es aber abgelehnt vorgebend: bei der Churfürstin zur Tafel geladen zu sein; später soll sie ihren Bedienten zur Churfürstin geschickt haben, um sich zu überzeugen, ob der Minister anwesend sei; das wäre doch etwas weit getrieben.

15. Der Pianist Otto Stanis aus Dresden (siehe Bd. I, S. 127) wurde zum Hofpianisten ernannt. Diese Stelle verdankt er der Lola, bei der er geheimer Leib-Pianist war – so sorgt sie für ihre Leute.

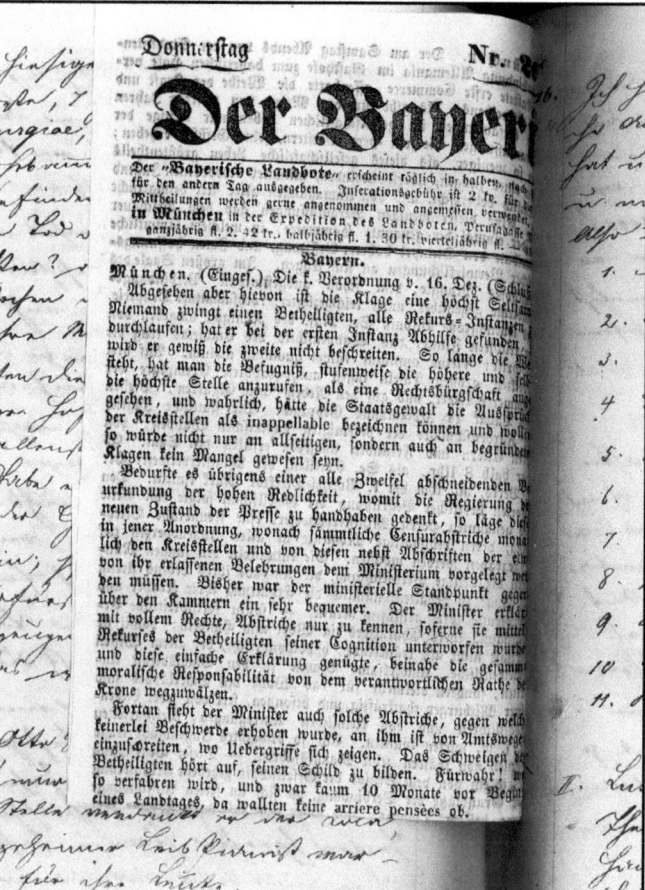

Donnerstag Nr. ...

Der Bayeri...

Der »Bayerische Landbote« erscheint täglich in halben, ...
für den andern Tag ausgegeben. Inserationsgebühr ist 2 tr. für ...
Mittheilungen werden gerne angenommen und angemessen ver...
in München in der Expedition des Landboten. Pränum...
ganzjährig fl. 2. 42 tr., halbjährig fl. 1. 30 tr. vierteljährig fl. ...

Bayern.

München. (Einges.) Die k. Verordnung v. 16. Dez. (Schlu...

Abgesehen aber hievon ist die Klage, eine höchst seltsa...
Niemand zwingt einen Betheiligten, alle Rekurs-Instanzen
durchlaufen; hat er bei der ersten Instanz Abhülfe gefunden,
wird er gewiß die zweite nicht beschreiten. So lange die We...
steht, hat man die Befugniß, stufenweise die höhere und ...
die höchste Stelle anzurufen, als eine Rechtsbürgschaft an...
gesehen, und wahrlich, hätte die Staatsgewalt die Ausfür...
der Kreisstellen als inappellable bezeichnen können und wolle...
so würde nicht nur an allseitigen, sondern auch an begründe...
Klagen kein Mangel gewesen seyn.

Bedürfte es übrigens einer alle Zweifel abschneidenden Be...
urkundung der hohen Redlichkeit, womit die Regierung den
neuen Zustand der Presse zu handhaben gedenkt, so läge sie
in jener Anordnung, wonach sämmtliche Censurabstriche mona...
lich den Kreisstellen und von diesen nebst Abschriften der
von ihr erlassenen Belehrungen dem Ministerium vorgelegt wer...
den müssen. Bisher war der ministerielle Standpunkt gegen...
über den Kammern ein sehr bequemer. Der Minister erklär...
mit vollem Rechte, Abstriche nur zu kennen, soferne sie mittel...
Rekurses der Betheiligten seiner Cognition unterworfen wurde,
und diese einfache Erklärung genügte, beinahe die ganze
moralische Responsabilität von dem verantwortlichen Rathe der
Krone wegzuwälzen.

Fortan sieht der Minister auch solche Abstriche, gegen welch...
keinerlei Beschwerde erhoben wurde, an ihm ist von Amtswege...
einzuschreiten, wo Uebergriffe sich zeigen. Das Schweigen des
Betheiligten hört auf, seinen Schild zu bilden. Fürwahr! we...
so verfahren wird, und zwar kaum 10 Monate vor Begin...
eines Landtages, da wallten keine arriere pensées ob.

München, 30. Jan. Gestern starb hier im 72. Jahre seines Lebens der k. Universitätsprofessor Dr. Joseph v. Görres. Görres ist geboren am 25. Jan. 1776 in Koblenz. Hier, dem Sammelplatz der Emigrirten in den ersten Zeiten der Revolution, konnte es nicht anders seyn, als daß sein feuriger Geist auch von ihren Schwingungen ergriffen wurde. Er schrieb zu dieser Zeit „das rothe Blatt," ein Journal, ganz dem Charakter seiner Politik gemäß, und nach dem Verbot desselben legte er ihn in einem andern nieder, dem „Rübezahl im blauen Gewande." Im November des Jahres 1799 ging er an der Spitze einer Deputation nach Paris, um dort eine Vereinigung der Rheingegenden mit Frankreich zu Wege zu bringen. Den Bericht über die mißlungene Sache hat er in dem „Resultat meiner Sendung nach Paris" niedergelegt. Von jetzt an legte er das politische Wirken bei Seite und wurde Lehrer der Naturwissenschaften zu Koblenz, die neben Geschichte schon früher seine Lieblingsstudien ausmachten; auch der Naturphilosophie gab er sich angestrengten Eifers hin. Viele schätzbare Werke sind aus dieser Periode hervorgegangen, die nach dem früheren thatkräftigen Leben ein gewisses Frömmeln und Grübeln bezeichnet. Napoleons Unglück in Rußland zog ihn wieder in das Weltgetümmel, er wurde Mitglied des Tugendbundes. Zum Manne in der Wissenschaft und dem Leben gereift, schrieb er 1814 eines der ausgezeichnetsten Blätter, die je bestanden hatten, den „Rheinischen Merkur." Vaterländisch und eifern in seinen Grundsätzen, kernhaft und hinreißend in seiner Sprache, übte er durch dieses Blatt eine bedeutende Gewalt aus; von den Franzosen wurde es die fünfte Macht genannt, er selbst der vierte Alliirte. Aus guten Gründen glaubte man nach der Reaktion nicht mehr nöthig zu haben; zum Segen hatte man ihn sehr gut benützt, aber weiter hielt man ihn gefährlich. Nach dem Verbot des „Rheinischen Merkur" im Februar 1816 ging er nach Heidelberg zurück, wo er schon früherhin gelebt hatte, wurde dann später zum Direktor des öffentlichen Unterrichts im Gouvernement Mittelrhein ernannt. Bei den damaligen Gährungen blieb er nicht müßig; seine Schrift „Deutschland und die Revolution" hätte ihn, wäre er nicht geflohen, auf eine preußische Festung gebracht. Zu seinem Aufenthalte wählte er hierauf Straßburg, und, als er auch hier bedroht wurde, die Schweiz, wo er sich hauptsächlich geschichtlichen Forschungen hingab. Im Jahre 1821 erschien die theils bewunderte, theils angefeindete Schrift „Europa und die Revolution." Im Jahre 1827 lebte Görres in Frankfurt und noch in demselben Jahre erhielt er einen Ruf an die neue Universität in München als Professor der allgemeinen Literaturgeschichte; es trat abermals die frömmelnde, grübelnde Ebbe ein nach der männlichen Fluth. Als vorletztes Werk floß in München aus seiner Feder „die christliche Mystik" (1836 und 1837 in zwei Bänden), und das jüngste aus der Laune ist sein „Athanasius," der zähneblöckend aus dem Wogen schaut und Kunde gibt von dem, was unten vorgeht, der einige Brocken Lava herauswirft aus dem mittelalterlichen Esse des Katholicismus.

16. Ich habe hier einen Ueberschlag gemacht, welche Auslagen ein Student in jetziger Zeit hat und scheide sie in nothwendige Ausgaben u. nicht nothwendige: sogenannte Luxus Art. Also

I. nothwendige Ausgaben:

1.	Essen p. Tag 20 x	121 f.
2.	Trink. p. Tag 4 Glas / 12 E. Bier	70 f.
3.	Kaffe p. Tag 8 x	50 f.
4.	Logie p. Monat 6 f. 10 Mon.	60 f.
5.	Schneider / Rock, 2 Hosen, 2 Westen ausb.	40 f.
6.	Schuster	18 f.
7.	Wäsche	12 f.
8.	2 Kappen	2 f. 48
9.	Reisen	80 f.
10.	Collegiengelder	100 f.
11.	Bücher, Feder, Pap., Tinte, Bleistift, Sieglack	18 f.

II. Luxusarticel:

Theater	10 f.
Handschuh	6 f.
Holz, Licht	12 f.
Tabak	24 f.
Brief	4 f.

So veranschlagt beleuft sich die Summe der Ausgaben jährlich an 600 f. Wenn nun der Studierende, wie ich 5 Jahre die Universität besuchen muß, so ergiebt sich während der Zeit ein Kapital von 3000 f., hiezu müssen aber noch 2000 f. für 8 jährige Gymnasialstudien geworfen werden, was einen Kapitalstock von 5000 f. umfaßt. Wirft man die Zinses Zinsen während der 13 Jahren hinzu, so würden die Renten größer sein, als der Gehalt eines Assessors N. II. beträgt.

17. Da ich von T. Augusta ein Billet zur maskirten Akademie erhalten hatte, so begab ich mich um ¾ 7 Uhr in das Odeum, wo ich von der Gallerie aus Herrn und Damen in Dominos, Venetianer Mäntel und Charakter Masken sah. Auch S. Maj. und Prinz Adalbert erschien u. erst nachdem sie mit mehreren Damen u. Herrn freundlich gesprochen wurde die Pantomime: Arlequin als armer

Mann v. Constant gegeben. Es war aber so heiß auf der Gallerie und so gedrängt voll, daß ich nach einer Stunde die Gallerie verließ, obwohl das Stück zum todtlachen ist.

18. Heute hielten die Obscuranten eine Schlittage von ungefähr 80 – 90 Schlitten in Begleitung von der Artillerie Musik. Als so gen ¾ 3 Uhr der Zug bei der Universität vorüber fuhr, knallten die Kutscher in einem fort, die Musik fiel ein, so daß H. Min. Rath Herrmann seine Finanz mit den Worten: „Es scheint die Herrn thun es mit Absicht", aussetzen mußte. So hatte ich Gelegenheit von den Fenstern der Universität herab den Zug zu übersehen: er war aber erbärmlich, die Schlitten schlecht, die Pferde konnten fast nicht laufen. Abend 7 Uhr (so war von der Polizei geboten) fuhren sie unter Fackelbeleuchtung vom Paradiesgarten zurück.

19. Frau v. Apell besucht, die nebst ihrem Kinde Max an den rothen Flecken erkrankt ist. Hier habe ich zu meinen Bedauern bemerken müssen, wie schwierig und undankbar die Stellung einer Stiefmutter ist, wenn schon erwachsene Kinder von ihrer Vorgängerin vorhanden sind, um so kitzlicher, je jünger die Frau selbst ist und um so trauriger, je mehr Jahre der Mann zählt und je unentschiedener er gegen die heuslichen Mißhelligkeiten auftritt.

20. Es verlautet in hiesiger Stadt, um Prinzessin Alexandra habe ein neapolitanischer Prinz angehalten. Zeit wäre es, da sie schon 22 Jahre zählt. – Professor Herrmann war mittags verhindert zu lesen. Dehler besucht – naive Gebirgsblumen – Herzer, Meier – Wandkuß.

21. Als wir uns heute wegen der vortrefflichen Schlittenbahn bei den Lohnrößlern auf nächsten Sonntag Schlitten bestellen wollten erhielten wir die Antwort: es sei schon alles in sBeschlag genommen. Wir waren daher gezwungen, die Geschirre auf Samstag zu bestellen.

22. Und so fuhren wir (Primbs und ich in einem Schlittchen, Gößmann und Berninger im andern) um ½ 10 Uhr zur Stadt hinaus über Forstenried nach Staremberg,

wo wir um ¾ 12 Uhr beim Tutzinger Hof abstiegen. Nachdem wir uns in dem vortrefflichen Wirthshause erquickt und ich meinem Vetter Schmitt, der in der Apotheke conditionirt besucht, brachen wir um ½ 5 Uhr wieder auf. Da wir selbst fuhren und unsre Rosse nicht bedeuthend feurig waren, sondern ihren gemächlichen Trott fortlaufen wollten, waren wir oft gezwungen, sie mit der Peitsche abzuwandeln! Unangenehm war es, daß uns auf dem Heimwege so viele Bauer Wagen, die von der Schranne zurückkehrten, begegneten, indem das heufige Ausweichen und das hiemit verbundene langsamer fahren uns um ½ Stunde aufhielt. Die Schlitten, die wir bei Hatzel (in der Prannerstraße) mitheten kosteten je 3 f. den ganzen Tag.

München Schrannenhalle

23. Man erinnert sich doch mit Vergnügen an die verlebten Gymnasial Jahren, wiewohl auch mancher Dorn in dem Blumenkranze hervorstach. So gedenken wir ein Pfeifchen Tabak den Schindler hinauf heimlich schmauchend mir besser schmeckte als jetzt, ich möchte fast vermuthen, weil dieses unschuldige und wenn mäßig genossen unschädliche Vergnügen zu kosten strengstens verboten war. – In welcher Angst schwebte man oft, wenn man ein Wirthshaus durch's Hinterthürchen besucht und wie konnte man bei den Andern sich brüsten, wenn Wochen vergangen und keine Anzeige ans Rektorat gelang.

24. / 25. Dieser Tage kamen einige Allemannen zu den Hörsaal von Zenger, der Justit. vorträgt. Bei ihren Ein- und Austritt wurden sie mit Zischen u. Pfeifen empfangen und entlassen.

26. Heute konnte man am schwarzen Brette vom Senate ausgehend lesen: Es sei zur Anzeige gekommen, daß einigen Mitgliedern einer von S. Majestät garantirten Verbindung aufreizend begegnet worden wären. Man bedaure diese Vorfälle und hoffe vom guten Geiste der Studierenden etc, Untersuchung der Vorfälle ist eingeleitet worden. – Einen Brief von meinen lieben Eltern erhalten.

27. Lola soll sich neuerdings einen der schönsten Hofschlitten und dazu gehöriges Geschirr ausgewählt haben. S. M. Beilage zur Allgemeinen.

ist durch den Mantel noch geschützt; Kinn und Ohren sind der grimmigen Kälte preisgegeben. Warum giebt denn nicht auch dem Soldaten einen Mantel nach [...] Offiziere mit einem Halskragen zum Aufschlagen, der [...] und Ohr deckt, und mit ein paar Taschen zum Bergen [...] Hände? Der Kostenpunkt kann hier wohl nicht entgegenstehen und sonst möchte doch kaum ein Bedenken zu erheben seyn. Wie man nur mit solchen Geringfügigkeiten vor die Oeffentlichkeit treten mag, hören wir sagen, was kümmern uns [...] Mäntel der Soldaten! Gar so geringfügig ist die Sache [...] Es hat sich schon mancher beim Schildwachestehen Gesicht und Ohren erfroren oder doch an diesen Körpertheilen durch [...] Kälte empfindlich gelitten. Die Beseitigung solch unnöthiger Quälereien muß durch zur Sprache gebracht werden, und [...] halten dieß um so mehr für Pflicht, weil es sich hier um einen Stand handelt, in welchem eine große Anzahl Landeskinder unfreiwillig eintritt, und in welchem das Lautwerden von Klagen durch das Verhältniß strenger, dienstlicher Unterordnung eben nicht begünstigt wird.

Noch weit übler als die Linienfoldaten sind aber die Landwehrmänner bei gegenwärtiger Zeit daran. Wir haben [...] einigen Tagen dem Leichenbegängniß eines Bürgers bei [...] Grad Kälte beigewohnt, und dabei ein Commando Landwehrmänner gesehen, denen im buchstäblichen Sinne vor Frost [...] Zähne klapperten. Das „zu wenig und zu viel" tritt [...] hier am grellsten hervor. „Zu wenig" Rücksicht für den [...] gemlichen Dienst, „zu viel" Aufwand für Land und Fürsten [...]

che Landbote.

[...]änden in ganzen Bogen, und wird hier und in Augsburg Nachmittags [...] haltige Petitzeile. Auskunft ertheilt die Expedition unentgeltlich. Interes [...]
Der Abonnements-Preis ist

Durch die Königl. Postämter halbjährig bezogen
im I. Rayon fl. 2. 28 kr. im II. Rayon fl. 2. 44 kr., im III. Rayon fl. 2. [...]

so wäre zwar jenes auch nicht lobenswerth, aber die Maßregel im Ganzen doch ungleich weniger gehässig gewesen, und [...] Universität geschähe damit noch jetzt ein wesentlicher Dienst, nachdem man sich vergeblich bemüht, andere durch dergleichen Schweizerprozeduren abgeschreckte Notabilitäten zu gewinnen. Was Preußer betrifft, so war dieser unsers Wissens ein talentvoller Arzt, der einem Ruf ins Ausland folgte, weil zur Zeit noch keine Profeßur für ihn eröffnet war; daß er nicht hieher gehört. Und Oken wurde nur in gleicher Eigenschaft nach Erlangen versetzt (?), wo er dann einen Ruf ins Ausland annahm. Aus welchen Gründen jenes geschehen, ist uns unbekannt; loben wollen wir's in keinem Fall; aber wenn wir nicht irren, geschah es schon geraume Zeit vor dem [...] jährigen Ministerium."

30. Jan.   Se. Majestät der König haben [...]

28. Da die Kinder von meiner Hausfrau erkrankt waren, muß ich schon die Feier meines Namenstages im heuslichen Kreise auf später verschieben.

29. Der alte, bei der Geistlichkeit (kath.) so angesehene Görres fuhr heute morgens zu seinen Vätern ab (72). Er ist Einer von Jenen, die die französische Revolution mit durchgemacht und auch der Göttin der Freiheit Weihrauch gestreut.

30. Herrn Decan Arndts meine Aufwartung wiederholt.

31. Herr Decan Arndts war durch Krankheit verhindert zu lesen, Herr Prof. Maurer durch andere Umstände. Da nachmittags die Beerdigung des H. Pr. Görres stattfand, welcher sämmtliche Professoren beiwohnten, fielen ohnedies die Collegia aus.

Februar.
1. Heute wehte eine so laue Frühlingsluft u. die Sonne schien so warm, daß der hohe Schnee von den Dächern und in den Straßen schmolz: die Schlitten, welche 3 Wochen lang die Stelle der Wagen eingenommen, werden nun quiescirt werden.

2. Von Hohenhausen ist seines Postens als Kriegsminister enthoben und als Stadt-Kommandant nach Nürnberg versetzt worden. Von der Mark nimmt seine Stelle ein. – Jetzt sieht man schon viele Militär in Waffen-Röcken einher schreiten: einige tadeln, andere loben diese Veränderung. Da heute Feiertag hörte ich mit Primbs, Berninger, Th. Die Gungel im Buttermelcher Garten spielen, ebenso auserlesen als gut durchgeführte Stücke.

3. Da heute morgens die Todtenfeier für den verstorbenen Görres in der Ludwigskirche, welcher die Professoren beiwohnten, stattfand, so fielen die Collegioa aus. – Die Untersuchung (s. 28. Jan.) hat, wie vorauszusehen war, nichts herausgestellt: sie ist nachdem ungefähr 50 Studenten verhört und ihnen ihre Citir Gebühren wieder herausgezahlt, nieder geschlagen worden, auch wird

dieselbe wohl schwerlich bezwecken, daß hinfür die Allemannen weniger aufmerksam empfangen werden.

4. Man spricht jetzt neuerdings von einem Minister-Wechsel: Wallerstein soll wieder als Gesandter nach Paris, da er einerseits zu selbstständig, andererseits er es mit keiner Partei verderben will, als sein Nachfolger wird Fürst Wrede bezeichnet, der schon hier gewesen und Lola Montez seine Aufwartung gemacht haben soll. Neumann, Professor der Geschichte, welcher gewohnt ist, jedem seinem Colleg einen Kopf in Form eines allgemeinen Satzes aufzusetzen, sprach in einem seiner letzten folgende merkwürdige und sehr bezeichnende Worte aus: „Es ist ein sicheres Zeichen, meine Herren, daß, wenn in einem Lande heufiger Minister-Wechsel eintritt, Unruhen in dem Lande entstehen." Ich fürchte fast, S. Majestät verkennt seine Stellung und wenn Er erwacht, so möchte das Land vielleicht trauriger daran sein, denn früher. – Vor einiger Zeit soll sich auf der Kneipe der Allemannen ein junger Mediciner Schönhub als einen Philister derselben erklärt haben, worauf hin Lola bewirkte, daß er sofort als Gerichts-Arzt angestellt wurde, welche Stellung er sonst vielleicht in 15 Jahren hätte erhalten können.

5. Kaulbachs Atelier, welches dem Publikum jeden Samstag von 12 – 1 Uhr geöffnet ist, besucht. Noch immer ziert das größte Kunstwerk der Welt „Die Erstürmung Jerusalems durch Titus" diese Halle. Für die Erlaubniß dasselbe in Stahl stechen zu dürfen, fordert der Künstler 16000 f. – In Lebensgröße hat er auf den Wunsch S. Majestät hin Lola Montez portraitirt, Kaulbach selbst erklärte gerade einigen Damen in meinem Beisein das Gemälde und äußerte ganz frei: „Lola wünschte als Maria Stuart gemalt zu werden, ich konnte dieß aber nicht mit meinen Ansichten vereinen – eher in Begleitung von 4 Gendarmen. Schauen sie dieß interessante Gesicht an, sie muß sehr schön gewesen sein." Und wirklich kann man nicht leicht ein interessanteres sehen, diesen schwärmerisch tiefen Blick, die feine Nase, den wohlgeformten kleinen Mund, den schlanken Hals und schneeweißen Busen, noch mehr hervorgehoben durch die rabenschwarzen reichen Haare und durch den vollendeten

üppigen Wuchs, welchen einfach ein schwarzes Kleid umschließt, oben ein weißer breiter Elisabth-Kragen. (Der vergoldete Rahmen kostet allein400 f., was wohl das Gemälde?) Neben ihr steht das lebensgroße Bildniß Seiner Majestät, wahrscheinlich für die neue Pynakothek. – Eine andere in Arbeit begriffene wunderschöne Composition wie ihm die alten Künstler huldigend ihre Statuen, Gemälde, Vasen, Büsten etc. zu Füßen legen, während im Hintergrunde die Glyptothek zu sehen ist. Ferner ist ein Carton, der Kreuzfahrer nach Jerusalem darstellend fast vollendet, derselben sind 3 von S. Majestät dem Könige von Preußen um 15000 f. bestellt etc. Der Eintritt kostet 12 x, was den Armen zu gute kommt. Ganz klein – ich möchte sagen – niedergeschlagen verließ ich das Atelier, fühlend und bewundernd die Größe des Meisters.

6. Herr Decan Arndts ist nun schon die ganze Woche hindurch unwohl, wir bleiben in den Justitutionen zurück, er wird vielleicht später versuchen durch doppelte Stunden das Verseumte nachzuholen, man möchte aber dann dem raschen Gange nicht so leicht folgen.

7. Heute haben die Demonstrationen gen die Mitglieder der Alemania eine öffentlichere Natur angenommen, als seither. Denn als 2 derselben in den Hörsaal des H. Prof. Sieber traten erschollen viele Stimmen: hinaus, hinaus, bald sammelten sich soviele Studenten, daß der Saal sie nicht mehr faßte und der sich anschließende Gang angefüllt wurde. Da auf das Zureden des H. Rektors und eines Polizeikommissärs: „doch ruhig auseinander zu gehen" nicht gehört wurde, so ließ man S. Excellenz den Minister Fürst Wallerstein rufen, der an die aufgeregten Gemüther eine Rede hielt, in der er erwähnte, daß durch dergleichen Auftritte die akademische Freiheit gefährdet sei, daß sie sich doch keine solche öffentl. Demonstrationen erlauben sollten, die sich in Hinsicht ihrer Bildung nicht geziemten. Geben Sie mir ihr heiliges Ehrenwort, daß Sie dergleichen unterlassen wollen, worauf ebenso viele „Ja als Nein" erschallen. Hierauf brachte der Rector dem Minister ein Hoch, das zwar erwiedert, aber dem zugleich ein „Pereat Alemania" sich anschloß. Als nun die beiden Alemanen die Universität verließen folgten ihnen gen 200 Studenten bis zu Tambosi: pereat, pereat Alemanen schreiend worauf sie sich trennten. Einige Gendarmen zu Fuß und zu Pferd begegneten dem Zuge, rührten sich aber nicht, auch war die Residenz-Wache beim Anrücken desselben gen den Hofgarten hin unter Gewehr getreten. Morgen werden sich wohl die Auftritte wiederholen. – Nachmittags hatten die Senioren und alle Corpsburschen der 5 übrigen Verbindungen in der Au eine Versammlung die zum Zweck haben soll, unter solchen Umständen dem Staate ihre Garantie zu Füßen zu legen. – Auf diese Vorfälle hin durchschreiten diese Nacht zu jeder Stunde 3 Patrouillen von jedem Regiment die Straßen der Stadt. –

8. Allgemein war man wieder auf die 10.te Stunde gespannt, was diese wohl mit sich führen würde. Der Saal

des H. Prof. Sieber war zum Erdrücken voll, in den Gängen der Universität wogten Haufen von Studenten. Aber ganz ohne alle Störung ging das Colleg vorüber: es hatte sich nemlich kein Alemane blicken lassen. – Die Finanz von Herrmann wird von wenigstens 200 Studenten besucht: es schlägt 2 Uhr, die Thüre geht – 2 Alemanen gehen – in diesem Semester zum erstenmale – in den Saal. In einem Nu griffen alle nach ihren Skripten, werfen ihre Mäntel um und verlassen den Saal. Im Gange begegnen wir H. Ministerial-Rath und Prof. Herrmann: „Nun meine Herrn, wo gehen sie denn hin?“ „Es traten 2 Alemanen in den Saal und wir haben den Saal verlassen.“ Lächelnd antwortete er: „In den Saal muß ich hingehen, hingehen muß ich wenigstens. Diese Art und Weise den Alemanen – ohne Geschrei und Lärmen – entgegenzutreten lobe ich mir, sie ist ebenso fein, als empfindlich“ – wie sich diese Geschichte löst, bin ich begierig. – Mit dem heutigen Tage habe ich mein 21.tes Lebensjahr und mit ihm meine Volljährigkeit angetreten.

9. Als ich um 11 Uhr aus dem Colleg heraus in die Seulenhalle komme, sehe ich Haufen von Studierenden beisammen stehen, leise flüstern und lachen. Ich frage einen „was ist denn vorgefallen?“ „Der König ging bei der Universität vorbei und sagte zu Einigen in aller Heftigkeit: der König läßt nicht mit sich spaßen, das sollen sie überzeugt sein,“ war die Antwort. – Bald darauf kamen 2 Alemanen auf die Universität, die dann mit furchtbaren Geschrei empfangen wurden und als sie in die Stadt zurückgingen, begleiteten sie gen 300 Studenten unter „pereat Alemania.“ – Nach Tische ging ich in der Ludwigsstraße auf und ab, als ich bei den Arkaden 2 berittene Gendarmen halten sah, erfuhr ich auf Befragen, daß die beiden Alemanen sich bei Rottmanner aufhielten. – Auf einmal hörte ich Lärmen, Pfeifen in der Nähe der Theatiner kirche. Alsobald ging ich in die Residenz und sah von den Fenstern meiner Tante den ganzen Scandal mit an. Lola, die gerade von der Residenz sich nach Hause zu Fuße verfügen wollte, wurde von der Masse Volkes bemerkt u. mit Zischen und Pfeifen so empfangen, daß sie sich genöthigt sah, in die Theatiner Kirche zu flüchten; hier war sie aber gezwungen, wieder heraus zu gehen, wo sie dann

von reitenden Gendarmen und deren zu Fuß schützend umgeben wurde. Auch ein Platz Major und der Senior der Verbindung Baisner näherten sich ihr und brachten sie unter beständigen Lärmen u. Pfeifen des Volkes in die Residenzstraße, die dann von der Residenz Wache abgesperrt wurde. Hierauf begab sie sich in die Residenz, wo sie von S. Majestät, der wüthend mit seiner Faust auf seinen Hut schlug, schon auf der Stiege mit den Worten empfangen wurde: „Ich lebe unter Türken, Türken." Bald rückten nun Linien Militär und Kuirassiere vor die Residenz und Patrouille an Patrouille durchschritt und ritt die um so mehr belebte Ludwigsstraße, da es heute ein Tag wie im Frühling war. Als ich gen ½ 5 Uhr zur Universität ging, sah ich auch vor ihr Kuirassiere stehen. Da jedoch das Murren der Studierenden hierüber laut wurde, so besprach sich der Rektor mit dem Rittmeister, worauf derselbe den Platz verließ. Nun strömten alle Studierende der Univ.-Aula zu, wo der Rektor eine Rede hielt in der er sein Bedauern aussprach, daß Seine Majestät auf diese Vorfälle hin die Universität für dieses u. das folgende Semester geschloßen habe, bis Freitags mittags 12 Uhr müßten wir die Stadt verlassen. – Daß diese Geschichte so ausginge, hatte ich nicht vermuthet und welche Nachtheile hiedurch für die Anfangsstudien meines Faches hervortreten, fühle ich nur zu wohl, so mitten aus dem Studium herausgerissen zu werden, ist hart.

10. Nach diesen Vorfällen und traurigen Folgen hatte ich nichts Eiligeres zu thun, als einzupacken u. Abschiedsbesuche zu machen. Nachmittags versammelten sich die Bürger im Rathhause – nachdem man von Seite der Studenten es nicht hatte fehlen lassen, dieselben darauf aufmerksam zu machen, welche Nachtheile ihnen durch diesen kgl. Gewalt-Ausspruch (250 000 f.) erwüchsen – und sandten eine Deputation zu S. Majestät, sie selbst aber gen 2000 an der Zahl stellten sich vor der Residenz auf, um den Anträgen derselben mehr Nachdruck zu verschaffen. Diese waren folgende: 1. Die Universität möchte wieder eröffnet werden und die Studenten in der Stadt verbleiben. 2. Die Gräfin Landsfeld und die Alemanen hätten die Stadt zu verlassen. 3. Das Militär solle zum Schutze der Studenten da sein gen die Brutalität

der Gendarmen. Würden diese ihre Bitten nicht erfüllt, so könnte die Deputation (Magistrat) nicht für die Bürger mehr stehen. Lange mußte die Deputation warten und trotz den Vorstellungen des Prinzen Luitpold und den fußfälligen Bitten Ihrer Majestät und der Prinzeß Luitpold erhielt sie eine abschlägige Antwort. Als diese den Bürgern im Rathhaussaale verkündet war, befanden sich alle in der heftigsten Aufregung, viele zogen vor der Residenz und brachten ein „pereat Ludwig", andere versammelten sich u. besprachen sich, wie sie mit Gewalt morgen ihr Recht erlangen wollten, so daß ich morgen blutige Auftritte befürchtete. – Leider war heute nachmittags ein Student an einer Verwundung, die er von einem Gendarmen erlitten, gestorben. Es waren nemlich viele Studenten nochmals von der Universität aus zu Thiersch gezogen, um ihm Lebewohl zu sagen. Der Schluß seiner Rede unter Thränen war: Nun, so zieht denn hin und habt ihr kein Geld, so klopft auf dem Lande an jede Thüre, sagt, ihr seid aus München vertriebene Studenten und ihr werdetnicht leer ausgehen. Hierauf zogen sie unter Gaudeamus zum Carls Thor hinein vor die alte Universität, wo sie der akademischen Freiheit ein Hoch ausbrachten. Plötzlich kamen aus der langen Gasse berittene Gendarmen angesprengt und gen 60 zu Fuß mit gefällten Bajonett angerückt. Nun stob die Masse auseinander und flüchtete sich zum Theil in die Akademie, wo sie die Thüre sperrten; allein die Gendarmen drangen ein u. verwundeten 2 von hinten. Abgesehen davon, daß der Gendarm von seiner Waffe nicht Gebrauch machen darf außer im Falle der Widersetzlichkeit, hatte der sie kommandirende Hauptmann Bauer gar nicht den Auftrag mit gefällten Bajonett anrücken zu lassen. Es wurde daher darauf gedrungen, ihn zur Verantwortlichkeit zu ziehen; er wurde bereits seiner hiesigen Stellung enthoben und wird in Augsburg processirt werden.

11. In aller Frühe kamen die gerade hier anwesenden Staats-Räthe unter Vorsitz des Prinzen Luitpold im bayrischen Hof zusammen und stellten dann in der Residenz Seiner Majestät dieselben Bedingungen, wie die Bürger ihm versichernd, daß er blos durch diesen Schritt Ruhe in der Stadt herstellen könnte. Nun war er wohl

gezwungen den Befehl ergehen zu lassen die Gräfin Landsfeld habe binnen einer Stunde die Stadt zu verlassen u. die Universität sei zu öffnen. Alsbald strömte eine Masse Volkes in die Barerstraße, um sich zu überzeugen, ob die Lola die Stadt wirklich verlasse. Endlich vor 11 Uhr öffneten sich ihre Thore und ihre eigene Equipage sprengte mit verhängten Zügel durch die Barer-, Türken-, Löwen über die Ludwigs-, Veterinär-, Königsstraße und durch den Hofgarten gen die Residenz zu, allein sie fand verschlossene Thüren. Nun fuhr sie an der Münze vorbei durch den Schwibbogen beim Hofbräuhause vorüber in die Herrnstraße um die Stadt herum gen Sendling zu. Unterdessen drängte sich das Volk an die beiden Thore des Hauses der Lola, zogen mit Gewalt an den Glocken und als nicht geöffnet wurde, so sprengten sie dieselben u. nun wurden mit einem langen Kehrbesen die untern Fenster eingeschlagen und mit Scheitchen von Holz die obern Spiegelfenster eingeworfen. Das ganze Heuschen wäre wohl demolirt worden, wenn es nich auf einmal geheißen hätte: Seine Majestät ist da. Wirklich kam er aus dem Heuschen heraus und gegen das ungeheure Hoch leben mit den Händen kämpfend und die Augen schließend, 2 Schritte stand ich vor Ihm, sprach er nach dem Ruhe eingetreten: „Ich habe heute morgens beschloßen aus freien Willen und aus Gnade, daß die Universität wieder zu öffnen sei", nun ging das Gebrüll von Hoch wieder los, sodaß er ganz angegriffen seine Augen schloß und die Hände herabsinken ließ bis wieder Ruhe eintrat, worauf er fortfuhr: „Habt ihr Euren König lieb, so laßt das Haus in Frieden und geht ruhig auseinander." Hierauf verlief sich das Volk und die Straße wurde abgesperrt; unterdessen waren die Studenten auf der Universität, wo ihnen der Rektor wieder die Eröffnung der Universität verkündete mit dem Beifügen, daß die Alemanen bereits von der Polizei ihre Pässe erhalten und sich nach Leipzig gewendet hätten. Seien wir nicht hart, meine Herrn, und wünschen wir ihnen eine glückliche Reise. –

Nun zogen um ½ 12 Uhr sämmtliche Studenten in Abtheilungen durch die Ludwigs- und Weinstraße über den Schrannen-Platz in den Rathhaussaal u. brachten dem Magistrat u. den Bürgern ihren tiefgefühlten Dank für die Vertretung ihrer Rechte. Von da begab sich der Zug in die Arcisstaße zur Wohnung des Cultus-Minister Fürsten von Wallerstein und brachte ihm, wiewohl er nicht anwesend war, ein Lebehoch. – Da diese Geschichten eine so rasche und unerwartete gute Wendung genommen, so war ich heute mittag veranlaßt, wieder auszupacken, was ich aber unter diesen geänderten Verhältnissen mit Freuden that. Nun wird endlich, nachdem diese Person entfernt, Ruhe in der Stadt eintreten u. jetzt hoffe ich recht das Beste für das Land selbst. – Gen Abend verbreitete sich das Gerücht, die Gräfin Landsfeld sei wieder in der Stadt, ja in der Residenz, was eine ungeheure Bewegung hervorrief. – Die Studenten kamen am Abend im Prater zusammen, wo sich auch der Rektor mit mehreren Professoren einfand, wo dann Reden auf Reden folgten. Da kann man sehen, was Einheit vermag.

12. Die wegen ihrer Brutalität anrüchigen Gendarmen sind aus der Stadt entfernt, für die Sicherheit der letztern patrouilliren jetzt Bürger Miliz. – Zur Beruhigung der Gemüther geschah nachmittags von Seite der Polizei und des Magistrats ein gedruckter Anschlag an den Straßen-Ecken folgenden Inhalts: Die Gräfin Landsfeld habe gestern um 11 Uhr die Stadt verlassen, sei in Groß-Hessen übernachtet und morgens von Blütenburg aus in Begleitung zweier Polizeibediensteter nach Pasing und von da nach Lindau geschafft worden, da ihre Pässe nach der Schweiz   lauteten.   –
Ich habe nun noch einiges nachzutragen, was bei den vielen und rasch aufeinander folgenden Vorfällen ich übersah. Einen schönen Zug von Charakterfeste zeigten die Linien Soldaten, welche die Barerstraße abgesperrt hielten und fast hätte ich ihn unerwähnt gelassen. Die Gräfin Landsfeld ließ nemlich den Soldaten Bier, Brod und Käs anbieten, da fragte sie der kommandirende Officier: Wollt ihr, meine Soldaten, etwas von der Gräfin Landsfeld annehmen? Nein, tönte es aus allen Kehlen. Als sie bald darauf durch anhaltenden starken Regen gezwungen unter das Vordach des Grafen Bashenhein zu treten und dieser ihnen Schinken, Brod u. Bier vorstellte – verschmähten sie das Angebotene nicht. –

Ferner erzählt man sich, die Gräfin Landsfeld habe die Alemanen nicht nur monatlich unterstützt, ihre Tafel bei Rettmanner bezahlt, sondern jeden Eintretenden neu eingekleidet. Es soll auch jeder bei ihrer plötzlichen Abreise nach Leipzig eine 100 f. Banknote erhalten haben. – Jeden Gendarmen soll sie seit Montag täglich 8 f. eingehändigt haben, damit nur diese im Schutze für sie recht brutal gen das Volk auftraten. Doch soll diese sonst so muthig freche Person, als ihr der Polizeidirektor Mark den Befehl zustellte, binnen einer Stunde die Stadt zu verlassen, in Ohnmacht gefallen sein. Dreimal versuchte sie nach diesem Befehle an verschiedenen Thoren in die Residenz zu fahren, aber dieselben waren verschloßen auf Befehl des Baron v. Zweibrücken, Generallieutenent und Chef der Leib-Garde. Für diese seine Vorsichtsmaß-Regel ist er bei S. Majestät in Ungnade gefallen und seines Postens enthoben.

die man jetzt schon im Weigerungsfalle im Sinne hatte.

13. Es ist mehr als Zufall, es ist das rächende Geschick, das die Gräfin Lola Landsfeld nach einem Jahre in demselben Monat, ja an demselben Tage erreichte, an dem das Ministerium Abel abdankte. – Über die Stimmung S. Majestät ist man noch nicht im Reinen, er soll sehr munter sein, während vielleicht im Innern es wühlt, daß er gezwungen, seinen Willen unter dem des Volkes zu beugen. Allein der Adel, welcher in Folge der Unruhen große u. vielleicht eben nicht so ganz leere Befürchtungen in Bezug der Sicherung seiner Vorrechte hegte, war politisch genug, sich auf Seite der Bürger zu schlagen, an die sich gewiß das Militär angeschlossen hätte. Wenn nun S. Majestät auf seinen Willen beharrt hätte, so würde die Stände-Versammlung zusammen berufen werden, man hätte den König als krank erklärt und S. kgl. Hoheit dem Kronprinzen die Regentschaft übergeben. Trotzdem hat es den Anschein, indem die Haushaltung in der Barerstraße fortgeführt wird, als ob S. Maj. die Absicht hege, die Gräfin Landsfeld in Münchens Mauern zurückzuführen, aber dann wird sich der Unwillen des betrogenen Volkes gen ihn richten und es werden vielleicht dann die Schritte erfolgen,

14. Nachdem also nur einige Tage die Universität geschloßen war, begannen heute mit Montag die Collegia wieder. Diese Gelegenheit ergriffen denn die einzelnen Professoren um ihren Reden ihre Freude auszudrücken, daß sie nun wieder mit uns vereint, daß nun der moralische Druck, der seit einem Jahre auf die Gemüther gelastet entfernt, daß die unechten Musensöhne diese Spurii (Alem.) die Stadt hätten verlassen müssen, lobten unsere ruhige Haltung während der bewegten Woche und sprachen den Wunsch aus, daß wir nun wieder mit unserer vollen Thätigkeit zum Studium zurückkehren sollten etc. – Wenn diese glückliche Wendung nicht eingetreten wäre, würde ich wohl gezwungen gewesen sein im Sommer- Semester Heidelberg zu besuchen, um da neuerdings die Institut. zu belegen und dann im folgenden Wintersemester die Pandecten bei Vangerow zu hören, denn für mich wäre es ein unersätzlicher wissenschaftlicher Nachtheil gewesen, hier gerade im

Anfange des Studiums der Institut., die doch die Grundlage des römischen Rechts bilden, unterbrochen worden zu sein und dann auf schwankenden Grunde fortzubauen. – Abends wurde dem Franken (Corps) Röhring, der im Nervenfieber gestorben, ein Fackelzug gebracht. Die Fackeln wuren am Sendlinger Thor Platze verbrannt.

München Sendlinger Tor

Lola Montez

15. Nun hört man schon mehreres von der Lola Weiterreise: In Augsburg kam sie um 1 Uhr und trat mit 5 Alemanen in den Eisenbahngasthof, wo sie zu Mittag speißte. Hier unterließ sie es nicht, mit ihrer unverschämten Keckheit hervorzutreten. Zwei Pistolen legte sie offen auf den Tisch, während einer der begleitenden Alemanen einen großen Hirschfänger zur Seite trug. Auch sprach sie frei aus, daß sie Freitags den 11.ten Nachts in Herrenkleidern nochmals in München gewesen sei. Später fuhr sie in einem sechssitzigen mit 4 Postpferden bespannten Wagen und in Begleitung 2 Alemanen nach Kempten zu, wo sie andern Tags mit einem Pereat der dortigen Studenten die Stadt verließ. – Seine Majestät, der jetzt in der Residenz und in der ganzen Stadt nur freundliche Gesichter sieht, während in S. Innern der Schmerz wühlt, daß er, sonst nur zu befehlen gewohnt, auch einmal gezwungen wurde, zu gehorchen, scheint die Abreise der Gräfin mit Thränen zu beweinen und täglich besucht er ihr Haus und äußerte sich vor einigen Tagen bei der Tafel dem Freulein Mandel gegenüber: Frohlocken sie nicht zu bald, frohlocken sie nicht zu früh.

16. Das Militär erhält noch fortwährend bis zum Feldwebel doppelte Löhnung, in Betracht der Strapazen. – Graf Arco Valei, ein erpichter Feind der Lola, hat in der Freude seines Herzens, daß nun endlich die Verhaßte aus der Stadt gejagt ist, dem Stadt-Magistrat 3000 f. zum Besten der Armen überschickt. Auch soll er Seiner Majestät, der den Reichs-Räthen einwarf: „Er habe die Gräfin Landsfeld in Seinen Schutz und müsse sie also schützen" geantwortet haben: „Wollen Eure Majestät Ihr Volk weniger schützen als diese Hur (??)", worauf S. M. habe fallen lassen: er solle sich seiner Abstammung erinnern.

17. Nun sind schon 3 Prochüren über die Vorfälle vom 9. – 12. Febr. erschienen; es scheint als wolle dieselben der Buchhandel als eine Ausbeute benutzen. Im ganzen sind dieselben seicht und erfassen den kitzlichen Gegenstand nicht vom richtigen Standpunkte aus. – Schon seit 3 – 4 Tagen versammeln sich viele Studenten in der kleinen Aula von 11 – 12, wo öffentlich die zu verfertigenden

Proscriptionslisten zur Sprache kommen. Die Einen vertheidigen, die andern verwerfen diese Art der öffentlichen Brandmarkung. Ich selbst bin auch letzterer Ansicht, indem ich nicht einsehen kann, inwiefern die Studentenschaft das Recht besitzen soll, über Männer aus den verschiedensten Klassen der Menschen als Richter aufzutreten. Man trete mit Schonung gegen diese ohnedieß traurige Gestalten von Menschen auf und schneide ihnen nicht den Weg der Ehre wieder zu betreten auf eine grausame Weise ab.

18. Ich kann es mir nicht nehmen die Reise der Gräfin Landsfeld soweit zu verfolgen als es mir durch den Zeitungs-Weg möglich ist. – Man hatte bei ihrer Ankunft in Lindau alsbald ein Dampfboot gehizt, um sie sofort an Helvetiens Gestade zu befördern; allein sie erklärte das habe keine solche Eile, sie beabsichtige hier ihr nachfolgendes Gepäck zu erwarten. Und so übergaben denn die beiden Polizei-Bediensteten Dichtel u. Weber sie dem Landgerichte und trafen hier den 15. Abends 8 Uhr ein. Ersterer hatte bei S. Majestät die Ehre: seine Aufwartung zu machen – die Gräfin Lola soll auf jeder Poststation S. Majestät ein Briefchen geschrieben haben. – Die sie bis Lindau begleitenden 3 Alemannen werden sich von da nach Leipzig begeben.

19. Seit 6 Wochen speisten wieder zum erstenmale Prinz Luitpold u. S. Gemahlin an der kgl. Tafel. – Das Gerücht, daß die Gräfin Landsfeld sich von Lindau aus nach Zürich gewandt habe, ist ein falsches: sie befindet sich noch in ersterer Stadt, wo ihr vom Landrichter des Tags zweimal die Aufwartung gemacht wird. In einem der letzten Abenden wurde die ausgezeichnete Schauspielerin Denker bei ihrem Erscheinen auf der Bühne von dem anwesenden Publikum mit Zischen empfangen, weil sie eine Freundin der Lola dieselbe in der Nacht vom 11. auf den 12. in ihrer Wohnung beherbergt habe. Aus Rücksicht hierauf hat S. Majestät die Schauspielerin Denker jedoch mit ihrem vollen Gehalte von 4300 f. ihr Engagement für gelöst erklärt: sie wird nun der Lola nachfolgen und ihre Gesellschaftsdame werden.

20. Im philharmonischen Verein hörte ich A. Strauß aus Leipzig auf Violine spielen; er hatte einen schwierigen Stand, indem vor ihm der junge Künstler Laub alle Zuhörer durch sein Spiel hingerissen und wenn ich urtheilen kann und darf, so muß ich gestehen, daß die Wahl seiner Piecen eine verfehlte war und daß sein Strich nicht ganz rein ist, indem sich heufig Töne hervorstehlen, die das Ohr mehr verletzten als erfreuten. – Zur Nachfeier meines Namenstages u. in Erinnerung der freudigen Entwicklung der Vorfälle verflossener Woche gab ich heute Abends eine Punsch Partie, zu der ich Frau v. Apell, meine Hausleute, meine Freunde Primbs, Schad u. Berninger (Dehler) eingeladen hatte. Wir unterhielten uns so gut, daß als man aufbrach, Mitternacht vorüber war. Bei dieser Gelegenheit u. da ich gerade heute ihn zum erstenmale in seinen Farben erblickte, kann ich nicht unerwähnt lassen, daß Berninger zu dem Corps Suevia eingetreten ist. An u. für sich ein herzensguter aber mit den verschiedenen Lebensverhältnissen zu wenig bekannter junger Mann, ist es ein wahres Unglück für ihn, diesen unseligen Gedanken erfaßt und ausgeführt zu haben, indem es ihm an Charakterfeste fehlt u. an fein fühlendem Scharfsinn, das Nachtheilige des Corps-Leben von dem Guten, das es besitzt, zu trennen u. zu verachten. Er wird lange in seiner Stellung als Fuchs mißbraucht werden, was er vielleicht als einen Akt der Auszeichnung u. besonderer Gnade betrachtet, nicht bedenkend, daß er dadurch willenloser wird denn je, daß sein Geist in mancher Beziehung gering bleibt und sein Körper vor der Zeit matt wird. Habe ich doch schon mit vielen Philistern gesprochen die die Zeit verfluchen, wo sie so unsinnig in das Leben hineingestürmt, gar nicht die Folgen berücksichtigend. Wie er mir eröffnete, daß er den Schwaben beitreten würde, sagte ich zu ihm, du hast während der Zeit, seit welcher du mit mir verkehrst, Gelegenheit genug gehabt meine Ansichten über das Corps-Leben kennen zu lernen: ich leugne nicht daß das dasselbe seine Lichtseiten hat, aber – etwas stark verdunkelt. Schlafe noch einige Nächte darüber ehe du den Schritt thust, den du vielleicht später bereust. - Uebrigens bist du majorenn und kannst thun was du willst – hast dir aber auch alle üblen Folgen dann selbst zu zuschreiben. – Allein es lebt in ihm so ein

gewisser falscher Muth, den er hochtrabend der Welt zeigen möchte und eine nun sich bald ausbilden werdende Renomisterei, welche ihn diesen Schritt zu thun zwang und so ist er nun Fuchs bei den Schwaben. Wir wollen hoffen, daß nur der Reiz der Neuheit ihn nächtlich solange fesselt u. daß dieser ihn bald entleiden werden möge, sonst ist viel zu befürchten.

21. Seine Majestät hat geruht eine freiere Association unter den Studenten zu genehmigen; jedoch dürfen die Mitglieder einer Assoc. die Zahl hundert nicht übersteigen. – Kaum hat das Grab sich über einen Professor der Universität (Görres) geschloßen, als es sich schon wieder öffnet um die Hülle des Professors Zukkarini aufzunehmen. Dieser Professor der Botanik starb an einem Lungenleiden im 51.ten Lebensjahre. Immer ein Freund der Studenten, wurde er auch von diesen zahlreich auf seinem letzten Gange begleitet.

22. In der ersten Hitze, wo die Gemüther noch unruhig wogten, hatten die Studenten den unglücklichen Gedanken erfaßt eine Proscriptionsliste zu entwerfen s. den 17.ten Febr. S. 143. Allein das richtige Gefühl beschwigtigte die Aufregung u. sie unterblieb; leider aber hatten Proscriptionslisten und zwar falsche schon ihren Weg in Kaffe-Heuser gefunden, wo sie öffentlich auflagen. Eine solche kam denn auch in meine Hände und ich rücke sie hier ein, ohne jedoch für die Richtigkeit u. für das Verdienst der einzelnen Personen zu bürgen:

I. Allemannen
1. Baisner Sen.
2. G. v. Hirschberg con.
3. Beringer
4. Heid
5. Fahrenbarker
6. Stegmüller
7. Haiger
8. Dail
9. Filchner
10. Laibinger
11. Federmeier
12. Herdeis
13. Lanker
14. Feiner
15. Spekner
16. Steiner
17. Schmid
18. Frank
19. Forbach
20. Hager
21. Sedelmaier
Wall.
22. Vogt

II. Ehrenmitglieder
1. Berkus Minister
2. Musinan mit Famil.
3. Spraul Obrist
4. Richter Univ. Secret.
5. Metzger Oberbaurath
6. Poishel Theater Intendant
7. Pletz
8. Martin Prof.
9. Hierl Prof.
10. Pappenberger
11. Schönhub Baron
12. Pappus Baron
13. Weber Lieut.
14. Gemminger Hauptmann
15. Thiery Stempelmeister
16. Thiery Tänzerin
17. Denker Hofschauspiel.
18. Ernesti
19. Bauer Hauptmann
20. Siegel Hofsänger
21. Baishner Oberbote b. Min.
22. Mark Polizeidir.
23. Mannl Pol. comiss.
24. Steiger Pol. comiss.

25. Mayerhofer advoc.
26. Mayerhofer chokol. Fabr.
27. Graf Hollstein Lieuten.
28. Günther Stadtgerichts R.
29. Zieger Weinhändler
30. Hornstral advoc.
31. Mad. Rottmanner

32. v. Maurer ehem. Min.
33. Otto Stanis Hofpianist
34. Nuhsbaumer Lieuten.
35. Curtius Stabsarzt
36. Freulein Maschon
37. Graf Morre

23. Die Allemannen haben in der Deutschen allgemeinen Zeitung, die in Leipzig erscheint, einen Vertheidigungs Artikel einrücken lassen, in welchem sie sich als Kämpfer u. Märtyrer des Liberalismus darstellen, indem sie vor dem Ultramontanimus aus Bayern hätten flüchten müssen!!?!

24. Doch kann man im Korespondenten schon eine Erwiderung darauf lesen in der sie Diener des Libertinismus genannt werden. Man habe sie bis jetzt für schlecht gehalten, aber jetzt träten sie auch als Thümlinge hervor, die mit ihrem Umsichwerfen von Liberalismus und Ultramontanismus andere, die nicht so genau die Sachlage kennen könnten, übertölpen zu wollen. – Dem Grafen Arco

Valei ist nun sogar der Hof verboten worden; er selbst hat hierauf seinen Kammerherrschlüßel zurückgeschickt – der Kronprinz, sagt man, sei sehr ungehalten, daß seine Majestät dem Volke nachgegeben – er hätte es nicht so weit kommem lassen sollen. – Nun ist in der allgemeinen Zeitung auch ein officieller Artikel von St. G. Rath Günther verfaßt erschienen, in dem es heißt: daß die Gräfin Landsfeld, da sie das Judigenat von Bayern erhalten habe, keineswegs des Landes verwiesen werden könne, daß vielmehr bei jenen Vorfällen Seine Majestät die Gräfin dringend ersucht habe, die Stadt zu verlassen, um doch wenigstens ihr Leben zu retten etc. Auch sollen die hiesigen Regimenter versetzt werden. – Seine Majestät ist äußerst unwillig: die Hofschauspielerin Freulein Denker und Stadtgerichtsrath Günther haben zu jeder Zeit unangemeldet Zutritt zu Ihm.

25. Die allgemeine Studentenschaft hatte sich abends in dem Zweibrückensaale versammelt, um die verschiedenen Vorstände ihrer Lieder Tafel zu wählen. Auch ich war anwesend und habe als passives Mitglied auch mit abgestimmt. Als I. Präsident wurde gewählt Knorr Jul.; als 2.ter Lang; als I. Sekretär Beckers, als 2.ter Knorr Ludwig; als I. Tafelm. Schlagintweit u. als 2.ter Huter. Die Wahl des Direktor, allein von den aktiven Mitgliedern überlassen, wurde vertagt. Es kann einst ein sehr schöner Verein werden, da er schon jetzt 86 aktive und 95 passive Mitglieder zählt u. unter Erstern sehr tüchtige musikalische Kräfte sind. – Dieser Tage hatte ich Gelegenheit die traurige Bemerkung zu machen, wie weit wahrer Glauben durch Mönche zum unsinnigsten Aberglauben gesteigert werden kann. Ich unterhielt mich nemlich Abends beim Franziskaner mit einem Reisenden, der gerade von Luzern herkam. Dieser zeigte mir denn 2 viereckige auf Leinwand gepreßte Bildchen, auf rothe Seite aufgeneht, welche beide durch 2 schmale schwarze Bändchen so verbunden war, daß das Eine auf der Brust hing, das andere im Rücken. Diese Bildchen gaben die Mönche, welche sie um 3 Schweitzer Batzen verkauften an die Sonderbündler vor, sie seien aus dem Hemde des erstochenen Rathsherrn Leu gemacht und bewirkten, daß die sie Tragenden gegen die Kugeln der Eidgenossen

kugelfest würden. Sollte man glauben, daß dieser geweihte Mißbrauch noch in unsern Tagen stattfinden könnte und doch war es so. Zufällig half aber den Schwarzkutten dieses verzweiflungsvolle Mittel nicht, sei es, daß sie nicht im Stande der Gnade waren oder daß – denn die Eidgenossen blieben Senger und sie mußten das Land verlassen. – Die Würzburger Addresse von den Studenten ausgehend an die hiesige Studentenschaft hatte ich auch diesen Abend in Händen. Sie sprach sich in dankender Anerkennung über unsere würdige Haltung an den bewußten Tagen aus und enthielt außer den Corpsen Fraconia und Nashovia gen 220 Unterschriften meist von Philosophen, von vielen Theologen, einigen Juristen, am wenigsten von Medicinern. – Erbgroßherzog von Hessen Darmstadt mit hoher Gemahlin Mathilde ist hier bei Hofe zu Besuch angekommen.

26. Ich rücke hier einen Brief ein, der aus dem französischen übersetzt, von Lola geschrieben sein soll:

Lieber Baron!

Ich bitte Sie den König zu benachrichtigen, daß ich für diesen Augenblick gerettet bin, indem ich die Stadt verlassen habe, ohne irgend etwas von Kleidern bei mir zu haben. Ich bitte Sie, durch Baron Seefried einen Koffer voll Wäsche, welche Sie durch Auguste (Kammerfrau) verlangen werden, zu schicken. Auch bitte ich Sie, dem König zu sagen, meine Juwelen, Silbersachen und Papiere von dem größten Werthe zu sich zu nehmen. Auch habe ich kein Geld. Bitten Sie den König mir welches zu schicken. Ich sehe, daß ich für einige Zeit herumirren muß; denn ich glaube, daß diese Kanaillen mein Leben wollen, woran mir nicht viel gelegen ist, nur für meine Freunde. Lesen Sie diesen Brief Seine Majestät: die einzige Sache ist, seine Ehre zu retten, nachdem er seinem Volke nachgegeben hat. Wenn der König wieder in seinen Rechten ist, so soll Er augenblicklich die Residenz nach Nürnberg verlegen.

Adieu, Theurer Baron!

Marie de Landsfeld.

Wenn sie diesen Brief geschrieben hat, so geschah es am Tage ihrer Verjagung, den 11. Febr. – daß sie aber bei S. Maj. bis jetzt noch viel vermag, möge man daraus entnehmen, daß seit jener Zeit seine Majestät nicht mehr das Theater betreten, daß der Hauptmanmn Bauer v. Breiten, der seine Gendarmen mit gefällten Bajonette in der Kaufinger Straße auf die friedlich dahin ziehenden Studenten hat anrücken lassen, zum Major nach Aschaffenburg ernannt hat und daß der Hofchokoladefabrikant Gg. Martin Mayerhofer, dem die hießigen Bürger wegen seinem Verhältnisse zu Lola das Bürger Recht genommen, als Castellan über das Innere des Residenzschloßes zu Anspach ernannt wurde! – Lola soll denn doch endlich in die Schweiz gegangen sein. – Der Staats Rath Seinsheim, früherer Finanz Minister und intimer Freund S. Majestät wurde pansionirt. – Auch will S. Majestät dem Adel seinen Gerichts Hof nehmen – dadurch wird er sich aber nicht bei ihm beliebt machen. Man meint aber, da sich neuerer Zeit der Adel so sehr am Volke angeschloßen habe, daß es auch nicht unbillig sei gleiche Gerichtsbarkeit mit ihm zu besitzen. Aber wie wird sich im nächsten Landtag der Adel regen: sie sollen für jetzt heufig Zusammenkünfte im Arosschen Palast haben.

27. Berninger reiste heute nach Würzburg ab wegen der Conscription. Er wird erst nach den Osterferien hieher zurückkehren. Nachmittags wurde in diesem Monat der 3.te Professor von hiesiger Universität begraben. Dr. Erdl ein ausgezeichneter Physiolog in seinem 32.ten Lebens Jahre. – Dieser Tage verlautete hie u. da von Schließung der Univ. mit Ablauf der Faßnacht, jedoch ist dieses Gerücht ein falsches und wenn früher geschloßen werden sollte, als eigentlich durch das späte Osterfallen bedingt wäre, so geschieht dieser Schritt blos deshalb, um das Sommersemester nicht zu sehr zu verkürzen, indem sonst manche Collegia nicht beendet werden möchten. –

28. Nachrichten aus Paris melden eine große Aufregung unter der dortigen Bevölkerung: man will das Ministerium Quizot nimmer, der König streubt sich noch es fallen zu lassen, gestützt vielleicht auf seine 60 000 Mann Soldaten, die er um Paris concentrirt hat. Man spricht schon davon er habe zu Gunsten des Grafen von Paris abgedankt u. es sei eine Regentschaft in der Person der Prinzessin v. Orleans eingetreten unter Leitung des Odilon Barrot. Diese Vorgänge werden den alten Louis Philipp mit Gewalt ins Grab ziehen.

29. Es ist nicht bei einer Regentschaft verblieben. Die Tuillerien sind erstürmt, der Thronsessel öffentlich verbrannt worden. Es sollen gen 1000 Menschen gefallen sein, unter diesen Prinz Nemour und der alte Marschall Sebastian. Der König soll vor ein Kriegsgericht gestellt worden sein, weil er befohlen habe auf das Volk zu

schießen. Die Repuplik ist wieder erstanden von den Jahren 1789 und 91. Man ist sehr gespannt wie diese traurigen Vorfälle sich endigen werden: die tiefste Verdorbenheit in den höchsten Ständen, die umgreifendste Bestechlichkeit in allen Ämtern, die einseitige Politik Louis Philipp und dessen Ehrgeiz, seine Kinder auf Thronen sitzen zu sehen verbunden mit der Habsucht seine Familie zu bereichern mögen die Veranlassung derselben sein. – Wie werden die Kabinete zu arbeiten bekommen; wie wird dieser neue Schlag allen Fürstenheuser durch Mark und Bein gehen. – Werden die Franzosen wieder Gelüste zeigen, den Rhein zu ihrer Grenze zu machen? Zweifelsohne werden unsre deutsche Regimenterwieder geschlagen; wer möchte diesem mächtigen Freiheits Rausch kampfgeübter Männer im Anfang mit Erfolg entgegentreten. Manche Familien werden jetzt schon zittern, ihre Söhne einem solchen Feinde entgegenzustellen. War doch schon seit einem Menschen Alter kein Krieg mehr auf dem Continente. – Es ist ein merckwürdiges Jahr dieses Jahr 1848: wie sich da die Völker regen, die Sizilianer stolz ihr Haupt aufheben ihre Rechte zu erlangen, die Italiener sich von Östreich loszureißen, die Münchner ihre Kraft zu fühlen beginnen und die Pariser hingerissen von ihrer Leidenschaft kein Völker Recht mehr anerkennen.

März.
1. Man hört jetzt heufig die unsinnigsten Folgerungen schließen, die möglicher Weise aus der französischen Revolution entspringen könnten. So spricht man von einem Abfalle der RheinPfalz an die Repuplik Frankreich etc. – Auch hat sich das Gerücht verbreitet und bedeutende Mißstimmung in allen Schichten des Volkes hervorgerufen, daß der Kronprinz sich geäußert haben soll, man hätte bei den letzten Lola Vorfällen auf das Volk schießen sollen. Diese Äußerung, wenn geschehen, wäre freilich sehr unpolitisch und ihr deßhalb wenig Glauben bei zu messen, jedoch hat sie nicht verfehlt, den Kronprinzen unbeliebt beim Volke zu machen, was nicht leicht durch Wiederruf verdrängt werden wird. – Belgien soll sich auch zu einer Repuplik konstituirt haben. In Baden und Würtemberg herrscht große Aufregung.

2. Als ich durch die Ludwigsstraße ging sah ich mit Kohle am Damenstifte angeschrieben: „Nieder mit Berks dem Hurenminister", dieser Ehrenmann wohnt nemlich im Damenstifte und am Isarthore konnte man lesen: „Nieder mit dem Könige". „Was soll das zum Zwecke haben" stellte ich an mich die Frage, welche mir am Abend auf folgende Weise beantwortet wurde: Um ½ 8 Uhr, als ich eben die Finanz durchgehe, drangen so einzelne Schreie an mein Ohr, ich öffne das Fenster, worauf ein Brüllen und Pfeifen von der Ludwigsstraße her mich um so mehr erschütterte, als ich eine Unruhe heute noch nicht erwartete. Pereat, Pereat Berks der Hurenminister heulte das Gesindel und Steine bahnten sich durch Fenster u. Thüre Wege, worunter besonders die Laternen zu leiden hatten, denn binnen einer Stunde war die Ludwigs Straße stockfinster. So wie Militär, das ohnehin auch wegen baldiger Versetzung sehr erbittert ist, anrückte, schrie der Haufe: „Vivat Militär, Brüder sind wir" worauf sich jedesmal die Truppen umwendeten, ohne daß sie Zusammen Rottung zerstreuten. Endlich wurde das Haus von 2 Compagnien besetzt, worauf sich der immer größer werdende Auflauf gen die innere Stadt wendete. Die Residenz war schon umstellt, sie zogen daher in die Theatinerstraße, warfen am Ministerium des Innern sämmtliche Fenster ein, zogen bei der Polizei, die auch ihren Treff bekam, vorbei hin zum Regierungs Gebeude, dem es nicht besser ging als dem Ministerium des Innern. Es war um gen 10 Uhr, als durch alle Straßen General Marsch geschlagen wurde, was nur noch mehr Haufen in die innere Stadt zog. Welch bedeutenden Einfluß auf diese Vorfälle die neue französische Revolution ausübte, mag daraus hervor gehen, daß dem Haufen ein Mann mit einer weiß rothen Fahne voranging, der schrie: vive la republique a bas Ludwig, daß ferner der Haufe mit Breuwagen die Straßen verbarrikirte. Weiter zog die Masse vom Schrannenplatze in die Kaufinger Straße, wo dem kgl. Gebeude der Poriellan Niederlage die Fenster über eine Stiege eingeworfen wurden, ebenso ging es dem so unschuldigen Ständehaus und der Wohnung des Kriegs Raths Musinan in der neuen Amalienstraße. Auch wurden in der Müllerstraße einige Gendarmerieheuser erstürmt und die Mannschaft etwas unsanft aus dem Schlafe geweckt. Bis 2 Uhr erstreckte

sich der Lärm durch viele Straßen, ohne daß Militär scharf dagegen eingeschritten wäre, gewonnen durch das Vivat, das ihnen überall entgegentönte.

3. Schon um ½ 7 morgens eilte ich durch diejenigen Straßen, durch welche die Nacht hindurch die Tumultuanten gezogen: die zerschlagenen Laternen zeigten mir den Weg. Das Pflaster in der Ludwigstraße zwischen dem Damenstift und der kgl. Bibliothek war zum Theil aufgerissen und die zerschmetterten Fenster und selbst die durchlöcherte massive Thüre am Damenstift bewiesen ihren Gebrauch. Leider wohnt Berks über 2 Stiegen, als hätte er ein Vorgefühl gehabt und so traf der Steinhagel die unschuldigen Zuwohner der unteren Stocke. Wie waren da die schönen Vorhänge zerschlizt um so mehr oder weniger die andern schon bezeichneten Gebeude. Massen Volkes wogte durch die Straßen neugierig zu schauen, welche Zerstörung vergangene Nacht vor sich gegangen. Auch durch die Barrerstraße lenkte ich meine Schritte, um zu sehen, wie es mit Lolas Heuschen stehe: doch das stand unversehrt; an beiden Enden der Straße stehen je zwei Schilderheuschen mit Posten und ebenso vor dem Hause selbst eines, in welchem außerdem noch ein Piquet liegt. – Nachdem ich von 8 – 11 Uhr Kolleg gehört ging ich in die kleine Aula, die ganz von Studenten gefüllt war, indem Berathung stattfand in Hinsicht einer Addresse an Seine Majestät Bildung eines Freikorps betreff. Ihr Haupt Inhalt war folgender: das Vaterland ist in Gefahr, die Bourbonen sind gestürzt, Volks Ideen können nur durch Volks Ideen bekämpft werden, es tage in unserm Vaterlande: Pressfreiheit, Mündlichkeit u. Öffentlichkeit mit geschwornen Richtern, freie Association, Parlament werde eingeführt. Trotz aller Gegen Vorstellungen des Rektors ging die Addresse durch und etwa 700 Studenten unterschrieben sie. Zugleicher Zeit lag eine Addresse von den Bürgern ausgehend im Rathhause offen:

sie verlangen
1./ Verantwortlichkeit der Minister,
2./ Pressfreiheit,
3./ Öffentlichkeit und Mündlichkeit,
4./ Volksvertretung beim Bundestag,

5./ Beeidigung des Militärs auf die Verfassung,

6./ Sofortigen Landtag,

7./ Polizei Gesetze und

8./ Wahl Gesetze.

Beide Deputationen verfügten sich nachmittags zu Seiner Majestät – erhielten aber abschlägige Antwort. Doch kam alsbald der Staats Rath zusammen, welcher endlich den König zur Nachgiebigkeit beredete, so daß den Bürgern verkündet wurde: Seine Majestät werde die Kammer bis zum 31. Mai zusammen berufen. – Unterdessen waren auch verschiedene Anschläge von Seite des Magistrats an den Straßenecken befestigt, unter andern der: daß der Staats Rath Voltz die Leitung des Ministeriums des Innern übernommen habe, indem v. Berkhs die Stadt Gesundheitshalber auf einige Zeit verlasse. Wie zart! – Abend war ich im Theater, wo der Vetter von Benedix gegebenwurde und wie leer war es. Als ich nach Hause ging war zwar die Residenz abgesperrt, aber doch wurde die Ruhe in dieser Nacht nicht gestört.

4. Schon morgens kamen die Bürger wieder im Rathhause zusammen und heftige Reden wurden gehalten: Bis zum 31.ten Mai will S. Majestät die Stände erst einberufen, ist es nicht augenscheinlich, daß man uns hinhalten will, sofort müssen die Stände einberufen werden, damit wir nicht betrogen werden. Als diese Stimmung in der Residenz bekannt wurde, ließ Seine Majestät, da er durchaus nicht nachgeben wollte, alsbald das Regiment der Kuirassiere vor der Residenz zum Schutze ausrücken, an der Spitze desselben kommandirte Prinz Karl selbst, da die Minister einsahen, daß durch den Eigensinn und Befehl des Königs alles auf das Spiel gesetzt sei, legten sie sämmtlich ihr Portefeuille ihm zu Füßen. Jetzt warf Er sich in die Arme des Fürsten Wrede, der aussprach, er stehe für Alles gut. Sofort ließ dieser Mann, der sonst freisinnig in der Kammer auftrat, die Order ergehen General Marsch zu schlagen. Pulverwägen fuhren unterm Schutz von Kuirassieren durch die Straßen, 4 Kanonen wurden vor der Residenz aufgefahren und ebenso viele auf dem Dult Platze. Auch erging Befehl nach Augsburg, daß die Chevauxlegers nach München zu rücken hätten und

ebenso das Kuirassier Regiment von Freising. Wie diese Maaß Regeln bekannt wurden riefen sie eine allgemeine Gährung und Wuth Geschrei hervor. Man erstürmte das bürgerliche Zeughaus, bewaffnete sich mit Flinten, Bajonetten, Säbeln, Partisanen, Flambergen und zog auf der Peters Kirche die Sturmglocken. Auch von Seite der Bürger wurde der General Marsch geschlagen u. es hatte allen Anschein, daß es zu blutigen Kämpfen kommen würde. Auch hatten sich viele Bauern aus der Umgegend mit Sensen, Dresch Pflegeln, Axt auf dem Marsfelde und Kugelfang eingefunden, um, wenn es losginge, den Bürgern zu Hülfe zu eilen. Als man S. Majestät in Kenntniß setzte, welche Folgen der General Marsch hervorgerufen und daß alles zu befürchten sei, da wurde der starre Sinn des Königs gebrochen. Wrede fiel in seiner eignen Falle, die er dem Volke gegraben. Die andern Minister wurden wieder in Gnade aufgenommen und beschloßen, daß bis zum 16. d. M. die Stände einberufen werden sollten. Prinz Karl sprengte selbst ans Rathhaus und verkündete es den Anwesenden. Mitten in seiner Rede fiel ihm Einer ins Wort „Ja, wer bürgt uns hiefür", da brauste er auf: Ich, auf mein fürstliches Ehrenwort, ich bürge dafür; dasselbe wiederholte er in den Straßen, wo er Bewaffneten begegnete. In der Sendlingerstraße kostete es dem Minister Wallerstein und dem Bürgermeister Steinsdorf viele Mühe, die Bewaffneten zu bewegen, ihre Waffen im Zeughause wieder zu deponiren, da ja ihrem Wunsche willfahren sei. Endlich schoßen sie ihre Ladung in die Luft und brachten ihre Waffen ins Zeughaus zurück. – Seine Majestät konnte wenigstens daraus abnehmen, daß das Volk jetzt nicht mehr mit sich spaßen läßt, daß es auch einen fürchterlichen Ernst zeigen kann.

5. So waren wir gestern 1 ½ Stunde ohne Ministerium; Fürst Wrede, der sich so tollkühn an die Spitze zu stellen wagte, hat sich aus München geflüchtet, sonst hätte sich die Volks Wuth gen ihn gewandt. – Abends 7 Uhr kam der Kronprinz an, der II. Bürgermeister Steinsdorf mußte ihn von der ganzen Sachlage in Kenntniß setzen. – Gen Abend sah man viel schwarz roth goldene Bänder tragen und große Aufregung herrschte in den Gemüthern.

6. Dieser Tag wird ewig merckwürdig in der Geschichte Bayerns u. Deutschlands bleiben. Wir Studenten hatten uns um 11 Uhr in der großen Aula versammelt, als der Rektor Thiersch in Begleitung des Min. Rathes v. Zwehl die Tribüne betrat und uns vom kgl. Beschluße in Kenntniß setzte: vollständige Preßfreiheit sei genehmigt, Thon Dittmer sei zum Minister des Innern ernannt worden, das Militär müsse auf die Constitution schwören, Öffentlichkeit und Mündlichkeit mit geschworenen Gerichten würde eingeführt, die Bildung eines Freikorps von Seite der Studierenden sei bewilligt. In Bezug auf letztern Punkt würde der Minister Fürst von Wallerstein mit uns nachmittags 2 Uhr das Nähere besprechen. Als ich von der Universität in die Stadt hineinging, begegneten mir schon viele blau weißen Kokarden u. Bändern, man riß sich trotz des doppelten Bezahlenlassen bei den Posamentiren darum, von den Heusern wehten lange hin und her wehende blau weiße Fahnen und aus den Fenstern kleinere. Die Freude war allgemein u. der Eindruck wird mir unvergeßlich bleiben: Von den höchsten Staatsbeamten bis zu den kleinsten Buben herab trug man diese Auszeichnung, die elegantesten Damen schmückten ihre Brust damit, ebenso das ärmste Radisweib. – Wirklich fand sich um 2 Uhr der Minister Wallerstein ein; berührte noch einmal die Punkte, welche nun von S. Maj. bewilligt worden und ging dann auf das Spezielle über, das Freikorps sei zwar an und für sich ein Abgeschloßenes, jedoch sei es der Bürger Landwehr beigeordnet, er sei überzeugt, daß wir von unsern Waffen blos zur Vertheidigung des Vaterlandes Gebrauch machen würden. Im übrigen überlasse er uns die Organisierung des Freikorps und ersuche nur die Anzahl der Waffen ihm nach einer Stunde anzugeben, damit sie bis 5 Uhr dem Minister des Kriegs in die Universität herbeigeschafft werden könnten. – Da ferner, fuhr er fort, das Militär um 4 Uhr den Constitutions Eid auf dem Dult Platze schwören muß, so wäre es sehr zweckmäßig, wenn sich die Studierenden auch hin verfügten, damit keine Unordnungen im Volke vorfielen. – Nachdem nun die Anzahl der Waffen dem Fürsten angegeben, begaben sich sämmtliche Studierende auf den Dult Platz, wo denn jedem Regimente einzeln der Eid auf Treue dem Könige,

Beobachtung der Gesetze und Aufrechthaltung der Konstitution so wahr ihm Gott helfe und sein heiliges Evangelium. Mit klingenden Spiele zog jedes Regiment auf u. ab: alle Fenster dieses so großen Platzes waren besetzt, sogar von den Dächern und von den Bäumen der Alleen wurde dieser großartigen Feier zugeschaut, während welcher von den Bürgern aus eine schwarze Tafel herumgetragen wurde auf der stand: Auch die Armen sollen sich freuen etc. und reichliche Gaben fielen ihnen zu. Nach Beendigung des Festes begaben sich die Studierenden wieder in die Universität, wo für jeden Waffen bereit lagen; nun ging es an das Exerciren, ich selbst betheiligte mich auch dabei, wiewohl es mir schwer fiel. Den Wachtdienst übernahm heute Nachts das Corps Suevia. Als ich abends 7 Uhr mit Haushalter Gierhl, Welle Dehler, Primbs, Schmitt von der Universität aus in die Stadt ging, fanden wir alle Heuser in der Ludwigsstraße, Wein- und Kaufingerstraße beleuchtet, selbst das sonst so finstere Gebeude Polizei. In der breiten Ludwigsstraße nahm es sich prachtvoll aus. So äußert sich überall Jubel und allgemeine Freude, daß man jetzt ein freieres Princip betreten. Mich selbst haben die rasch sich folgenden Vorgänge sehr aufgeregt, aber ich freue mich, daß mein Universitätsleben in einer Periode fiel, wo sich der Charakter des deutschen Volkes auch in politischer Hinsicht ausbildet. – Bei Kaffetier sagte mir ein Officier: eben sei ein Kourrier angekommen, Kaiser Nicolaus v. Russland sei gestorben (an Gift – den Tod des Tyrannen). – In Mailand kam es zwischen dem Volke und dem östreichischen Militär zum Kampf und es soll viel Blut gefloßen sein. Auch in Wien soll es zu einem Ausbruch gekommen sein. Die östreichische Monarchie wird in ihren Grundfesten erschüttert, wer weis ob sie in 4 Jahren noch besteht.

7. Die ganze Universität ertönt von Commando u. Waffen klirren, wo man sonst den Worten der Professoren lauschte. Gen 10 Uhr erschien der Minister, um den 17 Compagnien die sich gebildet und in den Gängen militärisch mit den Waffen in der Hand aufgestellt hatten, den Eid abzunehmen. Ich selbst fühlte das mir der Dienst zu schwer fiel und bat deßhalb den Hauptmann um

meinen Austritt, erbot mich jedoch mit Vergnügen die Stelle eines Kassiers oder die eines anderen Amtes zu übernehmen. – Gößmann reiste heute zur Conskription nach Würzburg ab. Im Theater, wo um 10 Uhr morgens der Fleischhauer von ? aufgeführt wurde, erschien auch der Kronprinz und wurde mit allgemeinen Jubel empfangen, worauf er sich wieder entfernte. – Die politischen Erlebnisse neuester Zeit haben mich fast die Spur von Lola Montez verlieren lassen: Sie befindet sich jetzt in Bern, wo sie mit dem englischen Geschäfts-Träger Peel, einem alten Bekannten, Arm in Arm spazieren geht, verfolgt von einer Schaar Mägden, Kinder, die neugierig sind, sie zu sehen. Peel, der alles Auffallende liebt, gab bald nach ihrer Ankunft ein Diner, wozu er auch Legations Räthe einlud. Lola soll sehr blaß und abgelebt aussehen: doch immer mit ihrem Auge voll tiefer Gluth viele Männer fesseln. Heute wurden die 5 Wachtheuschen zum Schutze ihres ehemaligen Heuschens entfernt, es scheint Seine Majestät will nun mit Vertrauen seinem Volke entgegen gehen und das wird der einzige Weg sein, die Liebe desselben wieder zu erlangen.

8. Die Exercicien der einzelnen Kompagnien geleitet von Ober- und Unterofficieren der Linie und der Landwehr werden mit aller Liebe betrieben. Damit jedoch die Kollegien nächsten Montag den 13.ten wieder beginnen können, so wurde die alte Universität zur Kaserne des Studenten Freikorps bestimmt und so zog denn dasselbe Mittags 12 Uhr unter den Waffen an der Spitze der H. Rektor Thiersch, der Major Wagner und den beiden Adjudanten Knorr und Oberniedermeier reitend durch die Ludwigsstraße über den Schrannenplatz in ihre neue Kaserne ein. Gerade beim Bogar begegnete dem langen Zuge Seine Majestät mit hoher Gemahlin zu Wagen im langsamen Schritt fahrend und grüßten freundlich u. dankend dem Hoch den haltenden Kompagnien. – Auch die Künstler haben ein Freikorps gebildet und schon die Waffen erhalten: auch die hiesigen Bürgerssöhne wollen eines gründen.

9. Heute morgens ging es wie ein Lauffeuer durch die Stadt: Lola Montez ist heute Nachts hier gewesen, sie hat

einem Gendarmen 500 fl. geboten, wenn er sie zum Könige führe. Aber Seine Majestät, hievon in Kenntniß gesetzt, soll alsbald den Befehl ertheilt haben, sie nur aus der Stadt zu verweisen, was, wie man sagt, geschah. Es ist doch eine kecke Person! – Da mir der aktive Dienst zu schwer fiel, so begab ich mich heute in die Kommandantschaft, brachte meine Gründe hiefür vor und fügte den Wunsch bei, mit Vergnügen eine Aktuartstelle übernehmen zu wollen, wenn sie mich mit einer solchen bedenken wollten. Ich wurde als solcher angenommen u. habe nun die Ein- uns Ausleufe von und an den verschiedenen Behörden zu expediren von morgens 8 Uhr – 11 und nachmittags von 2 – 7 Uhr. – Seine Maj. der König erschien heute schon in der Kaserne, ging durch alle Exercirsäle und lobte die gute Haltung und die Fortschritte der einzelnen Kompagnien.

10. Heute morgens ließ S. kgl. Hoheit der Herzog Max als General der Landwehr, welcher das Freikorps beigeordnet ist, dasselbe in der weiten Gasse vor sich und seiner Suite vorbei defiliren. Auch Er sprach seine Zufriedenheit aus in Hinsicht der guten Haltung der Kompagnien. – Graf Jonner, Oberlieutenant und zur Zeit im hiesigen Generalstab ist dem Kommando des Freikorps vom Kriegs Minister leitend beigegeben. Er verbindet mit seiner Liebenswürdigkeit eine äußerst rege Thätigkeit und Geschäfts Kunde. – Im Freikorps können Studenten und Studenten Philister aufgenommen werden. An der Spitze steht der Major, zur Zeit der Rechtspraktikant Wagner, eine hervorragende wilde Persönlichkeit, die aber nicht geeignet ist im Officiers Rathe zu präsidiren und vielleicht auch nicht den richtigen Takt besitzt, um mit den höchsten Personen verkehren zu können; sonst ein ganz offener gut williger junger Mann. Ihm zur Seite stehen 2 Adjutanten Julius Knorr und Baron Otto von Fürstenwärther. Jeder einzelnen der 15 Compagnien steht ein Hauptmann vor mit 2 Lieutenant, einem Oberführer und 8 Unterführern:

Name d. Comp. Farben.	Hauptl.	I. Lieuten.	II. Lieuten.
1. Tafelrunde schwarz,		Kastner grün,	Messmer gold
2. Norania schwarz,	Luaburg	Fugger/Glött	Fugg./Baberh. roth
3. Franconia grün,	Seel	Wulfert weiß,	Mörs roth
4. Isaria grün,	Wagner	Eichmeier weiß,	Angnetwurm blau
5. Macaria schwarz,	Schmid/Konz	Böhm weiß,	Nussrainer roth
6. Suevia schwarz,	Bühler	Tönnes weiß,	Schertel blau
7. Pappenhemia blau,	Bernklau	Lander weiß,	Pröbek roth
8. Bavaria blau,	Freyschlag	Lobkowitz Stoiber	weiß, weiß
9. Palatia roth,	Vanino	Hochstetter blau,	Brechtl weiß
10. Rhenania blau,	Naef	Lang weiß,	Zuccarini gold
11. Norica schwarz,	Kuttner	Herrmann gold,	Hansen blau
12. Martia blau,	Koch	Wurm gold,	Riesch schwarz
13. Monachia blau,	Parceval	Widder gold,	Günther roth
14. Baba grün,	Köpfl	Bähr gelb,	Naselsteiner blau
15. Rectenbauer grün, weiß,	Kahlaun	Sattler orange	Braun

[Namen nicht eindeutig zu entziffern]

11. Heute inspicirte unsere Kaserne Seine kgl. Hoheit der Kronprinz und Prinz Luitpold in Civil und sprachen ihre Zufriedenheit aus; auch Herzog Max war anwesend und Minister Wallerstein. Letzterer wurde eine Stunde später seiner Stellung enthoben und Baisler der Justizminister auch zum Minister des Cultus ernannt. Der Adjudant des Maj. Fürstenwärther hatte heute das Unglück auf dem Ritte zur Kaserne sich einen Bruch zuzuziehen, der jedoch alsbald von 4 herbeigeeilten Ärzten, die sich schon bei der Kommandantschaft des Freikorps als solche haben antragen lassen, wieder zurückgedrängt wurde. Herzog Max kam in Person und erkundigte sich, wie es ihm ging und schickte nachmittags einen Bedienten. – Schon einigemal sind unsrer Hauptwache, die täglich von 12 Uhr Mittags bis wieder 12 Uhr von einer Kompagnie bezogen wird, Drohbriefe zugeschickt worden, die jedoch nicht beachtet werden. – Lola soll sich in Fürstenried aufhalten, man erzählt sich, sie soll von einem Gendarmen auf den sie mit einer Pistole geschoßen, durch einen Schuß niedergestreckt worden sein.

12. Um ½ 1 Uhr hatte das sämmtliche Officierskorps des Freikorps bei Seiner Majestät Audienz, in der sie äußerst freundlich aufgenommen wurden. Nachmittags sollte große Parade von Seite des hiesigen Bürger Militärs und des Studentenfreicorps stattfinden wegen der neuesten Geschenke, die das Volk von S. Majestät erhalten, mußte aber unterbleiben wegen eingetretenen schlechten Wetters, ebenso die Abends vorgehabte Beleuchtung. – Aus den verschiedenen Kreißen des Königreichs laufen Berichte ein, daß die Leute ihre Behörden verjagen. So die Landrichter von Landsberg (Rhöninger), Miesbach, Rain u. Wolfrathshausen. Ebenso zogen viele Landleute aus der dortigen Umgegend zu den Forstämtern S. Sebald und S. Lorenzen, indem sie sich beeinträchtigt fühlten in Hinsicht ihres Rechts auf Holzbezug und Rechstreu und verlangten ihr Recht von den Forstmeistern, welche sie nun durch die Versicherung, daß ihr Ansuchen an die höheren Behörden ergehen solle, zum Auseinander-Gehen bewegen konnten. – Wiewohl ich nicht leugne, daß durch die verschiedenen Büreaukratien das Land Volk viel zu leiden hatte, so möchte ich doch nur zu bedenken geben, daß nicht ein solch unbilliger und ungesetzlicher Weg eingeschlagen werden möge, indem diese Leute leicht durch die Regierung u. wenn nicht durch diese, so doch gewiß und um so mehr bei den jetzigen Verhältnissen durch die Landstände Abschaffung der Mißstände erlangt hätten. Ueberhaupt ist's durchgehend unmöglich, daß ein Landrichter es Allen recht machen könnte, um so weniger da seine Stellung eine sehr schwierige und weitumfassende

ist, abgesehen davon, daß er sehr heufig nur als Organ von höhern Behörden oder nach dem strengen Buchstaben des Gesetzes richten muß. Und da meinen dann die Landleute in ihrem einfachen Sinn: das hat der Landrichter gethan. Anderseits wünschte ich freilich, es möge das unfreundliche und barsche Auftreten so vieler Beamten verschwinden, der Mißbrauch ihrer Gewalt aufgehoben und so zugleich auch die moralische Kraft des Volkes ausgebildet werden.

13. Heute begannen die Kollegia wieder, die seit dem 2.ten durch die großen Bewegungen unterbrochen waren. Nichts desto weniger wird das Exercitium des Freikorps nachmittags von 4 – 6 Uhr fortgesetzt und täglich bezieht eine Kompagnie die Hauptwache. – Da heute günstiges Wetter eingetreten war konnten die gestern durch schlechte Witterung vereitelten Festlichkeiten heute stattfinden. Um 2 Uhr hatte sich die hiesige Landwehr so wie die der Vorstadt Au auf dem Dultplatz aufgestellt und zogen mit 12 Kanonen unter 3 Musikcorpsen zum Karlsthore herein. Während dem hatte sich das Münchner Studentenfreicorps in der weiten Gasse aufgestellt und schloßen sich an die Landwehr an. Von da zog die großartige Parade durch die schön verzierten Straßen (Kaufinger, Schrannenplatz, Dienerstr.) bei der Residenz vorbei – am Thore derselben stand Seine Majestät umgeben von den Prinzen und seinem Hofstaat und grüßte freundlich die vorbei ziehenden Truppen. Abend waren alle Heuser brillant beleuchtet, unter denen sich besonders das Palais des Herzog Max, Hotel Maulik, Eichthal auszeichnete. Die 3 hiesigen Sänger Vereine brachten um 8 Uhr Seiner Majestät eine Serenade, deren Schluß „Was ist des deutschen Vaterland" bildete. Um 8 Uhr fuhr der kgl. Hof aus, um die Beleuchtung zu schauen. Das Gedränge war in manchen Straßen so stark, daß man ganz willenlos hin und hergeschoben wurde: unbeschränkte Preßfreiheit wurde im vollsten Sinne des Wortes praktisch ausgeübt.

14. Durch die neuesten Ereignisse und durch das in die Politik hinüberschweifende Auftreten der hiesigen Studenten ist das eigentliche Studium ganz in den

Hintergrund gedrängt worden und es ist rein unmöglich bei dieser allgemeinen Aufregung mit der gehörigen Ruhe sich dem Studium hinzugeben. – Heute hatte sich vielseitig das Gerücht verbreitet, man werde dem Erzbischof die Fenster einwerfen, doch blieb es bei der leeren Drohung.

15. Was die Uniformirung des Freikorps anbelangt, so wurde bis jetzt festgesetzt: der Waffenrock ist eingeführt und zwar von grünen Tuche mit schwarzen Kragen u. Aufschlägen. Die Hose hat hechtgraues Tuch mit schwarzen Paspeln. – Dieser Tage habe ich von Tante eine nette hängende Bücherstellage zum Geschenke erhalten u. eine elegante Jagdtasche – ich weis nicht, wie ich mich Ihr gefällig erzeigen soll! – Das Gerücht, Lola befindet sich in Fürstenried, ja sie ist schon wieder in München, sie war bei der Beleuchtung hier, taucht wieder mit aller Macht auf. Es sollen Haufen Volkes nach Fürstenried sich begeben haben, um sich zu überzeugen, ob sie denn da sei oder nicht. Geräth sie in die Hände des Pöbels, so hat ihr letztes Stündchen geschlagen – und doch so keck, sich der Volkswuth auszusetzen! – Als ich nach dem Officiersrath Nacht 10 Uhr auf die Hauptwache ging, sah ich den Herzog Max in Generals Uniform mitten unter den Freiwilligen vor einem Glase Bier rauchend sitzen, während abwechselnd Quartetten gesungen wurden.

16. Heute treffen die Stände ein, sie haben eine schwere Aufgabe zu lösen. – Diesen Abend brachen wieder bedeutende Unruhen los und das Volk, daß vor 4 Tagen jubelte, ist heute eine tobende aufgebrachte Menge. Es hatte sich nemlich das Gerücht wieder verbreitet, daß Lola sich wieder in München und zwar bald in der Wurzerstraße, bald sogar in dem Polizei Gebeude aufhalte. Das Volk schon zu oft geteuscht, wollte sich nun selbst überzeugen, warfen die Fenster in der Polizei zusammen, stiegen durch dieselben hier ein und durchsuchten das ganze Gebeude, indem sie Schränke zerhieben, Ofen umstürzten und Akten zum Fenster hinaus warfen. Es wurde General Marsch geschlagen. Die Bürger traten unter die Waffen, die Studenten ebenfalls und Patrouillen an Patrouillen verließen die Kaserne. Auch das Zeughaus, auf dem von Seite der Proletarier ein Sturm abgesehen war,

wurde von Studenten besetzt und geschützt; erst nach 1 Uhr kehrte einige Ruhe in die Stadt zurück. Die Kuirassiere und die Linie mußte bei der Residenz, wo 4 Fenster eingeworfen wurden und beim Zeughaus von ihren Waffen Gebrauch machen, auch fielen einige Schüße.

17. Auf diesen Unruhen hin fand schon in aller Frühe im Rathhause eine zahlreiche Versammlung von allen Ständen statt. Nach heftigen Debatten ging endlich eine scharf abgefaßte Addresse mit folgenden 2 Hauptpunkten durch: 1. Augenblickliche Entfernung des Polizeidirektors und 2. Festsetzung der Lola an einem sichern Orte unter genügender Garantie. Bald darauf konnte man an allen Straßen Ecken angeschlagen lesen : Polizeidirektor Mark ist seiner Stelle enthoben und Pechmann erhält sie wieder – wie gerechtfertigt – Lola Montez hat das Indigenat von Bayern verloren und kann wo sie aufgefunden wird festgesetzt werden. – An das Freikorps kam ein Handbillet von S. Maj. worin er seine Erkenntlichkeit ausdrückt, daß man den Schutz des Zeughauses dem Freikorps verdanke.

Als heute Mittags die XIII. Compagnie unter Hauptmann Parceval die Hauptwache bezog, kam ein Herr auf ihn zu und sagte: „Ich bin der Stadtgerichts Rath Günther, stand zwar früher mit der Gräfin Landsfeld in einiger Berührung, bin ihr aber keinen Dank schuldig. Es hat sich nun auch das Gerücht verbreitet, als könne sich die Gräfin auch bei mir aufhalten. Ich habe in meiner Wohnung noch ein freies Zimmer, ich biete dieses einem Studenten unentgeldlich zum Logie an, damit sich das Freikorps überzeuge, daß bewußte Person nicht bei mir weilt." Natürlich wurde sein Ansuchen gar nicht berücksichtigt. – Herrn Abgeordneten Sattler, der in der Prannerstraße Nr. 22 wohnt, besucht, sehr freundlich aufgenommen. Nachmittags trafen 150 Deputirte von der Rhein Pfalz hier ein, um bei Seiner Majestät eine Audienz und Bewilligung mehrerer Punkte zu erlangen. –

18. Um ¾ 12 Uhr hatten die Officiere des Freikorps Audienz bei dem Kronprinzen. Nachmittags wiederholten sich wieder Besorgnisse wegen Unruhen. Es sollte viel Geld unter den Proletariern ausgetheilt worden sein und diese damit Waffen und viel Pulver angekauft haben. Man

munkelt, daß hinter diesem Treiben ein Theil des Adels und der Geistlichkeit stecke, welche den König, weil er nicht mehr aus ihrer Posaune bläst, entfernt wissen möchten. Auch hat der Erzbischof ein Schreiben an die Kammer ergehen lassen, worin er sich mit der ganzen Geistlichkeit gegen dergleichen Gerüchte verwahrt. (verdächtig).

19. Auch in Wien hat sich das Volk geregt u. sich für seine Rechte erhoben; leider mußte aber, um sie zu erlangen, Blut fließen. Metternich der Alte stürzte und mit sein ganzes finstere Gebeude. – Zu Präsidenten unserer Kammer wurden gewählt: Heintz und Kirchgeßner, als Sekretär Stockinger und Müller. Nun wird ein neues Wahlgesetz ausgearbeitet werden, nach dem dann eine ganz neue Wahl der Stände vorgenommen wird, indem die jetzigen Landstände nicht das Vertrauen des Volkes besitzen.

20. Heute herrscht eine dumpfe Ruhe in der Stadt, die allgemeine Aufregung hat sich noch nicht gelegt, der Eine spricht den Wunsch aus, der Andere jenen. Bürger und Studenten Patrouillen durchziehen bei Nacht die Straßen, ebenso Kuirassiere und das Linien Militär; der Dienst der beiden letzteren ist schon seit Wochen ein sehr schwerer, sie sind fast immer in ihren Kasernen konsignirt.

21. Als ich heute morgens um ½ 7 Uhr aufstand hatte sich schon durch die ganze Stadt die Nachricht verbreitet: Seine Majestät der König Ludwig habe zu Gunsten des Kronprinzen Maximilian abgedankt. – Ich hatte nichts eiligeres zu thun, als in die innere Stadt zu gehen, wo schon auf dem Dult Platze sämtliches Militär dem neuen Könige den Dienstes Eid schwur. – Als ich in unsere Kommandantschaft komme, war schon Minister Beißler anwesend, welcher vor den Officieren der XV. Compagnien folgende Rede zu halten begann: „Ich bin durch Grafen Jonner in Kenntniß gesetzt, daß sie meine Herrn vielleicht die Meinung hegten, als sei König Ludwig durch moralischen Zwang genöthigt, vom Throne herabgestiegen. Ich kann Ihnen nun das Gegentheil ganz sicher behaupten, indem ich heufig die Gelegenheit hatte, um die

Person des Königs zu sein. Der König Ludwig, das wissen sie wohl selbst, war nicht der Mann, der sich je hat zwingen lassen. Seine Majestät ist schon seit 8 Tagen mit diesen Gedanken umgegangen, ich wußte das wohl. Wir Minister in Verein mit den kgl. Prinzen versuchten natürlich auf alle mögliche Weise, Ihn von dieser Idee abzubringen – aber vergebens. Selbst die Mitregentschaft schlug fehl und so hat er gestern von 12 – 1 Uhr die ganze königliche Familie zusammenberufen und Sie von Seiner Absicht in Kenntniß gesetzt. Daß Er aber nicht gezwungen abdankte, geht daraus hervor, daß Er nach diesem Akte ebenso heiter war, wie früher und daß er kurz vorher mehrere Gnaden austheilte: z. B. Seinem Sekretär von Schilchen Gehaltserhöhung, ferner mehrere Beförderungen und einige Orden. Uebrigens seien Sie versichert, daß der nunmehrige König Max sein Volk glücklich zu machen sich bestreben wird und schenken Sie Ihm dieselbe Anhänglichkeit, wie dem König Ludwig." – Nach meiner Ansicht hatte diese Rede keinen andern Zweck als uns für König Max zu gewinnen: denn als der Minister uns verließ sprach er noch die Worte: „Wenn Sie sich vielleicht bei König Ludwig verabschieden wollen, so wagen Sie nur nicht die Frage an Ihn, ob Er vielleicht gezwungen die Krone niedergelegt, denn das würde Ihn schon verletzen." – Gegen 10 Uhr wurde den Bürgern der Eid der Treue abgenommen, bevor jedoch ein Cavallerist (Spatenbreu) die Hand zum Schwur erhob, wandte er sich zum Herzog Max mit der Frage: ob auch König Maximilian Alles dasjenige halten würde, was König Ludwig versprochen, der Herzog bejahte es. „Versprechen Sie mir es bei Ihren prinzlichen Ehrenwort" – Ja, ich verspreche es. Dieser Einwurf ist ganz an seiner Stelle und die Vorsicht dieses wackern Bürgers zu bewundern, indem sämmtliche Bürger sich dann nicht an den Eid gebunden fühlen, wenn der Kronprinz, vielmehr der jetzige König, anderer Ansicht und rückgängig werden sollte. – Schon um 7 Uhr morgens hatte sich eine Deputation der Landstände zu dem neuen König verfügt und Ihm den Eid auf die Konstitution abgenommen. An allen Straßen Ecken wurden nun Plakate angeheftet, die Abdankung Ludwigs und die Thronbesteigung Maximilian betreffend. Gegen 11 Uhr durchritt der Reichsherold in Begleitung von einem Musikcorps und eines Detachement

Kuirassiere die Straßen der Stadt und verkündete die Thronbesteigung Maximilians II – aber nur schwache Hoch tönten ihm entgegen. – Das Freikorps erhielt von dem neuen Könige ein Schreiben, worin Er seine Zufriedenheit in Beziehung der Haltung desselben erklärt. Der König Ludwig sowie die Königin Therese behalten die Titulatur „Eure kgl. Majestät" bei, ebenso soll Er sich den Wittelsbacher Pallast, das Schloß zu Aschaffenburg und Berchtesgaden und Brückenau vorbehalten haben. – Ich bin der sichern Ansicht, daß König Ludwig den Aufenthalt der Lola Montez – wie Königin Christina von Schweden – recht gut kennt und daß er nicht seumen wird, sie wieder in seine Nähe zu ziehen.

Therese von Bayern

THERESE

(Königin von Bayern)

Ludwig I. von Bayern

22. Heute ging die Eröffnung der Stände Versammlung vor sich. Max II. eröffnete sie selbst durch eine Rede, in der er die Worte aussprach: „daß er sich glücklich schätze ein konstitutioneller König zu sein." Auch versprach er die verschiedenen Anträge zu berücksichtigen und Freilassung aller politisch Verhafteten. – Einerseits macht man es König Ludwig zum Vorwurfe, daß er zu einer so bewegten Zeit vom Throne gestiegen, wo er dem Lande so sehr hätte dienen können, um so mehr, da das Volk wieder mit Liebe ihm entgegen gekommen. Andererseits entschuldigt ihn man dadurch, daß er zu starrsinnig – sich nicht habe von dem ihm von Jugend an eingepflanzten Herrschersysteme habe lostrennen können, auch habe er ja alle bisherige Schritte nur gezwungen, nicht aus innerer Ueberzeugung gethan. Die Bürger bedauern ihn und haben gestern auch nicht in das Hoch mit eingestimmt.

Maximillian II.

23. In Berlin soll es am 18. und 19. d. M. zu den hartnäckigsten Kämpfen zwischen Volk und Militär gekommen sein u. sehr viel Blut gefloßen sein. Es wurden in allen Straßen Barrikaden errichtet und von den Dächern und Fenstern herab dem Militär stark zugesetzt. In einem Hause sollen allein 20 Studenten von den Soldaten niedergestoßen worden sein, in einem andern wurden 26 Soldaten todt heraus getragen. Es soll ein furchtbares Blutbad angerichtet worden sein. Der König, der nicht verdient auf dem Throne zu sitzen, scheint es auf das Äußerste ankommen zu lassen, nach einigen Gerüchten soll er auf der Flucht erschoßen worden sein – verdiente kein besseres Loos, wenn Einer das Leben so vieler nicht achtet, warum sollte man so schonend mit dem seinigen umgehen. Die Fürsten sollen jetzt ihre Throne aufbauen, auf die Liebe ihres Volkes, nicht pochend auf ihre Herrscher Gewalt, das Volk einmal erwacht, läßt nicht mit sich spielen und gewinnt wenn Blut fließt. – Wie man jetzt mit Metternich, dem sonst so angesehenen und gefürchteten mächtigen Minister spielt, möge daraus hervorgehen, daß Nassau die vollen Keller seines Schloßes Johannisberg amtlich versiegelt hat, indem der Fürst dem Staate noch Abgaben von 33 Jahren her schulde. Würde man das wohl vor einem viertel Jahr gewagt haben, ohne die Krallen des östreichischen Doppel Adlers zu fühlen.

24. Ein anderes Gerücht von Berlin durcheilte heute mit Sturmes Eile die Straßen hiesiger Stadt. Der König soll nicht erschossen worden sein, sondern man habe in seinen Schloßhof alle gemordeten Bürger gefahren und das Volk habe ihn gezwungen, knieend Abbitte zu leisten. Hierauf sei er vom Throne gestürzt worden und Prinz Waldemar, Bruder unserer jetzigen Königin, der sich vor 2 Jahren in Ostindien auszeichnete, sei an die Spitze gestellt worden. Die alte Königin, Schwester König Ludwigs, wird hier erwartet und als Kranke das Schlößchen Biederstein im englischen Garten beziehen. – Der I.te Präsident der Kammer Heintz wurde vom König Max II. zum Justiz Minister und Lerchenfeld zum Finanz Minister u. Willich zum Bundestag Gesandten nach Frankfurt ernannt. Glückliche, wir wollen hoffen, auch entsprechende Wahlen! – Man munkelt jetzt soviel von einem Baron Zoller, dem

Bayern später seine Könige – wenn es nach Jahren noch welche giebt – zu verdanken haben soll; allerliebst? Wäre wahrscheinlich nicht der erste Fall. Von Herrn Sattler zu Mittag eingeladen (Kaffe London). Von Seite der Künstler wurde Abends 7 Uhr vor dem englischen Kaffehaus der König von Preußen in Form eines gehenkten Strohmannes verbrannt. In natura wäre zweckmäßiger gewesen; Studenten haben sich dabei nicht betheiligt, das Zuchthaus wäre vor einem Monat noch auf eine solche That gefolgt – und jetzt –

25. Heute wurde von Seite der Studierenden ein Manifest an die deutsche Jugend aufgelegt, ebenso eine Addresse an die Wiener Studenten. Ferner wurde eine Addresse an die Stände aufgesetzt, die folgende Punkte enthält:

1. Aufhebung der drückenden Ueberwachung der Universitäten.
2. Lehrfreiheit.
3. Lern- und Examenfreiheit.
4. Verbesserung der Gymnasien.
5. Abschaffung der Kollegiengelder, dagegen Erhöhung des Gehaltes der Professoren.
6. Vorlesungen über Rhetorik und deutsche Literatur.
7. Vorlesungen über Politik.
8. Vollständige Gleichstellung der israelischen Commilitonen.
9. Keine willkürliche Entfernung von Professoren.
10. Abschaffung des Promotions Zwanges für Medicin.
11. Freies Associations Recht ohne Nothwendigkeit von Garantie.
12. Aufhebung des Zeit-, Ort- und Form-Zwanges der Universitäten.

Das sind nun freilich durchgehends Punkte, die wohl berücksichtigt zu werden verdienen, allein die Stände haben so wichtige, den ganzen Staat berührende Fragen zu beantworten, so daß ich sehr bezweifle, ob unsere Anträge ihrer Lösung entgegensehen können. – Nachts brachte das hiesige Gesindel dem preußischen Gesandten, welcher Beschwerde geführt haben soll gegen die gestrigen

Demonstrationen auf seinen König, eine greuliche Katzenmusik. Der Gesandte mußte den Schritt der Beschwerdeführung thun: er steht nicht mehr allein da als Gesandte des König, sondern auch als Gesandter des preußischen Volkes und insofern ist die Katzenmusik eine sehr beleidigende gewesen. –

26. Gen Nachmittag verbreitete sich ein Gerücht, welches, wenn es sich bewahrheitet, sehr traurige Folgen nach sich ziehen könnte. Es sollen nemlich über den Rhein nach dem Einen 10 000 nach dem andern bis gen 40 000 Mann Gesindel aus Frankreich nach Deutschland gedrungen sein: auch viele deutsche Arbeiter sollen sich darunter befinden. Diese hätten nun schon einige Städtchen und Dörfer angezündet und raubten und plünderten wie die Hunnen und wollten das Heil einer Repuplik auch nach Deutschland verpflanzen. Alsobald meinte der Major des Freicorps: man müsse diesem Feinde entgegen ziehen; ich kann nicht umhin, diesen Schritt als einen ebenso nutzlosen, wie übereilten zu bezeichnen; denn abgesehen davon, daß dieses Gesindel rascher und mit weniger Opfern von Militär zurück geworfen oder aufgerieben wird und daß das Vaterland durchaus nicht in so großer Gefahr und Noth ist, daß seine edelsten Kräfte, die ihm in spätern Zeiten größere Dienste erweisen können, sich solchem Gesindel gegenüberstellen, so möchte diesen in seinen Folgen nicht berücksichtigten Gedanken eines Ausgangs [?], der eine Ausspruch niederschlagen: das Freikorps ist in den Waffen noch nicht geübt – allgemeinen Unwillen hat hier die Proclamation des Königs von Preußen hervorgerufen, in der er zu den Deutschen als deutscher Kaiser spricht. Es gehört eine großartige Unverschämtheit dazu, sich nach den unerhörten blutigen Vorgängen als deutscher Kaiser zu erklären, sich an die Spitze des deutschen Volkes stellen zu wollen.

27. Von 11 – 1 Uhr war ich in der Kammer anwesend, es wurde über die Addresse der Kammer an Seine Majestät – ihre politische Gesinnung darlegend – debattirt. Herr Advokat Riedel, den ich gestern sprach, reist heute mit Herrn Rosipal und Neumann über Stuttgart nach Frankfurt, wo jetzt in der Paulskirche das deutsche

Parlament zur Sprache kommt.   Dr. Eisenmann wurde von der Stadt Nürnberg dahin abgesandt: Ich erwähne hier sein vortreffliches Werkchen „Ideen zu einer deutschen Reichs Verfassung", das allenthalben gelesen zu werden verdient. Er ein Mann, der 15 Jahre wegen Freiheits Ideen im Gefängniß schmachtete, ist jetzt den Liberalen nicht liberal genug. Wie sich die Zeiten ändern!

28. Morgens reiste Dehler in seine Heimath. – Nachmittags gen 3 Uhr rückt täglich das Freikorps auf das Marsfeld, wo es sich im Exercieren übt. Abend mit H. Landst. Sattler in der Stadt London.

29. Der größte Theil der Studierenden hat schon seit einiger Zeit die Stadt verlassen, um die Ferien bei ihren Familien zuzubringen. Die Professoren schließen ihre Kollegien und werden im Sommersemester nachholen, was ihnen in diesem Semester vorzubringen unmöglich war. Neuester Zeit saß man wie eine Schreibmaschine in dem Hörsaal und auch die Professoren trugen ihre Kollegien nicht mehr mit der Liebe, wie früher, vor. – Bei uns ist der Frühling mit aller Macht und Lebenslust hereingebrochen, sodaß man vor Wärme den Schatten schon aufsucht.

30. Da mittags 12 Uhr die Volks Männer von Deutschland ihre Versammlung zu Frankfurt eröffnen, wurde hier zu derselben Stunde auf der Höhe der Feldherrn Loggia die deutsche Fahne aufgezogen, während in der innern Halle wenigstens 3 – 400 Sänger: „Was ist des deutschen Vaterland" aus voller Brust und in Begleitung von Blech Musik vortrugen. Wenigstens 15000 Menschen standen Kopf an Kopf von der Feldherrn Halle bis zur Briennerstraße: auch Ihre beiden Majestäten waren erschienen und bewegten sich mitten durch die Zuhörer und Zuschauer, welche in ein dreifaches Hoch ausbrachen als die deutschen Farben, Schwarz, Gold, Roth durch die Luft gen den Himmel sich schlängelten. Diese großartige Feierlichkeit werde ich nie vergessen und die würdevolle Haltung dieser Volks Menge.

31. Holstein hat sich von Dänemark losgerissen und Beseler und Prinz Friedrich wurden an die Spitze gestellt.

Da eine friedliche Ausgleichung der Dinge nicht wohl denkbar ist, so steht ein Krieg in naher Aussicht, an den Deutschland direkten Antheil nehmen muß. Posen und Polen wurde von Preußen und Östreich frei gegeben: Rußland wird diesem Schritt nie folgen und jedem Versuche Polens, sich unabhängig zu machen mit Waffen Gewalt entgegentreten. Frankreich wird alsdann den Polen zu Hülfe eilen wollen und in welcher Lage sich dann Deutschland befindet, ist jetzt noch unabsehbar. – Ganz Oberitalien hat sich von Östreich losgerissen, trotz dem daß 100 000 Östreicher im Lande standen und wird sich zu einer Repuplik umgestalten. In Rom wurde der östreichische Gesandte insultirt, weil er nicht die Trikolor Fahne aufpflanzen wollte.

April.

1. Mit 1.ten April wird hier im Neudecker Garten das von Zacherl gebreute Salvator Bier verschenkt, da er heute wieder 11 x per Maas forderte, obwohl Gerste und Hopfen bedeutend wohlfeiler als in den vorher gehenden Jahren, sahen sich die erpichtesten Salvator Trinker veranlaßt, eine Addresse an Herrn Zacherl zu erlassen, worin sie ihn höflichst ersuchen, die Maas um 10 x zu geben. Was wollte er machen: er genehmigte es der Fürst der Biere, vielleicht Demolirung seines Palastes befürchtend. Innerlich soll es ihn aber sehr ärgern den Grundsatz hervormurmelnd: Es ist Luxusbier; wem es zu theuer ist, der möge keines trinken.

2. Das Frühjahr ist bei uns mit aller Herrlichkeit eingezogen. Alles sproßt, alles grünt, Singvögel beleben die Luft, neu erwacht der Mensch, alle Vergnügungsorte sind sehr besucht. – Abermals wurde heute eine Addresse an Zacherl abgeschickt, woraufhin er das Maas Salvator um 9 x verschenken läßt.

3. Gen 500 Beauftragte des deutschen Volkes sind nun in Frankfurt versammelt, um die Grundlagen des deutschen Parlaments aufzubauen. Zum Präsidenten wurde Mittermeier, zu Vicepräsidenten Dahlmann, Itzstein, Robert Blum, Jordan, zu Sekretären: Bauer aus Bamberg etc. gewählt. Ins deutsche Parlament soll je auf 50 000

Einwohner 1 Vertreter kommen, also auf Bayern ungefähr 90, auf Preußen 241, auf Östreich 242. – Im Neudecker Garten kam es zu Schlägereien und als man einen der Hauptschläger im nahgelegenen Landgerichts Gebeude festsetzte, wurden daselbst so lange die Fenster eingeworfen, bis der Gefangene auf freien Fuß gesetzt ward.

4. In Frankfurt muß es in der Versammlung zu sehr heftigen Stürmen gekommen sein: die Einen (Stürmer Hecker) verlangen mit Ungestüm eine Repuplik, die Andern halten noch das monarchische Princip aufrecht. Nach meiner Ansicht wäre es ein Unglück Deutschland in eine Repuplik umzuwandeln, es fehlt unserm Volke nur noch zu sehr der politische Charakter und das Gefühl einer National Einheit – es würden dann so und so viele Repupliken hervor gerufen, Deutschland im Innern zerspalten, ein Raub seiner mächtigen Nachbarn. Deshalb wurde heute Nachts der Präsident durch einen Kourir hievon in Kenntniß gesetzt, worauf hin er sich mit noch einigen Stände Mitgliedern nach Frankfurt begab.

5. Schon heute langte die beruhigende Nachricht hier an, daß monarchische Princip gesiegt habe über das repuplikanische. – Oberitalien ist für Östreich verloren; es will sich zu einer Repuplik umgestalten und Welsch Tyrol wird sich ihm anschließen.

6. Bis zum 1.ten Mai soll das deutsche Parlament und zwar in Frankfurt zusammen kommen, während der Zeit bleiben jedoch 50 Volks Abgesandte noch in Frankfurt beisammen, unter ihnen sind 6 Bayern gewählt; Kalb aus der Rheinpfalz, Spatz aus Speier, Eisenmann aus Nürnberg, Closen, Bauer von Augsburg.

7. Im Freikorps sind einige Compagnien mit dem Major sehr unzufrieden und suchen ihn abzusetzen (Frankonia, Bavaria). Es haben sich unterdessen hier noch folgende Freikorps gebildet: das Künstler Freikorps, Bürgersöhnen-Freikorps u. noch ein Landwehr Freikorps, das aus Angestellten besteht. Also 4 Freikorps in München mit etwa 2500 Mann. Heute Abend war im Neubauhofe eine

Versammlung von Studenten, Angestellten, Künstlern und Arbeitern, welche die Bildung eines politischen Clubbs zum Zwecke hatte. Max Wagner als provisorischer Präsident eröffnete die Versammlung mit einer Rede, worin er die Gründe hervorhob, weßhalb sich ein Clubb bilden solle, welcher jedoch öffentlich und dem Jedermann beitreten könne. Dann ging er über zur Bildung eines Comité, das die Geschäfte des Clubbs zu besorgen habe und das aus 11 Mitgliedern zweckmäßig bestehe: sofort schritt man zur Wahl der Mitglieder des Comités; als Student Naef, Student Knorr, Rechtspraktikant Max Wagner, Arbeiter Kraus, Arbeiter Rust, Rechtspraktikant Wittekind, Student Völderndorff, Student Parceval, Dr. Veist, Maler Schmolze, Student Geigel. Das Comité ist auf 4 Wochen gewählt und in der ersten Versammlung jeden Monats geht eine neue Wahl vor sich, zum Präsidenten ward Max Wagner ernannt.

8. Es tauchen jetzt sehr viele Stimmen auf, daß die jetzige Kammer sich auflösen müsse und neue Wahlen vorgenommen werden müßten von Mitgliedern die das Vertrauen des Volkes besäßen. Der I.te Präsident der Kammer Advocat Kirchgeßner befindet sich als Abgeordneter noch in Frankfurt und der II.te Dr. Müller scheint dem Präsidium nicht gewachsen.

9. Heute morgens 10 Uhr hielt S. Majestät der König große Revü über sämtliche Landwehr der Stadt München und der Vorstadt Au, sowie über das Freikorps der Studenten u. Künstler. Dieselbe fand beim herrlichsten Wetter in der Ludwigsstraße statt, unter einer unübersehbaren Menschen Masse. Als S. Majestät in die Residenz zurückritt, lief neben ihm ein Rudel Buben von 10 -14 Jahren her, die ihm Hoch entgegen kreischten – es war schmachvoll anzuhören. Ein großartiger Hohn! Nachmittags ging ich nach Thalkirchen, wo ich Maler Werner und Aktuar Fritz Friedrich kennen lernte.

10. König Ludwig wird sich dieser Tage in die Schweiz begeben. – Lola befindet sich gegenwärtig, aus Frankfurt verwiesen, in Mainz. – Neuster Zeit ist angeordnet, in allen Kirchen für eine glückliche Entbindung der Königin Marie

zu beten! – Es erheben sich bedeutende Stimmen gen Pechmann, den zeitigen Polizeidirector, die, wenn sie im Volke wachsen, seine Entfernung zur Folge haben wird. Er soll nemlich ein ganzes Spionensystem über München ausgebreitet haben, was fast darauf hindeuten möchte, als ob dieser Polizeimann mit den Gedanken umginge, daß sich vielleicht der Stand der Dinge in kurzer Zeit ändern könne und die Polizei dann die jetzigen Hauptanführer beim Kopf nehmen könne. Wirklich schon der Gedanke daran ist niederträchtig in dem frischen Hauche der Freiheit. Und daß das Volk nicht einschlafe, dafür werden die Clubbs sorgen u. noch mehr die spätern Volks Versammlungen. – Ich habe beim hiesigen Volke die Bemerkung gemacht, daß es, wenn es was schwarz auf weis liest, diesem unbedingten Glauben schenkt, dagegen wenn man es ihm gesprächsweise beibringen will, das gewöhnliche Volk Einen als Schwätzer betrachtet. In dieser Hinsicht nun haben die Zeitungen durch die freie Presse eine in alle Verhältnisse weit eingreifende Macht erlangt und benützen diese auch. Daher läßt sich erklären, warum man die freie Presse dem Volke so lange vorenthielt und wie die frühern Minister durch die Beherrschung der Zeitungen auch das Volk beherrschten, ja knechteten.

11. Abend war große Versammlung des politischen Clubb im Zweibrücken Saal, an der gen 100 Arbeiter, dann Bürger, Studenten, Professoren, Künstler etc. Antheil nahmen. Da gerade einige Stunden vorher der Kammer der Abgeordneten der Gesetzes Entwurf zur Wahl der deutschen Volksvertreter nach Frankfurt vom Ministerium des Innern vorgelegt ward, der morgen in der Kammer zur Sprache kommen sollte, so faßte der politische Klubb den Beschluß, den Gesetzes Entwurf zu besprechen. Es wurden nun die 18 Artikel einzeln durch gegangen und einige mißliebe Punkte darunter gefunden, welche eine Addresse veranlaßte an die Kammern, worin man statt der vorgeschlagenen indirekten Wahlen, direkte verlangte, ferner wurde der Artikel, worin es hieß, daß nur Staatsbürger Bayerns wahlberechtigt und wahlfähig seien verworfen und statt dessen gesetzt: Jeder Bayer ist aktiv wahlberechtigt, jeder Deutsche passiv wählbar. Noch in der Nacht nach 12 Uhr wurde die Addresse ausgearbeitet,

welche dann morgens der Ständekammer überreicht werden sollte.

12. Da die Stände in der heutigen Sitzung das Wahlgesetz besprachen, so begab ich mich auch auf die Tribüne, um derselben beizuwohnen. Der Artikel der für indirekte Wahlen sich aussprach wurde deßhalb angenommen, weil einige Sprecher darlegten die Vorbedingnisse, um zu einer direkten Wahl zu schreiten, nicht besitze, als die politische Bildung: ferner sei bei direkten Wahlen nöthig, daß man 1. den Candidaten kenne, 2. welche Eigenschaften ein Solcher besitzen müsse, 3. wer könnte wohl eine Versammlung von 15 Menschen lenken. Im Principe waren jedoch Alle für die direkte Wahlen u. erklärten, daß nur unter den gegenwärtigen Verhältnissen direkte Wahlen nicht stattfinden könnten. Dann in Hinsicht der Wahlfähigkeit wurde bestimmt, daß jeder selbstständige Angehörige Bayer wahlberechtigt und wahlfähig sei. – In der abendlichen VorVolksversammlung, wo gegen 700 Männer anwesend waren, brachte der hier geborne Professor Sieber in Jena einen Gruß von Thüringen an die Münchner, woran er den Wunsch anschloß, es möchten die Volks Versammlungen, die sich nun auch in Jena, Leipzig und Berlin aufthun, würden in engere Verbindung mit einander treten und erbot sich zum Agenten, was angenommen ward. Hierauf betrat Advokat Riedel den Rednerstuhl, legte die Ergebnisse der Frankfurter Volks Versammlung, der auch er beiwohnte, auseinander u. ging dann auf sein politisches Glaubensbekenntniß über, wodurch er faktisch als Candidat, als Volks Vertreter in das deutsche Parlament gewählt zu werden, auftrat. Er betrachtete die Einführung einer Republik in Deutschland für einen Bürgerkrieg, aber ebenso die Wahl eines Kaisers, sei er nun erblich oder alle 5 Jahre wählbar. Er spricht sich für Ministerien aus, welche dem deutschen Parlamente verantwortlich wären.

13. Dieser Tage wurde Lola's Haus dahier von einem Herrn v. Orben, Gemahl der Ch. Hage um 30 000 f. Gulden ersteigert, mit welcher Summe ihre hiesigen Schulden gedeckt werden sollen. Von H. Sattler einen Brief von meinem Vater erhalten und sofort beantwortet.

14. Der politische Clubb beschloß heute Abend eine Addresse an den Ausschuß des deutschen Vorparlaments zu erlassen, worin derselbe ersucht wird, der bayrischen Kammer, in ihrer Mehrzahl Ueberbleibsel des vorigen Systemes, ihre Mißbilligung auszusprechen, daß sie die Wahlfähigkeit an die Entrichtung von direkten Steuern geknüpft haben und so einen sehr großen Theil selbst der intelligentesten Staats Angehörigen, nämlich fast allen Staatsdienst Aspiranten, Künstlern, Gelehrten, Arbeitern, dem Militär etc. die von euch garantirten Rechte entzogen habe. – Auf allgemeinen Wunsch bestieg nun H. Prof. Neumann die Tribüne und legte sein politisches Glaubens Bekenntniß ab, welches folgende Haupt Punkte enthält:

1. Die Versammlung in Frankfurt soll eine konstituirende sein.
2. Keine individuelle Central Gewalt, sondern eine politische.
3. Keine Gesammt Repuplik, d. h. keine Stammes Verwischung.

4. Kein erbliches Reichs Oberhaupt, auch große Volks Männer sollen, wie die Fürsten, zu
    solchen gewählt werden können.
5. Verantwortlichkeit der Minister.
6. Zweikammersystem a la Nordamerika.
7. Direkte Wahlen.
8. Befugnisse: Allgemeine Angelegenheiten, als Krieg, Frieden, Marine, Zoll, Handel, Münze, Post. Die Gesandten sollen vom Präsidenten mit Zustimmung des Senats gewählt werden.
9. Für Socialismus: Ausgleichung zwischen Arbeit und Kapital.
10. Gegen Comunismus.
11. Aufhebung der Consumtions Steuer.
12. Dafür Einkommensteuer.

Auch versprach H. Prof. Neumann in einer der nächsten Versammlungen einen Vortrag über Gewerbefreiheit zu halten und ist nun so auch als Candidat hervorgetreten.

Auch bemerkte er noch, daß wenn ein Volksvertreter seine Ansichten, die er früher ausgesprochen, ändere, derselbe sofort sein Mandat in die Hände des Volkes zurück zu stellen habe.

15. In der heutigen Versammlung des politischen Clubbs wurde allgemein der Wunsch ausgesprochen: die jetzige Kammer möge sich nach Ausarbeitung des Wahlgesetzes auflösen; denn was habe das Volk für ein Ablösungsgesetz zu erwarten von einer Kammer, in welcher der Adel und die Geistlichkeit so stark vertreten, welche beide Stände in mancher Hinsicht dagegen seien. Es wurde also eine Addresse beschloßen, die an das Ministerium gerichtet sein soll, worin um Auflösung der Kammer ersucht wird. Dann wurde über Volksbildung, Freiheit, Industrie, Gewerbe Vereine gesprochen (über letztern Gegenstand von Ministerial Rath und Professor Herrmann). Zuletzt wurde der Antrag gestellt: Es möchten vom Comité geeignete Schritte gethan werden, daß dem politischen Clubb zu seinen Versammlungen eine Kirche eingereumt werde.

16. Die Addresse an das Vorparlament wurde heute mit über 2000 Unterschriften nach Frankfurt abgeschickt, man ist begierig was daraus erfolgen wird, um so mehr, da das Vorparlament gegen die Beschränkung der Wahlen in Preußen aufgetreten ist, wo die Stände des Reichs die Abgeordneten zum Parlament aus sich wählen wollten.

17. Da nun die Wahlen der Abgeordneten für das deutsche Parlament immer näher rücken und von denselben das Wohl und Wehe Deutschlands ja die Ruhe und der Frieden im Innern abhängt, so kam dieser wichtige Gegenstand im Bauhof Clubb zur Sprache und man beschloß, daß durch eine Comission das politische Glaubensbekenntniß des Bauhof Clubb entworfen werden sollte, d. h. man wollte diejenigen Hauptpunkte niedersetzen, durch welche das Wohl Deutschlands erzielt würde und verlangen, daß auch diese als solche von den Wahlkandidaten anerkannt würden. Die Comission versprach, dasselbe morgen Abends der Berathung vorzulegen. Dies wurde um so mehr gewünscht, als schon

von 2 andern Seiten Programme verbreitet waren: das eine von der ultramontanen Parthei, die Döllinger u. hiesige Bürger als Wahlkandidaten beifügten, von denen einige der Letztern sich verwahrten, indem sie erklärten, daß sie gar nie daran gedacht hätten, je als Wähler aufzutreten und auch nicht die Kraft in sich fühlten diesen so wichtigen Posten auszufüllen. Das Andere war bei Weinwirth Ott erzeugt, wahrscheinlich von einer Aristokraten Versammlung an deren Spitze Graf Hegenberg Dux stand.

18. Die Schleswig Holsteiner erhielten von den weit überlegenen Dänen eine Schlappe; 8000 Mann Preußen stehen an der Grenze und nur 3 Stunden vom Kampfplatz und dürfen, da sie keine Order haben, den Holsteinern nicht zur Hülfe eilen. So wurde die Freischaar der Studenten fast ganz aufgerieben und ihre sämmtlichen Officiere sind gefallen. Nun wird doch endlich der deutsche Bund handelnd auftreten. – In der Abendversammlung wurde die Debatte über das entworfene Programm eröffnet, dessen Hauptzüge folgende sind: die konstituirende National Versammlung hat eine dreifache Aufgabe zu lösen, sie soll die Einheit Deutschlands begründen, sie soll ihm seine neue Stellung nach Außen anweisen und die traurigen Zustände im Innern beseitigen. Die Oberleitung des deutschen Volkes soll durch das deutsche Parlament aus dem ganzen Volke geschaffen werden, derselben Stelle stehen 2 gewählte Kammern, der Senat, beschickt von den einzelnen Staaten u. das aus unmittelbaren Wahlen hervorgegangene Volks Parlament zur Seite. Die Oberleitung wird sich mit einem dem Senat und dem Volks Parlament verantwortlichen Ministerium umgeben. Zu diesem Endzweck wird ein eigener selbstständiger Gerichtshof angeordnet. Die Rechte dieser 3 Central Behörden soll vorzugsweise umfassen: 1. Die völkerrechtliche Vertretung der Nation nach Außen, 2. Die Oberherrlichkeit über die ganze Land- und Seemacht, 3. Das allgemeine Zoll- und Steuerwesen, 4. Die Überwachung der Nationalen Freiheiten, der Preßfreiheit, des Vereinigungs Rechtes in jeder Beziehung, der Volksbewaffnung, der vollkommenen Gleichstellung aller Deutschen in politischer wie in bürgerlicher Beziehung, ohne Unterschied des religiösen Bekenntnisses. Ferner

bedarf es keiner Bemerkung, daß ein gleiches System des Handels- und Gewerbewesens, der Schifffahrtgesetze und der Münze, dann in Maaß, Gewicht, Posten, Wasserstraßen und Eisenbahnen, daß Einheit der Civil- und Strafgesetzgebung, so wie des Gerichts Verfahrens Grundbedingungen sind. Alle andern inneren Angelegenheiten, das besondere Wohl, das eigenthümliche Leben der Stämme und Länder sie bleiben sämmtlich mit ihren bestehenden Staats- und Regierungsformen den Einzelstaaten überlassen. – Ferner folgende Grundsätze des deutschen Volkes: 1. alle national deutschen Länder können, wenn sie es wünschen, mit dem neuen Bundesstaate vereinigt werden, 2. Kein fremder Herrscher gebiete über ein bereits zum Bundesstaate gehörendes Land, 3. Kein deutscher Fürst unterjoche fremde Länder. Die neue Zeit duldet keine unterdrückten Nationalitäten. Was will unsere Zeit? Sie will gesetzliche Freiheit für alle Klassen der Gesellschaft, ohne Unterschied der Geburt, des Standes und des Glaubens, Sicherheit des Eigenthums und der Person, Bildung, Wohlstand und Verbesserung des Looses der Arbeiter etc. Dieses Programm wird nun in 50 000 Abdrucken in ganz Bayern verschickt werden. Auch ein Nürnberger ergriff das Wort: Er sei von einem Comité, das sich in Nürnberg auf die traurigen Nachrichten von Holstein hin gebildet und eine Freischaar dorthin organisire, hieher gesandt worden, um Seine Majestät um Waffen zu bitten. Er freue sich, bei dieser Gelegenheit einer Versammlung des Bauhofs Clubb beigewohnt zu haben um so mehr, da man ihn, seit der wenigen Stunden, die er hier sei, vor dem selben gewarnt habe. Er spreche alle Achtung vor diesem Programme aus u. erbiete sich, dieselben in Nürnberg zu verbreiten. – Gegen das Ende wurde eine allgemeine Volksversammlung beantragt. – Außerdem hatten an diesem Abende Dr. Greiner und Dr. Herrmann ihr politisches Glaubensbekenntniß abgelegt. Die ausgezeichnetsten Redner in dieser Versammlung sind: Prof. Neumann, Student Näf, Billing, Dr. Reder, Max Wagner, Greiner, Dr. Frey, Völderndorff, Literat Dr. Riedel und Dr. Ringel.

19.   In der gestrigen Versammlung brachte ein Student einen Antrag, der mit allgemeinem Beifall aufgenommen.

Da nemlich das Wahl Gesetz, das die Kammer für die bayrischen Abgeordneten in das deutsche Parlament ausgearbeitet in einem Artikel die Bestimmung enthalte, daß die aktiv Wahlberechtigte direkte Steuer zu entrichten habe, so schlage er vor, durch unser Comité ein Stück Feld ankaufen zu lassen, an dem sich 2-300 Grundeigenthümer betheiligen könnten. Es sei nemlich durch kein Gesetz das Minimum der direkten Steuer Abgabe festgesetzt, so daß dann Einer, wenn er auch nur Einen Heller Steuer zahle, das Recht sich erwerbe, aktiv mit zu wählen. Das Comité versprach ein Stück Feld anzukaufen. Sofort wurden Listen aufgelegt, in denen sich Jene eintragen konnten, welche sich dabei betheiligen wollten.

20. Nachdem die Tages Ordnung in der abendlichen Klubb Versammlung verlesen, ergriff Professor Neumann das Wort: Ich würde nicht für nöthig erachten gegen falsch aufgetauchte Gerüchte über mein jetziges Leben und Streben mich zu vertheidigen, da aber gestern eine Deputation von Münchner Bürgern sich zu mir verfügt hat, welche meinen hier im Clubb ausgesprochenen Ansichten falsche Deutung unterlegte und meine Frage, ob sie selbst anwesend gewesen seien mit nein beantworteten, so sehe ich mich veranlaßt, hier nochmals in Kürze die Haupt Punkte meines Glaubens Bekenntnißes zu wiederholen u. die Versammlung möge entscheiden, ob ich in den frühern Stunden etwas anderes gesagt habe. Nachdem er Punkt für Punkt durchgegangen und die Versammlung jeden bestätigte, sprach er aus, daß er nun diese seine Vertheidigung in mehreren Zeitungen einrücken werden lasse, damit man sehe, daß er das Licht und die Öffentlichkeit nicht zu scheuen habe. – Hierauf legte Assessor Grätzer sein politisches Glaubensbekenntniß ab, worin er eigene Ansichten aussprach, wie: daß ein Volk auch in einer absoluten Monarchie, wenn der Herrscher gut sei, sich glücklich fühle, ferner, daß der Präsident nur aus den Fürsten, nicht aus dem Volke gewählt werden könnte etc. Hierauf wurde eine Candidatenliste, die unserm Wahlaufruf beigedruckt werden soll entworfen, als: *Prof. Neumann, *Dr. Grainer, *Dr. Herrmann, Dr. Reder, *Dr. Riedel Literat, *Dr. Marggraff, Ludwig Feuerbach, Kolb, Redacteur der Speierschen Zeitung, Dr. Feust,

Fallmereier, Dr. Müller, die bayr. Landstände Stockinger, Decan Vogel, Christmann, Eppelsheimer, Kirchgeßner, Willich, (Closen Bundestagsgesandter), ferner Bürgermeister Bähr, Dr. Wirth, Dr. Witzmann, Dr. Rubener v. Wunsiedel, Dr. Sauer Adv. zu Augsburg, Keithmeier, Kreis Rath v. Regensburg, Leutner Literat, Finanz Rath Bevern, Dr. Seufert, Forster von Augsburg, Kretschmeier von Regensburg, Arnheim Dr. jur in Bayreuth, Feder, Oberbergrath Hagen Dr. in München, Hänle Dr. Redakteur der Würzburger Zeitung, Abgeordnete Schlund u. Schatzer von Kempten, Siebert Dr. Prof. in Jena, Stiglmayer Pfarrer von Tanning, Zerzog, Gutsbesitzer von Regensburg, *Ringler Dr. Redakteur d. Leuchtkugeln, *Roos, Arbeiter von München etc. die mit * bezeichneten haben bereits den Wahlaufruf des Bauhof Klubbs anerkannt.   [Eigennamen nicht eindeutig zu entziffern].

21. Auch ich habe mich als Grund Eigenthum Liebhaber in der Liste eingetragen und Jul. Knorr zu meinem Bevollmächtigten bei den Gerichten bestellt. Das Ganze bildet doch nur einen Scheinkauf: 29 haben sich dabei betheiligt, so daß die direkte Steuer keinen stark drücken wird u. so bin ich denn Grund Eigenthümer von München von einem Stück Felde vielleicht, welches man vor lauter Steinen nicht sieht. Nachmittags mit Primbs und Wütscher nach Perlach gegangen.

22. Mit Landstand Mühlfeld von Mellrichstadt Weinwirth Mitnacht besucht. In der Versammlung des Bauhof Klub wurden speziell für München folgende Candidaten vorgeschlagen: Müller Jos. Prof. der orient. Sprachen in München, Herrmann Dr. Rechts Praktikant in München und als Ersatzmänner: Grainer Dr. jur. zu München, Ringler Dr. Redakt. der Leuchtkugel, Riedel Dr. aus Oberfranken, Marggraff Prof. in München.

23. Professor Neumann, welcher hier in den Versammlungen die Gesellen auf das Verhältniß zu ihren Meistern aufmerksam machte, hat durch diesen Schritt den Unwillen aller hiesigen Bürger und gewerbetreibenden Meistern auf sich gezogen, so daß er wenigstens hier gar keine Hoffnung hat, als Abgeordneter in das deutsche

Parlament gewählt zu werden. Ebenso hat Advocat Dr. Riedel dadurch, daß er seine repuplikanischen Ansichten zu offen hervortreten ließ, alle Popularität verloren und wird wohl durchfallen bei den Wahlen.

24. Auf den 2.ten Osterfeiertag morgens 10 Uhr war schon vor Tagen eine Volks Versammlung zu Neuberghausen angesagt, die denn heute beim schönsten Wetter und unter dem Zudrange von Tausenden im Freien auch stattfand. Als Redner traten auf: Dr. Herrmann, Dr. Grainer, Dr. Ringler, Prof. Dr. Marggraff, Dr. Riedel Literat aus Franken, Min. Rath Herrmann, Billing aus Schweinfurt und der Landstand Schnetzer. Billing verwahrte namentlich den Bauhof Club gegen böswillige Gerüchte. Es fiel nicht die mindeste Unordnung vor. – Heute traf die Nachricht hier ein, daß der Fünfziger zu der vom Bauhofklub ausgegangenen Addresse, das bayrische Wahlgesetz betreffend seine Uebereinstimmung erklärt habe. Eine schönere Anerkennung und Rechtfertigung seiner Grundsätze konnte dem Club nicht zu Theil werden.

25. Morgens fanden die Urwahlen hier statt, zu diesem Zwecke war die Stadt in 42 Wahlbezirke getheilt und da ich zu dem 23.ten gehöre, so verfügte ich mich in das Wahllokal Rothmüller, wo ich folgenden meine Stimme gab: 1. Radius Bierwirth, 2. Abt Lehrer, 3.Merkl Finanz Sekretär, 4. Weber, Maschinenmeister, 5. Arnold, Krämer. – Nachmittags wollte in Neuberghausen ein Luftschifffahrer aufsteigen, aber er stieg kaum 2 Thurm hoch, indem er in Beume sich verhengte und auch die Witterung nicht günstig war. – Zu den merkwürdigen Erscheinungen der Jetzt Zeit gehört gewiß die Versammlung von 300 Dienstmädchen in Leipzig, in welcher ein Mädchen mit weißem Schürzchen von der Tribüne herab 12 Beschwerde Punkte verlaß unter andern: Jedes Dienstmädchen habe jährlich 14 Thaler, jede Köchin 20 Thaler zu empfangen, als Schlafstunde sei 10 Uhr zu bestimmen mit Ausnahme von Krankheitsfällen der Herrschaft, wöchentlich hätten sie 2 mal warme Suppe Abends zu erhalten und alle 4 Wochen eine Ausgangs Erlaubniß. Diese Punkte sind nicht unmäßig und verdienen berücksichtigt zu werden. Ihren Liebhabern hatten sie Zutritt auf der Gallerie gestattet, als

plötzlich von oben herab eine Stimme erscholl: „Die Gallerie bricht", worauf hin die Mädchen im wilden Gedränge zu Thüren und Fenstern hinaus rannten. In diese Kategorie gehört auch von einem Berliner Verein deutscher Köche ausgehend eine „Ansprache an die hohen und höchsten Herrschaften", worin sie diesen die Ungerechtigkeit der Bevorzugung französischer Köche vor den deutschen sehr dringend an das Herz legen.

26. Eisenmann läßt jetzt wieder in den Zeitungen eine Warnungs Stimme vernehmen, die vom Volke wohl beachtet zu werden verdient. Er warnt das Volk bei den herannahenden Wahlen in das deutsche Parlament vor den Umtrieben und Hetzereien der Geistlichen, die sich's angelegen sein ließen, dem Volke vorzuspiegeln als wolle man seine Religion bedrohen. Er weist hin auf eine Reaktion, die schlimmer wäre, als Alles. – Und gerade jetzt in der österlichen Zeit haben die katholischen Geistlichen einen größern Einfluß als gewöhnlich und ich bin der festen Ueberzeugung, daß sie diesen nicht unbenützt vorüberfliegen lassen! –

27. Als ich heute Herrn Landstand Sattler besuchte, hatte ich das Vergnügen Seine liebe Frau nebst seinen Söhnen Anton und Ernst zu sehen, welche beide Letztern sich jedoch nur 3 Tage noch hier aufhalten werden. Anton wird dann von hier nach Amerika (New York) reisen, wo er sich vielleicht gar etabliren wird. – Um 10 Uhr verkündeten einige Kanonenschüße die glückliche Entbindung Ihrer Majestät von einem gesunden Prinzen, welcher den Namen Otto führen wird. Prinz Luitpold wird ihn an König Otto's Stelle aus der Tauf heben. –

28. Im Rathhaussaale fanden heute morgens die Wahlen der 2 Abgeordneten von Seite Münchens in das deutsche Parlament statt und sie fiel auf Prof. Fallmereyer u. Minister Rath u. Prof. Herrmann. Als Ersatzmänner hatten die meisten Stimmen: Ober Appell, Rath Cucumus, Advokat Ruhwandel u. Oberstlieutenant Xylander. – Anton Sattler führte ich in die Pynakothek, Glyptothek u. Erzgießerei, wo außer der Bavaria durch deren Leib man mittelst einer Stiege in ihr Haupt steigen kann, wo bequem

8 Mann sitzen können, noch 4 kolosale Löwen für das Siegesthor bestimmt, in Arbeit. Fertig stehen glänzend da König Georg und Libussa, welche ein Prager Privatmann in Bestellung gegeben.

29. Mit Anton in Kaulbachs Atelier gegangen und die herrlichen Gemälde bewundert. – Die Basilika wird nun bald ihrer Vollendung entgegengehen.

30. Anton und Ernst reisten heute nach Schweinfurt ab. Von Würzburg zogen dieser Tage 17 Studenten unter Anführung des Stud. jur. Ruttor als Freischaar nach Schleßwig Holstein. Die Dänen werden jedoch schon nach den neusten Nachrichten zurückgedrängt. Dagegen sperren dänische Schiffe die deutschen Häfen, was für Preußen bedeutende Verluste nach sich zieht.

Mai.

1. Schon vom frühen Morgen an durchzogen zahlreiche Patrouillen zu Fuß und zu Pferd die Straßen der Stadt, es ist dieß nemlich so ein Tag, wo das Münchner Plebs gewohnt, einen Crawall aufzuführen unzufrieden damit, weil an diesem Tage die Biertaxe steigt. Auch heuer mußte der Bockkeller, wo man schon um 11 Uhr morgens die Fenster, Gläser und Krüge zusammen wetterte, durch Militär gereumt und abgesperrt werden. Ebenso wurde nachmittags 3 Uhr der Schrannenplatz, das Thal stark mit Militär besetzt, die verschiedenen Freikorps und Bürger Miliz patrouillirten u. doch wurden Abends dem Löwenbreu die Fenster eingeworfen und bei der Halle ging der Unfug soweit, daß die zusammengerottete Schaar ein Güterwagen anzündete u. so dessen ganze Fracht vernichtete. Die verschiedenen Freikorps zeigten sich für die Aufrechthaltung der Ruhe sehr thätig und wetteiferten miteinander in diesem schönen Streben.

2. Der Entwurf der Siebenzehn in Hinsicht der Gestaltung Deutschlands ist heute in München bekannt geworden u. enthält folgende 3 Haupt Grundzüge: An der Spitze steht ein erblicher Kaiser zu Frankfurt am Main residirend mit exekutiver Gewalt und einem verantwortlichen Ministerium umgeben. Ihm zur Seite steht das Parlament sich theilend

in das Oberhaus, bestehend aus den regierenden Fürsten oder dessen Vertretern, aus den Abgesandten der 4 freien Städte und aus den Reichsräthen (40) in das Unterhaus aus den Abgeordneten des Volkes. Das Reichsgericht bestehend aus 21 Mitgliedern schlägt seinen Sitz in Nürnberg auf. – Ob dieser Entwurf angenommen werden wird ist eine große Frage, da er sich des Beifalls keiner Partei zu erfreuen hat, weder von Seite der strengen Monarchen, noch von Seite der freieren.

3. Die Inscription an hiesiger Universität hat begonnen. Leider werden uns für diesen Sommer einige der tüchtigsten Professoren, da sie als Abgeordnete nach Frankfurt gewählt wurden, entzogen. Es sind dieß die Herrn Herrmann und Fallmereyer für München, Pötzl für Amberg und Arndts für Deggendorf, doch ist letzterm schon ein Mistrauens Votum von mehreren Wählern zugeschickt worden wegen seiner politisch religiösen Richtung, worauf hin er vielleicht die Wahl ablehnt. Auf jeden Fall wäre er hier in Hinsicht seiner juridischen Fähigkeiten und Schätzen mehr angesehen, als er in Frankfurt wegen seiner politischen Richtung bemitleidet würde. Ferner ist Professor Zenger als Mitglied der Kammer der Abgeordneten ebenfalls dem Lehrstuhle entzogen.

4. In Berlin erscheinen neuster Zeit keine Zeitungen mehr, indem die Druckerei Gesellen und Lehrjungen aufgekündigt und einerseits Erhöhung des Lohnes von 3 ½ Thl. auf 5 Thl. und Minderung der Arbeitsstunden von 12 auf 10 Stunden begehren. Nun stehen die Meister mit ihnen in Unterhandlung. Wie werden die Berliner neugierig auf die nächsten Zeitungen sein.

5. Damit den Tumulten in den bisher nur 3 privilegirten Bockhallen ein Ziel gesetzt werde, hat die Polizei die Verordnung erlassen, daß diese geschloßen und dagegen jedem Wirth gestattet sei sich Bock beizulegen u. ihn zu verschenken. Und so ist denn das so anziehende Bockleben, wo sich der Münchner in seinem Elemente zeigte, zu Grabe getragen. – Im Bauhof Club wurde heute Abends eine Addresse berathen, welche durch das

Ministerium Seiner Majestät vorgelegt und worin um Auflösung der II.ten Kammer, welcher neuster Zeit die besten Kräfte (Willich, Heintz, Closen etc.) beraubt und Abschaffung der II.ten Kammer geboten ist. Der Zweck einer Kammer kann doch kein anderer sein, als das Wohl eines Landes herbei zu führen und zu begründen; wozu braucht da Bayern 2 Kammern. Vertritt die 1.te Kammer ein anderes Interesse, vielleicht ihr eigenes, so ist das ein Privilegium u. jetzt ist die Zeit da, wo solche fallen müssen. Hat vielleicht die II.te Kammer eine Vermittlerin in der I.ten zu suchen, so wäre das traurig, noch trauriger aber ist es, wenn sie eine Scheidewand bildet und das möchte der Fall sein.

6. Die Dänen sind durch das tapfere vereinte Auftreten der preusischen Regimenter und der verschiedenen Freischaaren aus Schleswig Holstein geworfen und es wird ihnen der Versuch es wieder zu betreten verleidet worden sein. Nach diesem glücklichen Erfolge sind die Freischaaren in Kenntniß gesetzt worden, daß sie sich auflösen u. wieder in ihre Heimath begeben könnten. Die Würzburger Studentenfreischaar (s. 30. März) war bis Mainz gekommen, wo ihr Anführer Rutter mit der gemeinschaftlichen Kasse durchging. Diese so schmähliche That ist eine Verrätherei an die Freischaar an und für sich und eine Verrätherei an das Vaterland u. man könnte diesen Menschen, der, mir unbegreiflicher Weise, an die Spitze gestellt wurde, nicht genug mit Verachtung strafen.

7. Tante Augusta hat dieser Tage von der Residenz in die Maxburg ziehen müssen – eine Folge des Thronwechsels. – Im Seekreise/Baden, wo sich Hecker und Steuer an die Spitze einer Partei gestellt hatten, um in Verbindung mit den deutschen französischen Arbeitern in Deutschland eine Repuplik einzuführen, sind die so aufrührerischen Massen zurück geschlagen worden von würtembergischen nassauischen und bayerischen Truppen und es wird dort nun bald wieder die Ruhe u. Ordnung hergestell sein.

8. Heute endlich haben einige Professoren zu lesen begonnen. Ich werde in diesem Semester wahrscheinlich Pandekten bei Dollmann, Erbrecht bei Plochmann und

medicina forensis bei Hofmann hören. Freilich hätte ich gerne National Öconomie gehört, da aber Herrmann nach Frankfurt als Abgeordneter geht und Prof. Oberndorfer mir nicht belobt wurde, so bin ich schon gezwungen, diesen Gegenstand auf das nächste Studienjahr zu verschieben. Herr Prof. Dr. Hofmann eröffnete heute von 2 – 3 sein Collegium über gerichtliche Medicin, er besitzt einen lebhaften u. klaren Vortrag.

9. H. Prof. Dr. Dollmann begann von 10 – 12 Uhr sein Pandektencollegium. Er ist durchdrungen von dem Gedanken, daß das Studium der Pandekten erst der Anfang und der Mittelpunkt, der Schwerpunkt aller Rechts Wissenschaft sei und daß nur ein guter Civillist auch ein tüchtiger Jurist genannt werden könnte. – Da er Erbrecht von den Pandekten getrennt hat, so werde ich diesen Rechtstheil bei H. Prof. Plochmann hören, der morgen von 8 – 9 Uhr beginnen wird. – Wenn ich heuer zur österlichen Zeit einem geistlichen Herrn meine Beicht nicht ablegte, so glaube ich eben nicht eine Sünde begangen, im Gegentheile sogar eine vermieden zu haben, denn ich weis nicht warum, es fehlt mir das Bedürfniß, der Drang und die wahre Reue, die doch nach meiner Ueberzeugung durchaus nöthig ist zu einer Beicht. Teuschen wollte ich weder mich noch andere und deßhalb habe ich sie unterlassen. Ich kann nichts weniger leiden denn Heuchelei u. Zwang in Religionssachen: man sollte Keinem vorschreiben, du mußt Das von Gott glauben oder Jenes; jeder möge glauben nach seiner Ueberzeugung, jeder richte sich selbst sein Verhältniß zu dem allmächtigen Wesen ein, das heißt seine Verehrung zum höchsten All. Verachten muß ich mit allem Abscheu jene kriechenden Heuchler, die sich mit einem Heiligenschein zu umgeben belieben, um ihre Nebenmenschen in dieser Uebertünchung zu betrügen. Nach meiner Ansicht ist jede Religion gut, welche dem Menschen gut zu sein lehrt und das Streben des Menschen sollte nur dahin gerichtet sein Gutes zu thun, denn alle sind wir Kinder eines Schöpfers. Und hiezu gehört nicht formeller Zwang noch Gepränge, wie solches von manchen Religionen eingeführt worden.

10. Schon seit 4 Wochen wuchs immer mehr und mehr die Unzufriedenheit der Kompagnien gegen den Major, hervorgerufen durch sein barsches u. linkisches Auftreten. Man hielt eine allgemeine Studenten Versammlung in Angelegenheit des Freikorps und da sprach sich denn der Wunsch unverhohlen aus, daß er, indem er nicht geeignet sei an der Spitze des Freikorps zu stehen, seine Stelle niederzulegen habe. Als man ihn hievon in Kenntniß setzte, erklärte er die Versammlung für inkompetent. Hierauf wurde aber ein Officiers Rath zusammenberufen, in welchem er seine Abdankung anzeigte. Bis zur Wahl eines neuen Majors oder eines Stellvertreters wird ein Präsident und zwar Kastner Hauptmann der I.ten Kompagnie die Geschäfte des Freikorps leiten.

11. Endlich heute kam Berninger mit einem Briefe von meinen Eltern hier an. – Julius und Ludwig Knorr sind auf eine Reise nach England und Amerika begriffen. – Wie jetzt die Stimmung, überhaupt die politische Richtung der Münchner Bürger sich äußert, muß ich mich leider der traurigen Ueberzeugung hingeben, daß wir vielleicht in Bälde wieder eine Reaktion zu befürchten haben, die uns weit lästiger und unerträglicher fallen wird, als das drückende System der frühern Zeit auf uns gelastet. Die Stadt München hat in Hinsicht der gewerblichen Verhältnisse durch die neuen Bewegungen viel verloren, daraus erklärt sich das Widerstreben auf ferner freie Entwicklung: die abschreckenden Einflüsterungen der Aristokratie und der Geistlichkeit verfehlen ihren Zweck nicht u. entsteht vielleicht außerdem noch ein Krieg, wo sich mit Vermehrung der Steuer auch die Revenuen der Fürsten sich mehren und wo nach Beendigung des Kriegs das Volk gewöhnlich ermattet, dann ist alle Aussicht auf eine politische Freiheit zu Grabe getragen.

12. Nachdem schon gestern ein Kolleg der gerichtlichen Medicin uns an einem Cadaver der äußere Bau des Menschen gezeigt, ging heute der Prof. auf die Sektion und zwar der Kopfhöhle über. Ich konnte es ohne alle Üblichkeit u. Grausen mit ansehen wie die Schädelhaut abgezogen, der Schädel geöffnet und das Hirn heraus gethan und zerlegt wurde, ohne zu rauchen oder ein

duftendes Sacktuch vor die Nase zu halten. Dann ging es an die Öffnung der Bauchhöhle. Nachdem das Bauchfell vom Nabel bis gen die Schaamtheile hin durchschnitten und rechts u. links lag die Netzhaut, die große und kleine vor uns: nach Entfernung, Abwaschung und Untersuchung der Gedärme wurde die Milz, Leber, Nieren mit dem Harnkanal und der Magen untersucht, indem man die verschiedenen Theile durchschnitt der Länge und Breite nach.

13. Die Tschechen in Böhmen, welche sich jetzt so sehr den Wahlen in das deutsche Parlament widersetzen, scheinen durch Anschluß an die Slaven ein Reich bilden zu wollen u. als eine selbstständige Nationalität von Östreich loszureißen. Da nun 2/3 des böhmischen Landes in den Händen von Deutschen sich befindet, so sind diese in ihrem Besitz sehr gefährdet und es möchte vielleicht hier bald zu einem Ausbruch kommen und Östreich wird nur dann seine Nebenländer behaupten können, wenn es sich an Deutschland anschließt.

14. Diesen Abend brachte ich bei Herrn Landstand Sattler und seiner Frau Gemahlin recht unterhaltlich zu, von 8-10. Man spricht davon, daß König Max auf längere Zeit nach Würzburg gehen werde: König Ludwig und Therese nach Berchtesgaden.

15. Das Corps Isaria hat sich vom Senioren Convent losgesagt und hat sich auf die Seite der Nichtcorpsstudenten geschlagen. Auch ist wieder die Sprache davon, ein Ehrengericht einzuführen. Ich bezweifle sehr, ob Letzteres allgemein geltend durchgeführt werden kann. Es ist wenigstens an der Zeit, daß dieses mittelalterliche Faust Recht abgeschafft wird. (siehe Bd. I. S. 33. – 7.5.1.9.14.)

16. Der König von Preußen und sein Ministerium haben den Prinzen von Preußen, den zukünftigen Thronfolger nach Berlin zurückrufen wollen. Dieser voreilige Schritt hat allgemeine Mißstimmung in der Hauptstadt hervorgerufen. Es sammelten sich große Volkshaufen und Verwahrungs Addressen gingen ab. Nun sind 3 Fälle

möglich: entweder wird die Zurückberufung unterlassen oder das Ministerium wird gestürzt oder es schlägt sich wieder das Volk in den Straßen.

17. Das neue für die bayerische Ständekammer ausgearbeitete Wahlgesetz veranlaßte hier wegen seinen Beschränkungen: als [nämlich] direkte Steuer und indirekte Wahlen, Addressen. Ich komme immer mehr zu der traurigen Ueberzeugung, daß die Fürsten mit aller Liebe einer Reaktion Hände und Füße bieten, um selbe wieder in ihr Land einzuführen und es berührt mich schmerzlich, wenn ich bemerken muß, wie das Volk den Kopf so verloren, daß es sich nicht mit Macht entgegenstemmt.

18. Zur Feier der Eröffnung des deutschen Parlaments zu Frankfurt sollten auf der Menterschwaige große Festlichkeiten stattfinden. Tausende von Menschen stürmten Nachmittags dem Belustigungs Orte zu, als sich um 4 Uhr anhaltendes Regenwetter einstellte und nun die allgemeine Freude in eine wässerige verwandelte. Sollte das eine trübe Vorbedeutung sein? Leider muß man schon jetzt bemerken, daß die Kabinete das Parlament nicht als konstituirende, sondern als eine blos berathende Versammlung betrachten. Und wie sich dieser Knoten lösen wird, davon hängt das Wohl Deutschlands ab.

19. Das östreichische Regiment Latour 3100 Mann stark rückte heute morgens auf seinem Durchmarsche nach Tyrol durch das Siegesthor in die Stadt. Es wurde von sämmtlichen hiesigen Officier- und mehreren Musikcorps feierlich eingeholt und äußerst freundlich aufgenommen. Es hält hier einen Rasttag. Da mir bei seinem Empfang das Gedränge in der Ludwigsstraße zu stark ward, schlug ich meinen Weg in die Fürstenfelderstraße ein und begegnete da Frau Ach. Dietz, welche Dame mein zufälliges Begegnen äußerst unangenehm berührt haben muß, indem sich aus ihrem Gespräche ergab, daß sie ihre Hieherreise zum Zwecke einer Beförderung in Münnerstadt ganz geheim gehalten.

20. Heute durcheilte die hier eingetroffene Nachricht die Stadt, daß die kaiserliche Familie Wien plötzlich verlassen und sich bereits gestern nach Salzburg und Inspruck geflüchtet hätten. Es hätten nemlich von Seite der Studenten in Verbindung mit den Arbeitern, zu denen sich später die Bürger und die Soldaten angeschloßen, Demonstrationen stattgefunden. Doch sollen sich bereits Deputationen von Linz u. Salzburg zum Kaiser verfügt und ihn zur Rückkehr aufgefordert haben. – Ebenso verlautet, daß der König von Preußen abdanken wolle. Nachmittags um 4 Uhr spielte die Regiments Musik Latour im Hofgarten. Das Regiment besteht aus Böhmen, von denen nur wenige deutsch sprechen können. Ihre Musik ist ausgezeichnet.

21. Früh morgens zog wieder das Regiment Latour von hier fort und konnten nicht genug aussprechen, wie freundschaftlich die Aufnahme gewesen von Seite der Münchner. Ein Bataillon hat den Weg über Staremberg, das andere über Wolfrathshausen und das Dritte über Rosenheim nach Tirol eingeschlagen und trotzdem daß das Regiment schon 28 Tage auf dem Marsche sich befindet, ist doch das Aussehen der Leute ein sehr gutes.

22. Bei der neu vorgenommenen Wahl eines Majors, Quartiermeisters u. Junkers fiel erstere auf Rubenbauer cand. med., zweite auf mich u. dritte auf Doßler, c.j. Neuester Zeit ist auch eine militärische Organisation bei unserem Freikorps vorgenommen worden, wonach dasselbe in 8 Compagnien von je 100 Mann zerfällt u. an deren Spitze ein Hauptmann mit einem Ober-u. 2 Unterlieutenant steht. Das Exercitium leitet der pensionierte Hauptmann Winneberger.

23. Um endlich einmal eine deutsche Flotte in die hohe See stechen zu sehen, werden jetzt in allen deutschen Städten u. Flecken Sammlungen vorgenommen. Die Deutschen in London haben auch eine Sammlung vorgenommen, deren Ergebniß 25000 Pfund Sterling war, bei dieser Summe hatte sich der Prinz von Preußen mit 1000 Pfund St. betheiligt: er will mit aller Gewalt sich

wieder die Liebe der Deutschen erwerben um so mehr, da der liebenswürdige König der Preußen Friedr. Wilhelm d. II Symptome einer Geisteskrankheit zeigt – so ein Delirium tremens!

24. Prinzessin Adelgunde ist hier eingetroffen, Hildegard wird erwartet, für die Kaiserin Mutter wird Biederstein zum Aufenthalte eingerichtet, König Otto flüchtet vielleicht auch noch hierher – dann ist die ganze Familie vereint.

25. In Mainz kam es dieser Tage zu traurigen Vorfällen. Die Bürgergarde u. die Preußen schlugen sich in den Straßen: es blieben einige Todte auf dem Platze, worauf hin der Stadtkommandant die Stadt im Belagerungszustande erklärte, die Thore schließen u. Kanonen gen die Stadt gerichtet, auf der Festung auffahren ließ. Vom Parlamente wurde eine Commezion hingesandt, die Streitigkeiten zu schlichten und den Thatbestand zu untersuchen. Es ist traurig wenn Männer eines Stammes sich zerfleischen – nicht einmal die wilden Thiere sind so blutdürstig. (Harren Akt.)

26. Im Schweigerschen Theater sah ich den langen Israel über die Bühne gehen. Das Stück ist ganz aus dem Studentenleben gegriffen u. sprach, da es gut gespielt wurde, allgemein an.

27. Heute begab sich eine Deputation vom Freikorps zum Kriegs Minister Weishaupt. Ein barscher Mann, wie er ist, sprach er: Sehr verdächtig fände er es, daß die Kompagnie Rhenania dem Julius Knorr einen Nachruf in den Zeitungen hätte einrücken lassen, solche Leute verdienen nicht Waffen zu tragen, man müsse sie entwaffnen. Dagegen verwahrte sich aber die Deputation. Es scheinen diese große Befürchtungen des Herrn Kriegs Min. durch die Vorfälle in Wien hervorgerufen worden zu sein. Man wünscht hier von oben herab wieder in das alte Geleis einzulenken; so sollen die Mitglieder der Freikorps weis blaue Cocarden tragen damit ja nicht das partikulare Nationale schwinde!

28. Heute machte ich bei meinen H. Prof. Dollmann u. Plochmann meine Aufwartung u. wurde sehr freundlich aufgenommen. Wie ich aus den Zeitungen ersah, fielen dieser Tage in Kissingen u. Burkardnoth Unruhen vor; - so werden sie wohl Kurgäste anlocken.

29. Die Post aus Wien blieb heute aus; Privat Nachrichten zufolge kam es dort neuerdings zu großen Unruhen. Kaiser Ferdinand hatte in seinem Aufruf an seine Völker erwähnt, daß die akademische Legion durch Fremde irregeleitet worden sei. Daraufhin hatten die Min. Montecuculi u. Kovoredo nichts Eiligeres zu thun, als durch einen Befehl die akadem. Legion für aufgelöst zu erklären. Zufälliger Weise war es leichter ausgesprochen, denn ihm folge geleistet; die Herren Minister sahen sich nach Vereinigung der Studenten mit den Bürgern gezwungen ihren Befehl zurückzunehmen und, als der allgemeine Unwillen gegen sie losbrach, aus Wien zu fliehen. – Hier ist es nun so ziemlich ruhig u. man darf sich glücklich preißen, die hiesige Universität besucht zu haben, denn in Berlin u. Wien wird gar nicht gelesen u. in Heidelberg, wo sonst 1000 Studenten waren, sind in diesem Semester nur 300, so daß schwerlich gelesen wird.

30. Frau von Appel u. Frau Dr. Kanniberger in Gesellschaft mit Dahler u. Berninger auf dem See im englischen Garten spazieren gefahren. – Schon seit gestern hatten sich fast alle Schustergesellen von ihrer Arbeit hinweg in ihre Herberge begeben, um allda höhern Arbeitslohn zu ertrotzen. Die Polizei zeigte aber jetzt mehr Energie als schon seit langem nicht, sie machte durch Anschlag bekannt, daß alle Schustergesellen, welche nicht binnen 6 Stunden wieder bei ihren Meistern in Arbeit ständen, mittelst Schub in ihre Heimath befördert werden würden. Und wirklich wurden heute gen 200-300 Schustergesellen von Linien Militär, Kuirassieren u. Gendarmen in ihrer Herberge ausgehoben, in das Polizei Gebäude abgeführt u. von da nach allen Himmels Gegenden geschubt.

31. Von Jena und Halle aus ist von den Studenten auf den 12. Juni eine allgemeine Stud. Versammlung auf der

Wartburg ausgeschrieben. Auch von hier werden einige Repräsentanten abgeschickt zur Besprechung allgemeiner Studenten Angelegenheiten. – Nun wollen es die Schneider Gesellen den Schuster Gesellen nachmachen; deßhalb gehen gegen Abend heufig starke Patrouillen.

Juni

1. Die Prager und Ollmützer Studenten werden ihren Wiener Comilitonen, so wie sie wieder in Gefahr kommen, zu Hilfe eilen. Es ist merkwürdig, welchen Einfluß die Studenten auf Wien u. überhaupt auf ganz Österreich ausüben, wenn man bedenkt, wie sie früher unter Metternich'schem Druck als Gymnasiasten behandelt wurden und jetzt. . . haben sie die Zügel der Regierung. – Die Gesandten der verschiedenen Höfe haben nun Wien verlassen und sich nach Innspruck begeben. Sehr begierig bin ich, ob der Kaiser in seine Hauptstadt zurückkehrt.

2. In hiesiger Stadt befinden sich wieder seit einiger Zeit Allemannen (Lolianer) u. wünschen sich wieder auf der Universität zu insiribiren. Dem Herrn Rector Thiersch ist auch von Seite des Ministeriums des Innern ein Schreiben zugekommen, die Aufnahme nicht zu beanstanden. Hierauf hielt der Rektor Rücksprache mit den übrigen Studenten u. erklärte, daß er der Inscription nichts entgegensetzen könne, jedoch den früheren Allemannen erklärt habe nie die Universität zu besuchen u. daß sie bei den geringsten Reibungen durch die Polizei aus der Stadt geschafft würden. Als sich jedoch die Studenten dagegen erklärten, so sah sich die Polizei gezwungen, dieselben etwa gegen 8 Allemannen aus der Stadt zu weisen.

3. Als Repräsentanten der hiesigen Universität zur Wartburg wurden Lang und Kuttler gewählt. Die Schwaben u. Bayern erkannten die Wahlen nicht an. – Zum Präsidenten der nunmehr definitiv konstituierten National Versammlung wurde von Gagern, als Vizepräsidenten von Soiron u. von Andrian gewählt. Ersterer hat sofort seinen Ministerposten zu Darmstadt niedergelegt, um ganz unabhängig dazustehen. Auch wurde ihm von den Bürgern Frankfurts ein Fackelzug von 2000 gebracht.

4. Wie weit Bigotterie gedeihen kann u. wie ausgebildet sie in München ist, kann man aus folgendem Zug entnehmen. Es wohnten 2 Studenten der Predigt des Haßlinger in der Michaelskirche bei, in welcher sich derselbe ganz heiß für den Cölibat aussprach; der eine Student gab seinem Nebenmanne durch Blicke seine Beistimmung kund, während der Andere durch Lächeln sein Zweifeln daran verrieth. Auf einmal tritt ein Bürger zu ihm hin (Schneidermeister Mehltreter) u. fährt dem Einen in die Haare u. zieht ihn beohrfeigend auf die Polizei, wo der Student natürlich alsobald entlassen wurde. Abgesehen davon, daß es unvorsichtig von dem Studenten war sich hier in der Kirche so zu äußern weis ich doch nicht wie sich das Benehmen des Bürgers rechtfertigen läst, denn wie steht es ihm zu Jemanden wegen eines so kleinlichen Vergehens zu arretiren u. wie läßt sich die impertinente Handlungsweise desselben entschuldigen? Als sogar ein anderer Student für den Arretirten haften wollte, erging sich der Bürger in Schmähreden. Noch an demselben Tage verfügte sich der Student zu dem Prediger und setzte demselben, welcher den Vorfall nicht mit angesehen, ja gar nicht bemerkt hatte in Kenntniß, worauf er erwiederte, daß, wenn er es gesehen hätte er nie die Arretirung zugelassen hätte. Man ist beiderseits sehr aufgeregt u. begierig, wie die Geschichte beigelegt wird.

5. In Folge des gestrigen Vorfalles fand heute morgens in den Hallen der Universität eine große Versammlung von Studenten statt, in welcher diese Angelegenheit zur Sprache kam. Der Zufall führte auch den Rector in unsere Mitte, der der Geschichte eine andere Wendung gab, als sie ohne ihn ausgegangen wäre. Er sprach sich nemlich dahin aus die Untersuchung u. das Urtheil lediglich den Gerichten zu überlassen u. nicht voreilig eigenmächtig einzugreifen. Daraufhin wurde eine Deputation ernannt, welche sich zu den betreffenden Gerichten verfügte und auf Beschleunigung der Untersuchung drang. Ich bin der Überzeugung, daß, wenn der Rector nicht dazwischen getreten wäre, die Studenten in ihrem Unmuthe vor das Haus des schuldigen Schneider gezogen wären u. ihn gezwungen hätten, öffentlich Abbitte zu thun. Wäre diese nicht erfolgt u. noch der alte Geist des Zusammenhalts

unter den Studenten vorhanden, so hätte dieses ungeschlachtete Benehmen des Bürgers einen Auszug der Studenten nach sich ziehen müssen. Was hätte man anders einer solchen Rohheit entgegensetzen können? – Die Stände Versammlung wurde heute morgens vom Prinzen Luitpold geschloßen; es bleibt nun nur noch ein Ausschuß hier, um die neuen bewilligten Gesetze auszuarbeiten. Gegen den Herbst hin wird wieder eine berufen werden, um die Budget Frage zu bereinigen.

6. Man spricht hier davon, daß König Max auf 4 Wochen nach Nimphenburg gehen werde, und von da nach Kissingen, während Königin Marie, Prinzeß Hildegard u. die Kaiserin Mutter das Schloß Würzburg beziehen würden. – Der Prinz von Preußen ist wirklich in die preußische Ständekammer gewählt und auch schon von London nach Potsdam abgereist.

7. Gegen Abend entwickelte sich nach einem drückend heißen Tage ein gewaltiger Sturm. Unausgesetzt zukte der Himmel in grellem Wetterleuchten, der Blitz schlängelte sich von Wolke zu Wolke oft von oder auf die Erde herab sich senkend wie eine zerrissene Strahlensäule, so daß man geblendet dem großartigsten Naturschauspiele zusah. Da erhob sich ein starker kühler Wind u. trieb regenschwere schwarze Wolken zusammen, welche sich endlich unter starkem Hagelschauer entluden, die leider den Saaten geschadet haben mögen. Bei Neapel hat die Reaktion gesiegt; 1700 Bürger ließ der starre König hinmorden, indem er sich nicht scheute 1000 Galeerensträflinge loszulassen um so den Sieg davon zu tragen. Wie ein wüthender Despot, rasender als ein Nero erscheint er mir, für den es besser gewesen wäre, nie geboren worden zu sein. – Das rächende Geschick wird ihn schon noch erreichen diesen Bluthund!

8. Heute wurden die Collegien wegen Herannahen der Pfingstfeiertage geschloßen. – Hecker wurde in das deutsche Parlament gewählt; man sagt er sei zwar ein Hochverräther aber kein Landes Verräther; beim Prinzen von Preußen möchte es der umgekehrte Fall sein; kein Hoch Ver- aber ein Volks Verräther.

9. Von Wien aus dringt man immer mehr und entschiedener auf die Rückkehr des Kaisers, während die Aristokratie ihn in Inspruck, wo unterdessen auch die Gesandten eingetroffen, zurückzuhalten sucht. In Tyrol werden von Seite der Geistlichkeit Addressen gen die Glaubens Freiheit an den Kaiser gerichtet, und um Aufhebung derselben für Tyrol gebeten; sogar von der Kanzel wird für Unterschriften geworben.

10. Die Pfingstfeiertage wollte ich denn doch nicht in München zubringen um so weniger als sich schönes Wetter einstellte, was um so einladender für eine kleine Fuß Partie war. Ich fuhr also mit der Eisenbahn bis Pasing und legte von da in Gesellschaft von Dorle u. Roder den Weg über Planegg u. Gauding durch das romantische Würmthal nach Stahremberg zurück. Nachdem ich mich abgekühlt nahm ich ein erfrischendes Bad in den grünen Wogen des Sees u. fuhr nach eingenommenen Mahle über den See nach Berg. Ueber Aufkirchen langte ich gen 5 Uhr in Wolfrathshausen an, wo ich mich bei H. Rentamtmann Schmitt einlogierte. Er war zufällig auf einen etwas entfernten Keller gegangen und ich hatte während dem Gelegenheit, die Familie zu beobachten. Die Mutter ist ganz verblüht u. scheint kopfleidend zu sein. Die älteste Tochter Augusta, ein schönes Gebilde zur Melancholie sich hinneigend hat ein zartes Verhältniß mit H. Ass. Wieder angesponnen, dem sie durch die Fenster ihrer Seele Strahlen voll Sehnsucht u. süßer Wonne entgegen sendet – ein schönes Bild fesselnder Liebe. Ihre Schwester Luise von der Natur vernachlässigt ein trauriges Schattenbild. Es ist denn doch was eigenes, daß von einem u. demselben Ehepaare Kinder der Schönheit u. der Mißbildung gezeugt werden und daß häufig häßliche Eltern die schönsten Kinder haben. Aber hart ist es, wenn ohne dieß das Kind von der Natur vernachlässigt, auch noch von den Eltern zurück gesetzt wird, das muß ein drückendes Gefühl sein. Der älteste Sohn ist Gehilfe in der Apotheke zu Stahremberg, die zwei Jüngsten gehen noch in die deutsche Schule. Er selbst ein biederer wackerer Deutscher kam nach seiner Nachhausekunft, als ich schon im Bette lag, zu mir u. hieß mich herzlich willkommen.

11. Ein so freies den Geist stärkendes Gefühl durchströmt den Körper, wenn er sich ergeht auf dem Lande u. das Schöne der Natur, den blauen reinen Himmel durch die hohen mit Schnee bedeckten Gebirge abgegrenzt, bewundert, während man in den großen Städten vor lauter Treiben u. Sprechen gar nicht zu sich selbst kommt. Man müßte abgestumpft oder krank sein, wollte man Langeweile empfinden in der freien Natur, wenn die Vögel singen und aus dem Boden hervor die schönsten Blumen duften, in deren Nähe ein Bächlein rieselt.

12. In Begleitung des H. Rentamtmann, seiner Gemahlin u. Augusta u. des H. Ass. gingen wir morgens 6 Uhr über Sibichhausen nach Leoni, von wo wir über den See nach Possenhofen fuhren. Leider verliert das Ländliche der Umgebung des Stahrembergers Sees dadurch viel u. verschwindet fast ganz, daß derselbe an solchen Festtagen von vielen Hunderten von Städtern mit ihren steifen Wesen besucht wird. Sogar König Max hatte Stahremberg besucht u. ritt, während wir bei Tisch im Freien saßen zweimal vorbei. Auch badete er sich offen im See, während wir nach Berg überfuhren. Hier trauten wir uns, die Einen nach Wolfrathshausen, ich u. Wilhelm, der nach Possenhofen gekommen war, nach Stahremberg.

13. Morgens 6 Uhr fuhr ich mit dem Stellwagen nach München zurück u. obwohl es nur eine kleine Partie war, bot sie doch manches Schöne u. Heitere besonders in der freundschaftlichen Aufnahme im Schmitt'schen Hause.

14. Es sind in Deutschland Stimmen aufgetaucht, als verfolge Bayern Sonder Interessen, um sich gegen diese Beschuldigung zu verwahren ging von hier aus eine Addresse mit vielen Namens Unterschriften, in welcher ausgesprochen ist, daß die Bayern der deutschen Nationalsache mit der aufrichtigsten Vaterlandsliebe zugethan u. jedem Absonderungs Bestreben gänzlich fremd sei u. ferner, daß der großen Zukunft, der deutschen Einheit, alle Sonder Interessen freudig zum Opfer gebracht werden müßten. – Ich wünschte nur, daß es auch wahr wäre u. sich in der That zeige. –

15. Die Studenten Angelegenheit (s. 4. Juni) ist bis heute von den Gerichten noch nicht bereinigt – ein Zeichen unserer langweiligen Gerichts Wege – vielleicht wird die Untersuchung und das Resultat derselben mit Absicht so lange hinausgeschoben, damit mehr Gleichgültigkeit herbeigeführt werde.

16. Der Vorabend des Heil. Benno, des Schutzpatrons der Stadt, wurde mit einiger Feierlichkeit begangen, wie es eben hier die Art und Weise mit sich führt. Man warf nemlich dem Löwenbräu, der die Unverschämtheit hatte, für ein Maas Bier 6 x.[Kreuzer]Bezahlung zu verlangen, mit aller Gemüthlichkeit die Fenster ein. Hierauf wandte sich der aufgeregte u. thatenlustige Haufe zu der Wohnung des Kaufmann Kolzipal (?), der sich neuster Zeit in politischer Hinsicht sehr taktlos ja reaktionär benommen u. brachten ihm unter obligaten Fenstereinwerfen eine sonore Katzenmusik. Dieselbe Ehre wurde dem geistlichen Herrn Kamolzer (?)zu Theil, weil er sich in der letzten Kammer so sehr gegen Zehnt Ablösung gestreubt.

17. Das Weib, wenn es ausartet, übertrifft in Gehässigkeit der Laster den Mann und mit Verachtung muß man auf solche Wesen herabblicken, welche die schönste und zärteste Blume der Erde, die holde Weiblichkeit, wodurch sie oft den unbändigsten Mann bezähmen abgelegt haben. Ein solch trauriges Beispiel weiblicher Ausgelassenheit wohnt mir gegenüber – ein Weib, das zum Skandal der ganzen Nachbarschaft sich täglich betrinkt und in diesem Zustande wüthet wie ein vernunftloses Thier.

18. Dehler, der schon seit längerer Zeit unwohl und auf dessen zu starke Constitution überhaupt das Münchner Clima keinen guten Einfluß auszuüben scheint, wurde heute ins Krankenhaus gefahren, wo er doch eine aufmerksamere Pflege genießen kann, als bei seinen ältlichen, ohnedieß kränklichen Hausleuten. – Von König Ludwig, den man neuster Zeit wenig mehr zu Gesichte bekommt, erzählt man sich so Manches. Er soll oft tagelang vor einer Büste der Lola in einem Zimmer wie im Zustande der Erotomanie sich aufhalten. Und so betrachtet man ihn als Geistesschwach und bewache ihn.

19. Gegen 5 Uhr des Nachmittags zog ein Wetter über die Stadt und ihre Umgebung wie ich noch keines erlebte. Aschgraue finstere Wolken häuften sich aufeinander, so daß einige Finsterniß eintrat. Auf einmal fielen Hagel von Größe eines Tauben Eies so rasch u. dicht, so daß man nicht im Stande war die Fenster bes. gegen die Wetterseite hin zu schützen, so daß wenigstens deren 100000 zerschmettert sein mögen. Die Saaten sind darnieder gestreckt, die Fruchtbäume ihres Obstes beraubt, selbst Vögel fand man getödtet auf dem Boden liegen.

20. Morgens 10 Uhr fand unter Anwesenheit der höchsten Herrschaften die Fahnenweihe des Landwehr-, Künstler- u. Studenten Freikorps statt. Nachdem diese 3 Korps um 7 Uhr auf das Marsfeld gezogen u. nach Bildung eines großen Quarres eine Messe von Seite des Erzbischofs gelesen, wurden die Nägel von den verschiedenen Kommandanten eingeschlagen während 3 Gewehrsalven von jedem Bataillon gelöst wurden. Bei dieser Gelegenheit zeigte sich die Toleranz des katholischen Klerus im schönsten Lichte. Es sollten nemlich bei dieser Feier der protestant. u. jüdische Geistliche als funktionirend eingeladen werden. Dagen' erwiedete der kathol. Klerus: die kathol. Kirche sei die alleinherrschende in Bayern. Herzog Max vermittelte endlich, daß diese Geistlichen wenigstens als Zeugen anwesend sein durften. Der protest. Geistl. erschien darauf hin gar nicht, dagegen aber der Rabbiner. Das ist eine schöne Frucht unserer errungenen Religionsfreiheit.

21. Gestern Abend sollte von gegen 50 Studenten, Praktikanten, dem Minister des Innern Igor Dittmer (?) eine Katzenmusik gebracht werden. Kaum hatte aber die Ouvertüre begonnen, als aus dem Gebäude des Ministeriums und von der Residenz Wache her Soldaten mit gefällten Bayonett anrückten u. ohne die Legitimations Charten zu berücksichtigen, wurden sofort mehrere unter Kolbenstöße in das Polizei Gebäude, wo man sie jedoch, da unter anderen auch der Graf Saporta(?) arretiert war, alsbald wieder frei ließ. Heute Nachmittags war nun auf diese brutalen Vorfälle hin allgemeine Studenten Versammlung in der beschloßen wurde, das Ministerium

aufzufordern, sofortige Untersuchung u. strenge Ahndung zu veranlassen.

22. Die Frohnleichnahms Prozession wurde heuer wieder mit aller Feierlichkeit begangen. Seine Majestät König Max, Prinz Luitpold, Adalbert, Herzog Max u. die höchsten Beamten wohnten derselben bei. König Max wird sich noch heute nach Rosenheim begeben um dort die Salz Bäder zu genießen. – Gestern abend wurde Student Wutscher als er durch die Türkenstraße gehend ein Mädchen ansprach von einem Soldaten am Hintertheile des Kopfes mit dem blanken Säbel verwundet; auch dies wird zur Anzeige kommen. Da neuester Zeit die Legitimations Charten, trotzdem, daß selbe vom Rektor, dem Ministerial Commissär u. Polizei Direktor unterzeichnet sind, gar nicht respektiert werden, so beschloßen sämtliche Studierende diese werthlosen Scheine der Universitäts Polizei zurück zu schicken, was denn auch geschehen; nun wird denn doch das Rektorat Schritte thun.

23. Heute morgens wurde eine Addresse an das National Parlament zu Frankf. im Rathhaußsaale aufgelegt, welche die Freiheit der kathol. Kirche in der künftigen Reichs Verfassung gewahrt wissen will. Alsbald erhoben sich viele Stimmen dagegen; die Maueranschläge wurden abgerissen u. das Unterschreiben auf diese Art unmöglich gemacht. Guido Görres soll der Verfasser dieser Addresse sein u. man hat jetzt wieder ein deutliches Bild wie der kath. Clerus sich abmüthe wieder seinen Einfluß im Volke zu gewinnen und wie ihn in dieser Arbeit selbst Herbeiführung von Uneinigkeit nicht stört. Abend fand auf dem Franziskanerkeller eine Volks Versammlung statt, wo man diese Addresse beleuchtete u. verwarf. Die Polizei schien aber Unruhen auf die Nacht zu befürchten, sie ließ daher das Rathhaus u. den ganzen Schrannenplatz durch Militär absperren; doch blieb alles ruhig.

24. Gestern fuhr die alte Churfürstin wahrscheinlich ihrer Geld Geschäften wegen nach Wien ab, als heute die Nachricht eintraf, daß ihr Wagen den hohen Berg bei Wasserburg hinauffahrend, von einem schweren Salzwagen, dem die Hemmkette zerrissen, umgeworfen

worden sei, wobei sie das Genick gebrochen habe. Ihre Kammerfrau wurde schwer verletzt, während der Kutscher u. Bedienter keine Beschädigung erlitt. Ihrem Wunsche gemäß wird sie auf ihrem Gut Starberg in die Gruft gesenkt u. unterbleibt die Landestrauer. Sie ward hier nicht bedauert, denn trotz ihres enormen Vermögens – seit 1799 bezog sie vom Staate 102000 f – wucherte sie wie ein Jude u. hinterließ so nur lachende Erben u. einen beruhigten Fiskus. Wie bekannt lebte sie nach dem Tode des kinderlosen Churfürsten in morganatischer Ehe mit ihrem Hofmeister Grafen Arco unter dessen verantwortlicher Herausgabe sie mit ihrem Leibkutscher, dem sie einen jährlichen Gehalt aussetzte, einigen Kindlein das Leben gab. – Trotzdem daß heute der hohe Festtag Johanni war, laß doch Prof. Dollmann von 7-9 Uhr Pandekten.

25. In Prag kam es zwischen den Tschechen u. Deutschen zum Kampfe. Der dortige Kommandant Fürst Windischgrätz, dessen Gemahlin u. Sohn bei den Unruhen erschossen wurden ward nach einem heftigen Bombardement Sieger u. Herr der Stadt. Die Tschechen hatten nichts anderes im Sinn, als nach Ermordung aller Deutschen sich an Rußland anzuschließen. Durch das kräftige u. erfolgreiche Auftreten des Fürsten ist ihnen nun freilich ein Strich durch die Rechnung gemacht worden.

26. Als am Stiftungstage der Universität hielt H. Rektor magnif. eine Rede in der er die Erlebnisse der Universität im Verlaufe des Studien Jahres in ihren Grundzügen bezeichnete. Obgleich in Beziehung hierauf Dies academ. war, laß doch der unermüdliche Prof. Dollmann von 9-10 Uhr Pandekten. – Um 8 Uhr war vor meinen Fenstern ein Zusammenlauf von wenigstens 100 Menschen. In der Mitte des Kneul sah ich einen blutenden Mann zu Boden werfen u. von Gendarmen fesseln unter Beihilfe von Privaten. Er soll ein sehr gefährliches Subjekt sein, was schon daraus hervorgeht, daß man bei ihm 3 Stilette, ein Bund Dietriche fand; auch verwundete er bei der Arretirung den einen Gendarmen durch 3 Stichwunden.

27. Dehler besuchte ich heute im Krankenhaus (s. d. 18. d.) zum Drittenmal. Er hat das Nervenfieber u. Schleimfieber im höchsten Grade, befindet sich jedoch auf dem Wege der Besserung. Schon am 24 ten d. habe ich seinen Oheim, den Pfarrer Wiegand zu Aidhausen, vom ganzen Verlauf der Krankheit in Kenntniß gesetzt.

28. In Paris kam es neuerdings zu einem mörderischen Kampfe zwischen der National Garde, den Linientruppen gegen die Arbeiter, in welchem 9000 Mann gefallen sein sollen. Es sollten nemlich die National Werkstätten die den Staate täglich gegen 100000 f Ausgaben verursacht u. ihn erschöpft hätten durch 21 Maaß Regeln aufgelößt werden. Diese bestanden darin, daß die Arbeiter vom 18.-25. Lebens Alter zur Armee auszuheben u. die übrigen à la tâche bezahlt werden sollten, darauf hin rotteten sich die Arbeiter zusammen, errichteten in vielen Straßen unter dem Rufe „nieder mit der National Versammlung" starke Barrikaden. Sofort wurde General Cavaignon alle Vollziehungsgewalt übertragen, der nach hartnäckigem Kampfe die Barrikaden erstürmte u. ein ganze Anzahl Aufständischer gefangen nahm, welche zum Theil erschossen, zum Theil deportiert wurden. Mitglieder der National Versammlung stellten sich an die Spitze der National Garde u. fanden den Tod für's Vaterland. Nach diesem blutigen Siege wird nun die Repuplik fester stehen, denn früher.

29. Dieser Tage sollte im Franziskanerkeller in der Au eine Volks Versammlung stattfinden. Was thun die liebenswürdigen Auer Bürger? Sie lassen in den Zeitungen die Anonce einrücken: sie verbäten sich, daß in der Vorstadt Au eine Volks Versammlung stattfinde. Natürlich wand man sich nun an die Regierung u. die mußte sich für das freie Associations Recht aussprechen u. die Versammlung ging auch vor sich. Aber man sieht nur jetzt zu deutlich, welch reaktionärer Geist in der hiesigen Bürgerschaft überhaupt weht. Wenn es so steht, braucht sich in der That der Minister eben nicht zu beeilen, das Gesetz über freie Association zur Vorlage zu bringen.

30. Dieser Tage hatte ich in meiner Stellung als Quartiermeister an Akkordanten einige hundert Gulden ausgezahlt. Andern Tags kommt Einer derselben zu mir auf die Commandandschaft u. drückt mir 3 Kronenthaler in die Hand. Trotz dem, daß ich gerade in Geld Verlegenheit war, nahm ich es doch nicht an, worüber sich der Mann nicht genug verwundern konnte. Es scheint, es ist hier Sitte, daß den Militär Beamten bei Abschließung von Akkorden so was in die Hände gedrückt wird.

Juli

1. Mit großer Majorität wurde Erzherzog Johann von der National Versammlung in Frankfurt zum Reichs Verweser ernannt. Er für seine Person ist unverantwortlich, jedoch umgeben von einem verantwortlichen Ministerium. Ferner wurde von Seite der Versammlung der Bundestag aufgehoben, nur 31 Stimmen waren dagegen, darunter 10 bayerische Abgeordnete wie Min. Baisler, Lessaulx (?).

2. Bei den letzten Unruhen in Paris, wo gegen 20000 Menschen gefallen sind, wurde auch der Erzbischof, welcher durch sein Erscheinen die Parteien zu versöhnen glaubte, im Bauche verwundet, in Folge dessen er starb. Mit welcher Erbitterung man kämpfte, geht daraus heraus, daß man bei Herausziehen von Kugel herumgewickelte Läppchen bemerkte, die mit Arsenik getränkt waren. Schauderhaft!

3. Um die allgemeinen Studentenangelegenheiten zu besprechen u. dieses Geschäft zu vereinfachen, hat man hier das Repräsentationssystem eingeführt. Je 10 immatrikulierte Studenten schicken einen Repräsentanten. In der letzten Versammlung kam ein Revers zur Sprache, in der neugegründeten Verbindung Euthymia von Seite der Polizei zugeschickt u. in dem ausgesprochen war, die Mitglieder der Gesellschaft hätten sich von politischen Tendenzen fern zu halten. Sofort wurde darauf beschloßen, eine Deputation zum Minister des Innern zu schicken u. sich dagegen zu verwahren. Und was antwortete da der Minister – „Es ist ein Mißverständniß." Da kann man sehen wie es in unserem bayr. Staate mit der politischen Freiheit steht u. daß es sich die höchsten Behörden

angelegen sein lassen, das frühere System, wenn auch nicht offen, doch verdekt wieder herbeizuführen.

4. Jene Juristen, welche heuer ihr theoretisches Examen zu bestehen hätten, gehen mit dem Gedanken um, welchen sie auch in ihren Versammlungen aussprechen, dasselbe durch eine Addresse, bei der sich sämmtliche Juristen durch ihre Unterschrift betheiligen sollen, abzuschaffen. Natürlich streuben sich dagegen die älteren Professoren, nur die Privatdocenten, die dadurch gewinnen, sprechen sich günstig dafür aus. Privatdocent Plochmann will sogar eine Pro(?) gegen das theoretische Examen herausgeben. Ebenso schmeicheln sich die Philosophen, daß auch sie heuer kein mündliches Examen, sondern mit Berücksichtigung der bewegten Zeiten ein schriftliches. Am Ende teuschen sie sich alle beide.

5. Abend 6 Uhr fand im Prater die Produktion der sämmtlichen hiesigen Liedertafeln statt, deren Erlös von 798 f für die deutsche Flotte bestimmt ist. Vom schönsten Wetter begünstigt war dieselbe sehr stark besucht. Auf allgemeines Verlangen wurden zum Schluße „Was ist des deutschen Vaterland" u. „Schleswig Holstein" vorgetragen. Auch erhoben sich viele Stimmen nach der Marseilaise, denen jedoch keine Folge geleistet u. was einige Störung hervorrief.

6. Der vorlaute Mensch ist gewöhnlich eitel, der Eitle stolz, der Stolze, indem er sich besser, höher dünkt als andere Menschen stößt durch dieses sein Benehmen ab u. nie kann ein solcher wahre Freunde besitzen, denn er kennt nur seinen Willen, seinen Eigendünkel als maaßgebend an.

7. Kirschen aller Art zieren in Masse die Verkaufs Buden, auch reife Aprikosen, Birnen sieht man schon. An manchen Orten hat schon der Schnitt des Kornes begonnen und die Frucht wird als eine gute bezeichnet. Ein Glück ist es für das Bestehen der Regierung, daß in diesem Jahre die Preiße der Nahrungs Mittel nicht die Höhe erreichten, wie im vorigen Jahre. Die Unzufriedenheit der Leute wäre dann gar nicht zu beseitigen gewesen.

8. Den Damen zu Ehren, welche unserm Freikorps eine wunderschöne Fahne verehrten, veranstaltete dasselbe Jenen im Prater ein Fest mit Tanz Unterhaltung, wozu sämmtliche Freikorps eingeladen wurden. Ich führte als Gäste H. v. Apell mit seiner Gemahlin u. meine Hausfrau ein. Der Garten besonders aber der Saal war mit den verschiedenen Farben der Corps u. deren Schläger sehr nett verziert. Musik, Feuerwerke, Gewehrsalven erhöhten noch die Festlichkeit.

9. Morgens 5 Uhr verkündete Glocken Geleute, Kannonendonner der Stadt, daß Erzherzog Johann die Würde eines Reichs Verwesers angenommen. In der Michaelskirche fand Kirchen Parade u. Abends am Schrannen-, Residenz- u. Loggia Platze Musik statt. Alles bewegte sich fröhlich durch die Straßen von denen einige mit deutschen Fahnen geziert waren. Er wird auf seiner Hinreise München berühren.

10. Heute lief die Nachricht hier ein, daß der Reichs Verweser über Breslau nach Frankfurt gereist, indem er am 18 ten d. in Wien die Reichs Versammlung zu eröffnen u. daher den kürzesten Weg eingeschlagen habe. Den Rück Weg wird er über Regensburg nehmen.Er vertritt nemlich des Kaisers Ferdinand Stelle in Wien u. will trotz seines hohen Alters von 66 Jahren beide Posten in seine Person vereinen.

11. In den Zeitungen ließt man, daß in vielen Orten von Unterfranken das Wildern im höchsten Grade getrieben werde, so daß sogar von Würzburg aus Militär entsandt wurde.

12. Abend wohnte ich einer Fama der neugegründeten Studenten Verbindung Macaria im Zweibrückensaale bei. Von einem Mitgliede wurden sehr interessante Arbeiten als Gedichte Briefe Schnaderhüpfeln Anspielungen auf Einzelne vorgetragen, während abwechselnd die Artillerie Musik spielte od. die Lieder begleitete. Es waren gegen 400 Personen anwesend; unter diesen Studenten von allen Farben, Officiere u. Philister.

13. In Petersburg ist die Cholera ausgebrochen mit einem solch Umsichgreifen, daß täglich 1600 Menschen erkranken, von denen gegen 600 sterben. Um der Gefahr zu entrinnen, flüchte, wer könne.

14. Gestern Abend kam es im Maderbräu im Thal in Folge eines Streites des Aufwärters mit einem Gaste zu einem Crawalle, indem sich die übrigen Gäste des letztern annahmen u. die Fenster einwarfen. Infanterie u. Gendarmerie konnten anfangs nicht verhindern daß Barrikaden errichtet wurden u. ein Zug Kuirassierer wurde mit Steinwürfen empfangen. Nun machten die Soldaten von ihren Waffen Gebrauch u. säuberten alsbald den Platz. Bei diesen Vorfällen wurde auch ein Student (Pfälzer) der ruhig von seiner Exkursion nach Hause gehen wollte, niedergestochen, so daß man an seinem Aufkommen zweifelt.

15. König Max ist mit dem Minister des Äußern Bovy u. dem General v. Hohenhausen nach Regensburg abgereist wahrscheinlich um hier den Reichs Verweser zu begrüßen. Gestern fand das Abexercitium unseres Freikorps in Anwesenheit des Prinzen Adalbert, des Obersten der Landwehr u. des Landwehrfreikorps, des Stadtkommandanten etc. statt. Man sprach sich lobend über das Exercitium aus.

16. Mit Primbs, Wutscher u. Beringer nach Fürstenried gegangen. – In der That das Landleben hat doch seine Reize u. wenn man lange nicht zur Stadt hinausgekommen, ist die Freude doppelt groß in der freien Natur.

17. Morgens 6 Uhr unternahm unser Freikorps einen Reisemarsch nach Großhessenlohe in voller Armatur. Als es auf seinem Heimarsch durch Sendling zog, war eben das Landwehrfreicorps mit seiner Musik anwesend u. hatte die Aufmerksamkeit unser Corps mit derselben hereinspielen zu lassen. Ich selbst habe diesen nicht mitgemacht, indem ich zuviel Collegien verseumt hätte.

München Großhesseloher Brücke

18. Der König von Würtemberg verzichtet auf 200000 Gulden seiner Civilliste, was gewiß auch von anderer Seite Nachahmung verdiente. – Der Reichs Verweser wurde von unsrem König bis Passau begleitet: der König von Würtemberg, der Großherzog von Baden machten ihm ihre Aufwartung in Frankfurt – Anklammerungssystem.

19. In Heidelberg hatte man den Studenten demokratische Vereine verboten. Hierauf verließen 600 Studenten die Stadt und zogen unter Vorantragung einer Fahne durch Mannheim nach Neustadt an der Ho(?). Wahrscheinlich wird man ihnen nun diese Vereine gestatten; ob aber die Professoren ihnen nachziehen, bezweifle ich.

20. Knorr, der aus Gründen längere Zeit von hier abwesend war, ist krank hieher zurück gekehrt, um im elterlichen Hause sich zu erholen. Nichts in der Welt muß verzehrender sein, als sich mit Gedanken herum zu tragen, deren Realisirung noch im tiefen Dunkel liegen.

21. Als Student eine Liebschaft eine bindende anknüpfen, etwas traurigeres und unheilvolleres kann ich mir nicht denken. Dieses ewige Schmachten und Semmern wäre mir in der Seele zuwider. Es mag sein, daß es seine guten Seiten hat; aber nach meiner Ansicht führt ein solches Verhältniß überwiegende Nachtheile mit sich. Wie oft haben schon Hunderte von Mädchen es bereuen müßen ein solches eingegangen zu haben. In der Jugendfrische sich der Liebe hingebend alterten sie rascher, als sie vermutheten und wenn sie glauben, ihrem Ziele am nächsten zu sein, werden sie enttäuscht, in dem ihr früherer Liebhaber eine frischere Blume pflückt u. die verwelkte knickt.

22. Mit Acquilin, Heinrich, Kintzel, Enzelino, Madam Obermeier, Marie, H. Seehofer auf dem englischen See spazieren gefahren, woran sich ein Pfänderspiel anschloß, die Mädchen sehr vergnügt.

23. Nach Großhessenlohe mit Peimberg gegangen. Eine erdrückende Hitze lagerte sich auf die Gefilde, von denen man trotzdem daß es Sonntag war, gerade ihren schönsten Schmuck, das Getreide in die Tenne fuhr. Diese heurige Frucht soll die vorjährige an Qualität übertreffen.

24. Heute wurde die Jakobidult eröffnet. Um ½ 9 Uhr, als ich schon im Bette lag, tritt vor demselben ein Korporal u. grüßt mich ganz freundlich. Ich aus dem ersten Schlafe gerissen, antwortete ihm: Ich kenne sie nicht, was wünschen sie von mir? Endlich sagte er: Der Toni sei er. Derselbe war, um München zu sehen u. mich zu besuchen von Ingolstadt, wo er in Garnison liegt, hieher gefahren. Nun mußte ich freilich nochmals aufstehen u. ihn zu einem Glas Bier führen, wo er mir erzählte, daß er seit 2 Monaten bei Militär sei u. es gefalle ihm da recht gut.

25. Um demselben ein Vergnügen zu machen führte ich denselben in Schwaiger'sche Theater wo leider kein schönes Stück „Eulenspiegel" gegeben wurde. Abend hörten wir im Glasgarten die Prager Militär Musik spielen, die mit ebenso vieler Präcision als Kunstfertigkeit ihre Piecen vorträgt.

26. Nachmittag waren wir bei Tante Augusta, welche mir heuer schon sehr schöne Geschenke gemacht hat, als eine Jagdtasche, Bücherstellage, Lorgnette u. tranken Kaffe.

27. Morgens reiste er wieder nach Ingolstadt ab; er scheint mir mit seiner jetzigen Stellung zufrieden zu sein.

28. Da mit Oktober die Einkommens- u. Kapitalien-steuer eingeführt wird, so werden jetzt schon an die Einzelnen Listen ausgetheilt, in denen er seinen Namen, Stand, Gewerbe, Haus, Kapitalien einzutragen hat. Auch sind die Distrikts Vorsteher angewiesen, sich nach den Vermögens Verhältnissen der Einzelnen zu erkundigen. Vielen, die bis jetzt von Steuern so ziemlich befreit waren, wird diese neue Steuer schwer fallen besonders Beamten, deren Gehalt meistens nicht größer ist, als daß sie höchst spärlich nur mit ihrer Familie hausen können. Hat nun Einer durch Fleiß u. Sparsamkeit ein kleines Capital zurückgelegt, daß

er dem Staate vertrauend in bayrische Obligationen angelegt, so werden ihm diese am Ende für voll besteuert, während sie nur auf 73 stehen.

29. In Schleswig Holstein sind die Freikorps aufgelöst man sagt aus Eifersucht eines Prinzen auf ihre Thaten. Der bayrische Major von der Thann der an der Spitze der einen stand u. sich besonders auszeichnete, wird dieser Tage hieher zurückkehren u. wahrscheinlich von den hiesigen Freikorps festlich empfangen werden.

30. Zum Besten der deutschen Flotte findet hier eine Verlosung statt, welche die verschiedenartigsten Gegenstände umfast, Modelle von Schwanthaler, geräucherten Schunken, Gemälde, Einen Spatenbräubier, Schaals, 12 Flaschen Wein etc. – Ich nahm mir 2 Loose, von denen Eines 12 x kostet; die Verlosung findet nächsten Sonntag den 5. Aug. statt.

31. Gegen den 21. ten Sept. hin haben die Professoren u. Privatdocenten der deutschen Universitäten in Jena eine Versammlung um allgemeine Universitäts Angelegenheiten zu besprechen. Von jeder bayrischen Universität werden 5 dahin abgehen, welchen S. Majestät der König die Reise Diäten u. Tagegelder bewilligte. Ich bin sehr begierig, wie die Wahlen ausfallen werden und ob das alte oder das neue Princip siegen wird.

August
1. Im kgl. Hof u. Nationaltheater sah ich Uriel Akosta, Trauerspiel in 5 Aufzügen über die Bühne gehen. Dieses, das Beste von Karl Gutzkow und das Weib aus der Wolke rührten mich zu Thränen. H. Dahn (Uriel) u. Madam Dahn (Judith) seine Geliebte, führten aber auch ihre Rolle ausgezeichnet durch, ebenso Schenk (de Silva Angl.) u. Dem. Denken als alte blinde Mutter.

2. Nun ist Erzherzog Johann von Wien wieder nach Frankfurt gereist, um nun seinen Posten als Reichs Verweser anzutreten. – Professor Herrman wurde nach vorhergegangener Wahl der Präs., v. Gagern der I.te Vicepraesid., v. Soiron II.ter Vicepraesident.

3. Abend besuchte ich mit Dehler die Kunstreiter Guerra; diese Gesellschaft besteht aus 56 Pferden u. 46 Personen. Besonders zeichneten sich ein Knabe von 11 J. u. ein ebenso junges Mädchen durch ihre sichere Haltung u. Sprünge, sowie durch ihre graziöße Stellung zu Pferd aus. 9 Damen führten auch ein sehr schönes Manöver zu Pferd aus. Ein Schul Pferd tanzte ganz vortrefflich nach den verschiedenen Taktarten der Musik. Auch in der Gymnastik wurde ausgezeichnetes geleistet. – Heute schloß Herr Prof. Dr. Hofmann sein Colleg über medicina forensis.

4. Dieser Tage stellte ich bei der Repräsentanten Versammlung den Antrag: ob es nicht zweckmäßig sei, der Vor Versammlung der hiesigen Professoren, die am 10.ten Aug. vor sich ginge u. an welchem Tage Anträge gestellt die dann zu Beschlüßen erhoben als Mandat der 5 Abgeordneten nach Jahren gälten, ob es da nicht zweckmäßig wäre, dieser Vor Versammlung die Ansichten der Repräsentanten Versammlung vorzulegen, die dann gewiß berücksichtigt werden würden. Zugleich bemerkte ich, daß H. Privatdocent Plochmann, mit dem ich gesprochen dieselben vertreten werde. Sofort wurde beschloßen eine Commission zu erneuern die in einer Addresse die Ansichten der Repräs. Versammlung kund gäbe.

5. Ein Erlaß des Reich Ministeriums ordnet an: die bewaffnete Macht habe am 6.ten d. dem Reichs Verweser zu huldigen. Es verfügten sich nun auch die Kommandanten der Landwehr u. sämmtliche Freicorps zum Minister des Innern u. fragten an, ob sie mit ihren Corps ausrücken dürften. Da antwortete er darauf: Diesen Akt der Huldigung hätte blos das Linien Militär zu vollziehen. Auf die Frage, ob S. Excellenz denn politische Gründe dagegen habe: sagt er, er müsse sich erst mit den andern Ministern benehmen. In der That erschien heute um ½ 12 Uhr ein Erlaß vom Staatsrath in dem es hieß: blos das Linien Militär habe die Huldigung darzubringen, jedoch könnte die Landwehr u. die einzelnen Freikorps Deputationen von Officieren, Unterofficieren u. Wehrmänner als Gäste dazu abschicken. Als dieß bekannt

wurde, ließ der Officiers Rath des Studentenfreicorps eine Versammlung seines Corps anschlagen, in der über die morgige Festlichkeit debattirt werden sollte. Als man sich versammelt hatte, erklärte der Major Rubenbauer, daß er unter diesen Verhältnissen nicht ausrücken würde. Man erwiederte ihm hierauf: daß man sich, indem sämmtliche Studenten fest entschlossen seien, dem Reichs Verweser ihre Huldigung darzubringen, gezwungen sähe, für das morgige Fest einen andern Major zu wählen. Dies geschah denn auch in Person des Angstwurm. Im großen Rathhaussaale ward um 4 Uhr eine Versammlung allen Freikorps angesagt: auch die Studenten verfügten sich dahin u. Kopf stand an Kopf. Es wurde auf das Ungesetzliche Verfahren des Min. Thon Dittmer hingewiesen u. ausgesprochen, daß der Akt der Huldigung gewiß nicht in einem Befehle oder Zwang liege, sondern in der freiwilligen That, und so wurde denn einstimmig beschloßen, freiwillig auszurücken. In dem Reichs Erlasse hieß es: Zuerst werde dem Könige dann dem Reichs Verweser, endlich dem deutschen Vaterlande ein Hoch zu bringen u. man beschloß, was gewiß auch dem Zwecke des Festes am meisten entsprochen hätte, blos dem Reichs Verweser ein Hoch zu bringen. Nachdem also gerade das Gegentheil von dem geschehen war, was das Ministerium wollte, setzte es seiner Planierung die Krone auf, indem dasselbe Nachts 9 Uhr endlich doch die Erlaubniß, welche man gar nicht mehr verlangte, ertheilte, der Huldigung, wie das Linien Militär beizuwohnen. Mir kommt es vor, als hätte das Ministerium verhindern wollen, daß es ja nicht dem Reichs Verweser zu Ohren komme wie doch der Kern des Volkes der Central Gewalt huldigt u. nur darin deutsche Einheit u. Macht sieht, während es mit seinem Partikularismus sich wie ein Ertrinkender an den letzten Balken anklammert.

6. Morgens 7 Uhr versammelten sich die Landwehr u. sämmtliche Freikorps in der Ludwigstraße, wo sie sich aufstellten u. von da unter klingenden Spiele auf das Marsfeld zogen. Hier war schon das Linien Militär aufgestellt, mit dem dieselben nun ein großes Quarre bildeten. Das Studenten- u. Künstlerfreikorps verhielten sich beim Hoch, das verkehrter Weise an die Spitze gestellt

wurde, ganz passiv, während sie beim Hoch, das dem
Reichs Verweser galt, ihre Käppi u. Hüte mit den
Bayonetten in den Lüften schwenkten. Major Gail, der
dieser Tage so wenig Energie zeigte, mußte abdanken u.
der Hauptmann der Schützen Compagnie nahm seine
Stelle ein. Nachmittags versammelten sich viele Mitglieder
verschiedenen Freikorps auf der Menterschwaig zu einem
heitern Feste. Unser Major Rubenbauer ging als Gemeiner
im Gliede mit.

7. Heut wurde die Dult ausgebeutet, die Kaufleute sollen
sehr schlechte Geschäfte gemacht haben, so daß manche
gezwungen sein sollen: zum Theil ihre Waare zu versetzen.

8. Mit Acquilin, Kintzel, Enzelino u. mehreren Damen aus
dem Conservat. auf dem englischen See spazieren
gefahren.

9. H. Privatdocent Dr. Plochmann schloß heute sein Kolleg
über Erbrecht. – Morgens rückten die bayrischen Truppen
aus Baden wieder in ihre hiesigen Standquartiere unter
klingenden Spiele ein. Abend wohnte ich einem Conzerte
im Odeum bei, welches die Schüler u. Schülerinnen des
Conservatoriums am Schluße des Jahres als öffentliche
Prüfung aufführten. Es wurden hier sehr schönen Piecen
auf d. Clavier, auf der Violin vorgetragen, ebenso
Quarteten, Arien u. ganze Chöre vortrefflich gesungen.

10. Man spricht von Abdankung der Minister: seine
Majestät soll sie aber nicht angenommen haben. In Tölz
haben Unruhen stattgefunden: es wurden 4 Compagnien
dahin abgesandt.

11. Fürst Karl Leiningen wurde vom Reichs Verweser zum
Präsidenten des Reichs Ministeriums ernannt: er hat
diesen Posten angenommen. Prinz Karl soll zum Reichs
Feldmarschall ernannt werden. Abschiede bei Tante,
Rindel, Münz, Apell.

12. Bei H. General Major Mailinger zu Mittag gespeist. –
Die Östreicher haben nun Mailand wieder erobert: von

Seite der Piemontesen wurde die Lombardei geräumt: man erwartet die Rückkehr des Kaisers nach Wien.

13.	Nachdem ich nun ein ganzes Jahr lang mein elterliches Haus nicht betreten erwachte mit Macht in mir die Sehnsucht nach meinen lieben Eltern u. Geschwistern. Meine Reisetasche war gepackt und mit dem ersten Bahnzuge um 6 Uhr verließ ich München, von wo ich um 8 Uhr in Augsburg eintraf. Nach einstündigem Aufenthalte schlug ich den Weg über Biburg nach Zusmarshausen ein, welches ich Abends 5 Uhr im Eilwagen verließ u. nachts ½ 11 Uhr hatte derselbe über Burgau (ein wunderschönes Posthaltertöchterlein) Günzburg Ulm erreicht.

14.	Nach Verlauf einer Stunde saß ich wieder im Eilwagen, welche in Würtemberg 8 sitzig u. 4 spännig gehen und traf morgens 4 Uhr in Süßen ein, von wo um 6 Uhr die Eisenbahn durch ein wunderschönes Thal, dessen Anhöhen mit den Schlößern von Eßlingen, Türkheim geziert umrankt von grünen Reben, bis 7 Uhr in Hauptstadt Stuttgart führte. In dieser freundlichen Stadt mit guten Pflaster sah ich in einem seiner Spitäler Danneckers Christus, dessen Auge nur das Leben fehlt, der liebliche Mund scheint zu sprechen, während sich um die kräftige Gestalt ein schöner Faltenwurf schmiegt. In demselben Spitale befindet sich in einem der Gänge Reuchlins Grabstätte. In der Nähe der Stiftskirche, welche im gothischen Style erbaut ist befindet sich Schiller's Denkmal in Lebens Größe von Schwanthaler gearbeitet. Die Residenz ist unansehnlich. Im Leibstall des Königs findet man 6 reine Arabische Hengste, von denen einer trotzdem daß er schon 22 Jahre zählt, doch noch feurig u. feingebaut von Seiner Majestät geritten wird. In demselben Gebäude werden dem Fremden die reichen Geschirre u. Reitsättel gezeigt. Im Marstall stehen außer den Chaisenpferden sehr schöne Maulthiere. Ferner sah ich die öffentliche u. kgl. Bibliothek. Nachmittags 2 Uhr fuhr ich mit der Eisenbahn (H. Hintzel) nach Ludwigsburg eine freundliche Stadt mit schönen u. großen Anlagen, in deren Mitte auf einem hohen Felsen die künstliche Ruine Einichsburg mit weiter Aussicht steht (Schillers Geburts Ort Marbach). Vom verstorbenen König wurde das hiesige

Schloß heufig in den Sommermonaten besucht. Abend ¾ 9 Uhr bestieg ich nochmals die Eisenbahn und gelangte ½ 11 Uhr nach Heilbronn. Die Einrichtung der Würtembergischen Eisenbahn Wagen ist eine bessere zu nennen als die der bayrischen. Längs der Mitte der Wagen läuft ein freier Raum, so daß man bequem auf und abgehen kann. Auch besteht eine 4.te Wagenklasse zum Stehen eingerichtet, die besonders der ärmeren Klasse gelegen sein muß, indem es dieser denn doch schwer fallen möchte die 3.te zu bezahlen.

15. Morgens 6 Uhr entsprang ich meinem Bette u. besah die gothische Kirche u. den alten einfachen aber festen Götzenthurm und durchfuhr dann auf einem kleinen Dampfschiffe, da manchmal das Wasser nur 7 Zoll Tiefe hat, das herrliche Neckarthal hart an Neckargemünd, Jacksfeld und Wimpfen am Berg vorbei. Nun wird das Thal immer enger und wald- bepflanzten Anhöhen stehen die ehemaligen Glanzpunkte des Mittelalters die nun ehrwürdigen Ruinen Ehrenberg, Honeck, Gutenberg, Neuburg, Lauchstein, Nimaburg, Hirschhorn, Tilzberg, Neckarsteinach die letzten 4 Ruinen, welche wahrscheinlich durch unterirdische Gänge verbunden waren liegen so nahe aneinander, daß man sie sämtlich in ¼ Stunde besuchen könnte. Allmählich tritt dann Heidelberg hervor zuletzt das Schloß diese großartige Ruine. Die Wasserstrecke von 23 Stunde wird von morgens 6 Uhr bis mittags 1 Uhr zurückgelegt. – Nach Tisch erstieg ich den steilen Weg zum Schloß und ließ mir hier vor allem das große Faß zeigen welches 3000 Eimer faßt u. dessen eiserne Reif je einer 800 Pfund wiegt: nur zweimal das letztemal im Jahre 1797 war es mit edlem Gewächse gefüllt. Oben ist eine Gallerie angebracht, wo getanzt werden kann. Ihm zur Seite liegt ein ungefähr 2 Eimer haltendes Faß ohne allen Reif von demselben Meister gearbeitet. Herrliche Spaziergänge führen zu diesem großartigen Gebeude u. ziehen sich ringsum nach allen Richtungen runter: es ist in der That schade, daß dieses Schloß durch die Franzosen zerstört nicht mehr aufgebaut wurde. Weiter hinten in einer finstern romantischen Schlucht liegt der Wolfsbrunnen mit einigen Forellenseen, die oft ein Gewicht von 8-11 Pfund erreichen. Durch die

engen Straßen der Stadt an dem düstern Universitäts
Gebäude vorbei kam ich an den Eisenbahnhof, von wo ich
noch nach Friedrichsfelde fuhr. Hier wäre es nun fast fatal
gegangen, indem Tags zuvor die Kirchweih gefeiert worden
war u. man mich wegen Nicht Herrichtung der Zimmer
abweisen wollte u. nach langen Hin und Her Reden fand
sich endlich doch ein Wirth bewogen mich aufzunehmen.

16. In Friedrichsfelde führt ein schöner Waldweg in 1
Stunde nach Schwetzingen, dessen herrlich angelegter
Garten mit den verschiedenartigsten Gängen, geziert mit
Statuen, Vasen großartigen Wasserkünsten, speienden
Vögeln, Wasserfällen, Seen beherrscht von Neptun u.
Schwänen: wohlriechende Blumen senden weitum ihre
Düfte. Gegen 11 Uhr war ich schon wieder in
Friedrichsfelde und gelangte um ½ 11 Uhr in Mannheim
an. Es ist die regelmäßigst gebaute Stadt in Deutschland:
besonders sehenswerth ist die Kettenbrücke u. die
Schiffbrücke. Auch nahm ich hier ein Bad im Rhein. Gen 3
Uhr bestieg ich ein Dampfschiff. Die alte Stadt Worms mit
ihren Thürmen links Gernsheim rechts liegend wird jedoch
erst von Oppenheim an die Gegend interessanter; das Thal
verengt sich, an den Bergen ranken und bald Niernstein
vor uns, das einen trefflichen Wein liefert. Die Stadt Mainz
bietet besonders mit dem Hervortreten des mächtigen
Domes ein herrliches Panorama. Der Gasthof zum Karpfen
war hier mein Absteigquartier.

17. Schon um 5 Uhr war ich auf den Beinen beschaute
des Domes große Hallen, Gutenbergs Monument,
Stephans- Peters- Kirche. Es liegt hier östreichisches u.
preußisches Militär, von denen aber ersteres bei den
Bürgern beliebter ist. Über die lange Schiffsbrücke begab
ich mich nach Castell und von da mit der Eisenbahn nach
Wiesbaden. Die Vorstädte besitzen große u. freundliche
Gebäude; dagegen ist die innere Stadt alt u. unfreundlich.
Der berühmte Heilbrunnen ganz einfach gebaut sprudelt
heißes Wasser empor, welches wie schlechte Fleischbrühe
schmeckt. An den Kursaal schließen sich schöne Anlagen
an, im Hintergrunde zeigt sich ein kleiner See belebt von
Schwänen und vielen Enten. Um 11 Uhr fuhr ich mit der
Eisenbahn nach Frankfurt, wo ich nichts eiligeres zu thun

hatte als mich in die Paulskirche zu begeben. Dieselbe bildet ein Rundel. Die Sitze der äußersten Linken, der Linken, des Centrums der Rechten u. äußersten Rechten sind rings umgeben von einer Säulen Reihe, die eine Gallerie tragen, wo Jedermann, soweit es der Platz gestattet, Zutritt hat; zu den unterhalb liegenden Sitzen hat man Billete zu lösen. Der Präsident von Gagern sitzt auf einer Erhöhung ihm zur Rechten der I.te Sekretär, zur Linken der II.te u. Vice Präsident; eine Stufe tiefer verrichten die beiden übrigen Sekretäre ihre Geschäfte; vor ihnen befindet sich die Rednerbühne. Leider wurde heute wenig debattiert; nur über die einzelnen Paragraphen des Grundrechts des deutschen Volkes. Vorschriften bei Haus Untersuchungen ließ der Präsident, welcher ein sehr lautes allen verständliches Organ besitzt, abstimmen. Um ½ 2 Uhr wurde die Sitzung geschloßen u. als ich mir für den Abend ein Billet gelöst nach Saalemünster fanden sich in meinem Beutel nur noch 3 einzelne Kreuzer. Ohne mich also im Gasthofe aufhalten zu können hatte ich füglich Muße in der langen Zeile die reichen Läden zu beschauen und meine Schritte Göthes Monument von Schwanthaler u. Stichelmaier zuzuwenden. Mit seinem heitern klugen Gesichte steht er da in seiner kräftigen Gestalt. Das Piedestal enthält Züge aus seinenWercken; die 3 Musen: die antique, die dramatische u. die lyrische; Faust wie ihm Mephistopheles einflüstert, Iphigenia, Götz von Berlichingen, Elfen, Herrmann und Dorothea. Von da verfügte ich mich an Göthes Geburtshaus mit einer einfachen marmornen Gedenktafel oberhalb der Thüre mit folgender Inschrift:

In diesem Hause
wurde
Johann Wolfgang Göthe
am 28. Aug. 1749
geboren.

Die Nikolaikirche im gothischen Styl erbaut, sowie das alte Polizei Gebäude, die steinerne Brücke mit Karls des Großen Monument, das deutsche Haus, die neue Brücke, über welche die Neckar Eisenbahn dahinsaust verdienen besehen zu werden nicht minder der Dom, dessen massenhafter Thurm jedoch unausgebaut eine Restauration sehr nöthig hat. Bevor ich um ½ 10 Uhr den Omnibus bestieg, hatte ich Gelegenheit die Gasbeleuchtung zu bewundern, wo man füglich auf eine Entfernung von 10 Schritten lesen kann. Über Hanau, Gelnhaußen, dem Kintzigthale hatte ich morgens 7 Uhr Salzmünster erreicht, von wo ich meinen Weg zu Fuß über Alsberg, Brückenau nach Römershag zurücklegte.

18. Hier fand ich freundliche Aufnahme bei H. Revierförster Schlott u. hatte das Vergnügen in seinem Hause Fräulein Bauer v. Kothen u. Frau Mann v. Hammelburg kennen zu lernen.

19. Um 7 Uhr verließ ich Römershag und traf um 1 Uhr bei meinem Pathen in Kissingen ein, in dessen Kaplänen man Verehrer des Abelianischen Systems finden kann. Ich besuchte hierauf Tante, dann Streitberg, einen früheren Mitschüler von mir, der das Uhrmacher Handwerk ergriffen u. sich neuester mit seiner Frau (einer gebornen Schmitt aus Bamberg) in Kissingen etabliert hat. Bevor ich in den Eilwagen stieg sprach mich Dehler an, der seit vorgestern von München zurück in Kissingen das Bad genießt. Im älterlichen Hause traf ich alles wohl an.

20. Wie es in kleinen Städtchen Sitte, so mußte auch ich anderen Tags meine Besuche abstatten. Nachmittags fand ich auf dem Sprungschen Keller so schlechtes Bier, daß ich nicht im Stande gewesen wäre, ein Glas auszutrinken.

21. Mit Vater, der eine Tagfahrt in Nürdlingen hatte, dahin nebst Herrn Rentamtmann gefahren u. Herrn Pfarrer u. neuester Zeit Districts Schul Inspektor Ehepaar kennen gelernt u. in ihm einen trefflichen Mann gefunden.

22. Wie man aus den Zeitungen entnehmen kann wurde Herrn von Abel eine Katzenmusik bei seinem letzten Aufenthalte in München gebracht. Der Verein für Freiheit u. Ordnung drang auf seine Ausweisung, weil durch einen

solchen Mann die Ruhe u. Ordnung in der Stadt gefährdet
sei. Darauf hin habe er die Stadt verlassen.

23. Heute fand hier die Firmung statt; ich hatte beim
ältesten Sohne des Adv. Hippeli Karl Pathenstelle zu
vertreten. Auch die Familie Ziegler war hier anwesend,
indem die jüngste Tochter von der Frau Rechtsanwältin u.
deren Tochter Marie von Freulein Anna zur Firmung
geführt wurde.

24. Zur Abhaltung der Absolutarial Examina war heuer
der H. Prof. der Mathematik Dr. Meier von Würzburg
hieher ernannt: so finster für den ersten Augenblick sein
Äußeres, so schwindet dies doch alsbald bei näherm
Umgang. Prof. Reuter konnte in diesem Jahre diese Stelle
deshalb nicht annehmen, weil einer seiner Söhne als
Absolvent erscheint.

26. Morgens fand die Preis Vertheilung statt, wo ich meine
frühern Schulkollegen Seberich u. Köhler traf. Dehler,
dem der längere Aufenthalt in Kissingen durch die rauhe
Witterung verleidet wurde, besuchte mich hier u. wird
einige Tage bei mir verweilen.

28. Das Augustinifest, welchem ich heuer zum erstenmale
beiwohnte, fand in seiner altherkömmlichen überladenen
Weise statt. Der Onkel Dehlers, Pfarrer Wiegand von
Aidhausen, welcher ebenfalls anwesend war, hatte die
Güte, mich einzuladen, was ich denn auch annahm. Und
so fuhr ich noch desselben Tages mit ihm u. Dehler nach
Aidhausen.

29. Wenn man von Aidhausen nach Humbrechtshausen
den Berg hinaufsteigt u. die große Kirschen Allee erreicht,
so geniest man eine herrliche Aussicht auf schönes großes
Thal, rings umgrenzt von den waldigen Haßbergen mit den
Dörfern Wetzhausen, Sirnfeld, Friesenhausen, Bettenburg,
Wetteringen, Haufsstadt.

30. Da zu Haßfurt heute die Firmung stattfand, so fuhren
wir dahin und ich hatte das Vergnügen die Familie des
Herrn Advokaten Mezler etc., Maler Art etc.von

Schweinfurt, bei dessen Sohn mein Schulkollega Freund die Pathenstelle vertrat kennen zu lernen, ferner nach langer Zeit wieder H. Amtmann Weikard mit 2 Freulein Töchter, Freulein Thea, H. Pfarrer Ringelmann v. Farß zu sprechen.

September.

1. Düsteres, regnerisches Wetter macht den Land Aufenthalt langweilig, indem man da im Hause fest gebannt ist u. so war es auch heute: durch ein Spiel verkürzten wir uns die Zeit.

2. Nachmittags ging ich mit Dehler nach Kreuzthal zum Revierförster Wais, der ein Bäschen von mir zur Frau hat, nemlich die älteste Tochter Sabina des Amtmann Schmitt von Burgpreppach u. war recht freundlich von ihnen aufgenommen.

3. Fuhr ich mit Dehler nach Burgpreppach, wo wir einen Besuch bei meinem Onkel Schmitt abstatteten.

4. Bis Marbach, nachdem ich mich bei H. Pfarrer verabschiedet, fuhr mich Dehler u. des abends ging ich mit Funktionär Reus u. Stemmer nach Münnerstadt.

5. Hier vernahm ich, auf [daß] Max Schad sich auf französisch empfohlen habe. Am bewußten Augustinifest war zufällig auch der Präsident hier eingetroffen, um die Gerichte zu visitieren. Schad war trotzdem das Montag war, wo die Geschäfte sich häufen weder morgens, noch nachmittags auf dem Büreau erschienen. Ebenso wenig am nächstfolgenden Tage, wo sich denn mein Vater genöthigt sah; ihn brieflich zu wissen zu thun: daß solche blaue Montage der Dienst nicht gestatte, weshalb er nachfolgende als Dienstes Aufkündigung betrachten müsse. Auf dieses hin verließ er ohne sich zu entschuldigen, worauf hin ihn gewiß behalten hätte oder sich doch wenigstens, wie man es von einem gebildeten Manne hätte erwarten sollen, zu verabschieden die Stadt. Schad, der sich hier auf wenigstens 400 f stand, wird gewiß Zeit haben diesen übereilten und unbesonnenen

Schritt zu bereuen. Sollte er aber durch dieses sein Glück angebahnt haben, so wünsche ich ihm von Herzen Glück.

7. Nach Beendigung der Gemeindewahlen zu Roth und Nickersfelden fuhr ich mit Vater nach Neustadt, wo nochmals Bauer seinen Keller öffnete. Herr Landr., Rentamtmann Forstmeister Illini waren anwesend mit ihren Familien ebenso H. Rentamtmann, Advokat von Mummenfart. Auch Sutor, dessen Vater in diesem Sommer gestorben u. der die Stelle desselben f. Spitalverwaltung zu erhalten trachtet u. deßhalb ein Verhältniß mit der ältesten Tochter des Landrichters angeknüpft hat, sprach ich da.

9. Die Gemeindewahl in Windheim mitgemacht.

10. Heute öffnete Reus seinen Keller seinen ständigen Gästen und stellte aber ein vortreffliches Bier vor, was also ein offenbarer Beweis ist, daß er in seiner Stubenwirthschaft das Bier nicht rein schenkt.

12. Mit Vater nach Maßbach gefahren. Abend fanden wir den jungen Engelbrecht zu Hauß indem ihm seine Stelle zu Kronach aufgekündigt und er sich genöthigt sah, zu seinen Eltern sich zu begeben.

13. Mit August, Engelbrecht, Schmidmeier u. Moritz nach Maßbach gefahren. Hereinzu fuhr H. Funktionär Reus u. Stemmer mit. Bedrückende Fidelität. Klotz Augen Stummsein.

14. Die Morgen bringe ich gewöhnlich im Büreau zu; den Nachmittag hie und da, auch übrigens halten sich während den Ferien immer 6-8 Universitätsstudenten hier auf, wo man sich also auch die Zeit vertreiben kann.

17. Fuhr ich mit Vater u. Wilhelm nach Mainberg zu H. Sattler, die Aufnahme war eine sehr freundliche. Auch H. v. Haller, welcher mit der jüngsten Tochter des H. Sattler Marianne verlobt ist, war anwesend. Ernst wird heuer die Universität München besuchen. Nachmittags gingen wir jungen Leute auch in einen nahegelegenen Weinberg, wo

wir süße reife Trauben die Menge fanden. Vor 11 Uhr trafen wir wieder zu Hause ein.

18. Da heute in Neuhaus die Kirchweih gefeiert wurde, fuhr ich mit Tante, Mutter, Bäschen Agnes dahin u. sah hier viele Bekannte: Jagersdörfer, Berninger, Geis, Wehe, Sutor, Reingard Ida etc.

20. Mit Vater u. Fritz in Steinach gewesen.

21. Von den Stadtlauringer Studenten zu ihrem Commerce eingeladen fuhr ich mit August Berninger u. Geis dorthin. Das Getränke das vortreffliche veranlaßte mich um ¾ 11 Uhr mein Bett aufzusuchen.

22. Ging ich um 8 Uhr morgens mit August nach Hofheim zu seinem Onkel dem Gerichts Arzte Goy, welcher uns nachmittags in den Schleicher'schen Keller führte. Den Abend brachten wir zu Hause mit Pfänderspielen zu (Tochter des H. Rentamtmann Karl).

23. Morgens begleiteten wir H. Goy über die Bettenburg, wo jedoch nur die Aussicht bemerkenswerth nach Erlsdorf. Nachmittags fuhren wir nach dem 2 Stunden entfernten Königsberg. Nachdem wir hier die gothische Kirche gesehen, stiegen wir zur alten verfallenen Burg, wo man ein großes wunderschönes Panorama genießt, ein Punkt, den ich allen Fremden empfehlen kann.

24. Nachdem ich mich in Hofheim empfohlen, traf ich gegen Mittag in Aidhausen ein, von wo ich mit H. Pfarrer u. Dehler, welche eine Reise nach Fulda antraten, nach Münnerstadt fuhr.

25. Ganz Deutschland wurde neuster Zeit durch den Friedens Abschluß Preußens mit Dänemark, welcher nach den deutschen Siegen zur Schmach Deutschlands durch seine Bedingungen ward, politisch aufgeregt. In allen Kreisen besprach man denselben; die politischen u. vaterländischen Vereine gaben ihre Ansichten in Addressen der National Versammlung kund und als nun in derselben der Friedens Abschluß zur Abstimmung kam:

sieh da stimmten Männer (Waitz) die Tags zuvor in vortrefflicher feuriger Rede die Schmach desselben dargethan u. die meisten Abgeordneten aus Schleswig Holstein stimmten für Annahme des Waffenstillstandes. Als nun dieses Ergebniß in Frankfurt bekannt wurde, wurde dasselbe von den Aufwieglern benutzt, das niedere Volk aufzuregen, welches denn auch alsbald zu Errichtung von Barrikaden schritt, welche von Seite des Militärs nur durch Kartätschen entfernt werden konnten. In dieser Bewegung ritten Fürst Lichnowski u. General Auerswald, Mitglieder der National Versammlung (Rechten)unbewaffnet zum Bockenheimer Thore hinaus, wo sie sich alsbald von einem Haufen Gesindel umgeben u. sich gezwungen sahen von ihren Pferden herabzusteigen u. in ein Gärtner Haus zu flüchten. Hier wurde nun zuerst Auerswald vom Dachboden herabgeschleift und mit Knütteln zu Tode geschlagen. Lichnowski fanden die Wilden im Keller und nachdem sie ihm alle Glieder gebrochen, schoßen sie ihm durch das Rückenmark, in Folge dessen er 6 Stunden darauf sein junges (35) Leben aushauchte. Nach diesen Vorgängen wurde sofort vom Reichs Ministerium Reichs Truppen aus Mainz, Darmstadt, Aschaffenburg etc. nach Frankfurt gezogen, das Standrecht verkündet, alle Verdächtige u. die abgelieferten Waffen nach Mainz transportiert. Aber diese Verhältniße griffen noch weiter und veranlaßte Struwe mit seinen Anhängern neuerdings von Freiburg aus in Baden einzufallen und Deutschland mit einer Repuplik zu beglücken: derselbe wurde alsbald vom Militär geschlagen und seine Bande gesprengt. Durch solche unsinnige gewaltsame Versuche wird der freien Bewegung, welche aus sich selbst ohne Gewaltstreiche hervorgehen sollte, um so viel zurück gedrängt, als sie weiter fortgeschritten wäre ohne solche Versuche.

26. Auch in den Münnerstädtern war in diesem Sommer der alte Patrizierstolz erwacht; sie schämten sich eine Land Gemeinde zu heißen und auf ihr Gesuch an die Kgl. Regierung um einen Magistrat erlangten sie Bewilligung. Als nun in der vorigen Woche zur Wahl desselben geschritten wurde, bewarben sich gegen 5-6 um Bürgermeisterstelle, Buch, Wackenreuter, Guck, Mangold,

Schrepfer (Ernst) welche Schrepfer zufiel. Indessen ist derselbe keineswegs zu beneiden, indem er von der einen Partei angefeindet, von der andern, wenn sie nicht erlangen, was jeder Einzelne wünscht, geschrepft wird: ohnedies fehlt ihm, ein so vortrefflicher Mann er sonst ist, die zu einem solchen Amt gehörige Energie.

28. Mit Vater nach Steinach gefahren.

October.

1. Mit den hiesigen Universitäts Studenten nach Burglauer einen Spaziergang gemacht.

2. Wenn die schöne Witterung noch einige Zeit anhält, so haben wir einen vortrefflichen Wein zu erwarten; die meisten Trauben sind schon weich und sehr süß. Dagegen gibt es heuer weniger Obst und nur 1/3 Kartoffel gegen das vorige Jahr.

3. In der Zeitung ließ man die Verhaftung der 8 Ausschußmitglieder des demokratischen Vereins (Greiner, Herrmann, Riedel, Schmolze etc.) welche in der Morgenstunde zwischen 3-5 Uhr vor sich ging. Dieselbe stellte sich jedoch zu übereilt heraus, worauf dieselben wieder freigegeben wurden. Doch war während dieser Zeit die Gemahlin des Adv. Riedel an den Kindbettfrieseln gestorben.

5. In Sigmaringen erreichten die Unruhen einen solch hohen Grad daß der dortige Fürst sich genöthigt sah durch Flucht seine heilige Person, welche jedoch später wieder zwar nicht durch Hilfe eines Engel von Gottes Gnaden, sondern durch das bayrische Leib Regiment.

9. Mit Herrn Rechtsanwalt Hippeli fuhr ich nach Königshofen, um Schneider zu besuchen. Zufällig wurde der Abschied des I. Assessors Kreß nunmehrigen Landrichters von Orb gefeiert: Sämmtliche Schullehrer des Bezirks trugen Lieder im Rathhaussaal vor; vor Beginn der Produktion hielt der Pfarrer von Eiershausen eine Rede an den Scheidenden, welche derselbe sichtbar gerührt beantwortete. Nach Schluß der Produktion wurde im

Rathhaus u. später im Cassino gekneipt; 10 Uhr war vorüber, als wir meine Vaterstadt verließen.

11. Nach Großen Wendheim mit Vater gefahren.

12. Auf heute fiel das Namensfest unseres König: noch immer werden bei solchen Gelegenheiten die Staats Beamten, die Landwehr u. Freicorps angewiesen in Galla oder Uniform dem feierlichen Amte beizuwohnen: eine gezwungene Huldigung ist gar keine.

13. Da heute die Neustädter Studenten Theater spielten, so fuhren wir hiesigen auf einem 3spännigen Leiterwagen zuerst nach Neuhaus, bestiegen hier die Salzburg u. besahen die im bycantinischen Style aufgeführte Kapelle – an und für sich zwar schön aber sie vermischt der alten ehrwürdigen Ruine Eindruck – von da fuhren wir nun nach Neustadt. Gegen ½ 4 Uhr begann die Produktion zweier Stücke von Kotzebue: Die Zerstreuten (Posse in 1 Akt) u. die Verwandtschaften (Lustspiel in 5 Akten). Die Damen spielten ihre Rollen ganz vortrefflich. Nach einer Kneiperei bei Bauer ging ich gen 8 Uhr nach Hause zurück. Gründung der Kammer (Gans, Lack, Zigat, Scheusal, Wuptich, Tsech, Murr, Lucia, Bock, Kinn).

20. Dieser Tage hat sich der Kaiser von Österreich abermals geflüchtet u. dießmal nach Ollmütz. Die Wiener hatten sich nemlich für die Ungarn, welche von kaiserl. u. gelalichschen Truppen bedrängt waren erhoben; ein Theil der in Wien stationierten Regimenter u. die Garden schlugen sich auf Seite des Volkes. Auersberg mußte sich mit den übrigen Kais. Regimentern in das Schwarzenberg'sche Palais zurückziehen. Das kaiserliche Zeughaus wird vom Volke erstürmt, welches sich nun bewaffnete, das Kriegs Ministerium erstürmte, den Kriegs Minister Grafen Latour erschlug u. im Hemd an einer Straßen Laterne aufhing. Trotzdem daß Wien nun von 3 Seiten cornirt ist durch Auersberg, Gelalich u.Windischgrätsch hält sich doch noch die Stadt besonders durch das entschiedene Auftreten des gerade versammelten Reichstags.

22. Todestag des Arztes Schlimbach v. Stadtlauringen, Bruder des letzten Abtes von Bildhausen.

25. Nach Mosbach gefahren.

26. Mit August nach Neustadt gefahren.

28. Onkel Fritz in Poppenlauer besuchte ich in diesen Ferien nicht und zwar aus folgenden Gründen: 1./ findet man bei ihm nicht die freundliche herzliche Aufnahme, wie es unter Verwandten zu sein pflegt, sondern steif und kalt wird man empfangen, wie etwa in hohen Aristrokraten Familien (es ist das eben nicht etwa meine specielle Ansicht, sondern auch Andere fühlen dieses frostige Wesen). 2./ befindet sich Frau Tante in interessanten Umständen, wo sie natürlich sehr empfänglich leicht von meinem Gehuste(?) hätte inficiert werden können. 3./ erfindet Onkel so verrannte ländliche Ansichten, die höchstens im Mittelalter ihre Geltung hatten, dagegen zu jetziger Zeit außer allem Flor gekommen sind: wie es unter solchen Verhältnissen mit der Unterhaltung steht, wird wohl jeder selbst ermessen können.

29. Es ist in der That werth, hier einige Blicke auf die hiesige Anstalt zu werfen, denn man möchte wirklich in späterer Zeit bezweifeln, ob je ein solcher Stand der Dinge existiert habe. In früherer Zeit war das ganze Gymnasium dem Augustiner Orden anvertraut, in dessen Gebäulichkeit dasselbe sich auch befindet. Nun sank aber im Anfang der 20 er Jahre die Zahl der Patres bis auf 2 herab, so daß sich der damalige Prior genöthigt fand, sich an die Regierung mit der Bitte zu wenden: die Anstalt zu besetzen; worauf hin größtentheils weltliche Professoren. Solange diese nun die Mehrzahl bildeten, gedieh die Anstalt. Gegen das Ende der 30 er Jahre nahm nun aber der Prior Pater Prosper Fritzmann gegen 8 Novizen meist Schwaben auf, ließ dieselben die Universität Würzburg besuchen und nach bestandenem philologischen Examen verdrängten dieselben einen weltlichen nach dem anderen (Mauker, Leitschuh, Hertig) so daß schon im Jahr 1846 nur noch der Rektor Dr. Köhler u. Gutenäcker die einzigen waren. Jetzt hatten die Mönche die Überhand gewonnen

und leider trat noch Spannung zwischen K. u. G. ein, worauf sich ersterer zu den Mönchen schlug. Dieses Verhältniß ist neuster Zeit so grell hervorgetreten, daß selbst die kleinen Studenten den Mißstand bemerken. Wollte man auch hiervon absehen, so ist ein bedeutenderer Mißstand noch der, daß den jungen Mönchen theilweise die pädagogische Bildung fehlt, manchen ganz: so ganz besonders dem Verweser der ersten lat. Schule Alipuv (?)der früher Forstmann den Kleinen nun die Principien der latein. Sprache beibringen soll, ein Mann, der nicht einmal der deutschen Sprache mächtig ist. Wird nun aber der Grund schlecht gebaut, so wankt gewöhnlich das Obergebäude und es ist schwer auszubessern. Zum Unglück für die jungen Leute u. der Stadt haben die Mönche es durchzusetzen gewußt ein Seminarium puerorum in ihrem Kloster etablieren zu dürfen, welches jetzt gegen 30 Seminaristen zählt. Ich sage zum Unglücke für die jungen Leute, weil ich von solchen Anstalten mehr Tadelns als Lobenswerthes vernommen habe und weil ich überhaupt der Ansicht bin, daß eine mönchische Erziehung nicht mehr in unser Zeitalter paßt, welches ein freies offenes Einhergehen verlangt nicht kriechendes, heuchlerisches Schleichen. Zum Unglücke der Stadt aber, weil gerade die Reichen in das Garn gelockt werden u. so den Häuser Besitzern ihre Wohnungen leer stehen bleiben. Überhaupt wäre es ein Heil für die Stadt, wenn das Kloster aufgehoben, dagegen ein Pfarrer mit wenigstens 2 Kaplanen an die Stelle träte u. die Anstalt blos mit weltlichen Professoren besetzt. Gewiß würden dies ebensoviel wenn nicht mehr mit ihren Familien verzehren, ganz abgesehen davon, daß die Mönche einen bedeutenden Theil ihrer Nahrung u. ihrer Getränke konsumieren.

30. Da Gläubler mit dem 1.ten künftigen März aus dem Büreau tritt, indem er gegen den 15ten hin das prakt. Examen machen will, so sind vorder Hand von meinem Vater Kappler u. Reinhard aufgenommen worden.

November.
1. Machte ich mit meinem Bruder Abschiedsbesuche.

2. Der alte Revierförster Haid von Bildhausen, welcher schon zu Kloster Zeiten also vor Säkularisation Jäger desselben war, ist dieser Tage pensioniert worden u. wird nach Würzburg ziehen.

3. Theils die politischen Wirren Münchens, theils der Umstand, daß einige der besten Prof. M. als Abgeordnete in Frankfurt weilen u. so der Universität entzogen sind, endlich der Umstand, daß auch mein Bruder Max eine Universität beziehen sollte, bewogen meine Eltern Würzburg für uns zu bestimmen und so fuhren wir denn heute mit dem Eilwagen dahin. Bäschen Nani Ehlen hatte schon die Güte gehabt, uns bei Rentamtmann Metz in der Carthause ein Logie parterre auszumachen. Dasselbe besteht aus 2 Zimmern, welche zwar klein aber recht traulich sind. Die Wohnung hat nur das Unangenehme für sich, daß sie in einer Ecke der Stadt liegt u. so die Entfernung überall hin weit ist. Die Hausleute zwar bejahrt sind sehr wackre Leute, besonders ist sie eine sehr liebenswürdige Frau, außerdem befindet sich noch da eine Schwester von seiner Birte (?) Regina; ein älterer Sohn, der im Kurhause zu Kissingen angestellt ist, ein Gewerksschüler, ein lat. Schüler u. 3 junge Mädchen Linchen, Malchen und. Ferner machten wir heute noch bei Ehlens u. Schmitt Besuche, wo wir recht freundlich aufgenommen wurden.

4. Morgens ließen wir uns von H. Rektor Ossan immatrikulieren (je 5 f. 42 x) u. uns Legitimations-Carten ausstellen (56 x) besuchten Groß u. Wickenmeier u. Julie Kirchgeßner. Nachmittags wurden wir in die Harmonie aufgenommen (6 f).

5. H. Adv. Zorn besucht. Morgens 8 Uhr sah ich von den Fenstern des Forstbüreau aus die Prozession der hier versammelten deutschen Erz- u. Bischöfe während der Cardinal Fürst Schwarzenberg zu Salzburg das Sanctiss trug. Mit Schneidewind, Moritz etc. nach Smolenz gegangen.

6. Wurde ich von Schneider Freund Schmitt besucht. Die Juristen haben bis jetzt noch gar nichts an das schwarze

Brett angeschlagen, was man sich nur daraus erklären kann, daß erst letzten Samstag die theorethischen Prüfungen sich schloßen.

7. Wien hat sich ergeben müssen in Folge eines heftigen Bombardement u. die Stadt in einem Umkreise von 2 Stunden ist in Belagerungs Zustand erklärt: die akademische Legion (die aus 5/6 nicht Akademikern bestand) ganz, die National Garde für vorderhand aufgelöst. Die Waffen müssen abgeliefert werden. An 60 Millionen f sollen in den letzten Tagen zu Verlust gegangen sein. Wie kann sich da das sonst so schöne reiche Wien nachdem sich die reichen Familien fast alle entfernt haben, der Kaiser vielleicht in Jahresfrist die Stadt nicht bezieht, der Reichstag nach Kremsien verlegt wird, wie kann sich unter diesen Verhältnissen Wien wieder erholen? Nie wäre es so weit gekommen, hätte sich nicht der Kaiser blödsinniger Weise aus Wien geflüchtet. In der That ich kann den Kaiser nicht anders entschuldigen als daß er eben blödsinnig ist und daß seine Umgebung es sich angelegen sein läßt, ihn durch Teuschung noch blödsinniger zu machen. Übrigens werfen die Vorfälle in Wien auf die Schwäche unsrer Central Gewalt ein schmähliches Licht welche sich immer mehr zeigt als eine zweiköpfige machtlose Popanz, deren eines Haupt mit den Fürsten liebkost, wenn dieselben die Freiheiten ihrer Völker unterdrücken, und deren anderes dem Volke droht und die Fangzähne zeigt, wenn sich dasselbe erhebt, um sich seine Freiheiten zu bewahren.

8. Wohnte ich in der Anatomie der Sektion eines 21 jährigen Mädchens bei, welche an der Wassersucht gestorben war. (Es hatte ein Pfund schweres Herz.)

9. Auf Empfehlungsschreiben besuchten wir heute H. Professor Dr. Reus in der Univ. Bibliothek u. H. Kellermeister Oppmann im Hofkeller (besucht) und hier noch einen vortrefflichen nur zu süßen Most getrunken. Nachmittags in die Auwiese mit Anton gegangen.

10. Schrieb ich einen Brief nach Hause. Letzten Sonntag sah ich H. Adv. Riedel hier, er war aber mit noch 2 Herrn

so in ein Gespräch vertieft, daß ich ihn nicht ansprechen mochte. Später hörte ich, daß er direkt von Berlin komme, wo er der demokratischen Versammlung beigewohnt habe.

11. Als ich heute morgens aufwachte lag ein fußhoher Schnee und es stürmte den ganzen Tag über fort.

12. Die Aufnahme bei Tante Bernardine u. Onkel Schmitt war die freundlichste gewesen von allen: ihr Entgegenkommen das herzlichste; an ihren Kindern werde ich wenn möglich es wieder vergelten.

13. Robert Blum, der hervorragendste Abgeordnete der äußerst Linken in der National Versammlung zu Frankfurt war in den der Freiheit drohenden Tagen nach Wien geeilt, um hier das Feuer nicht erkalten zu lassen. Als nun Windischgrätz die Stadt eingenommen wurde Blum in seiner Wohnung verhaftet, nach Schönbronn mittelst 1000 Mann eskortiert und hier nach kurzer Untersuchung als Aufrührer standrechtlich erschoßen. Da nun aber nach den Beschlüßen der National Versammlung keines seiner Mitglieder ohne ihre Einwilligung nicht einmal verhaftet- blos im Falle der Ertappung auf frischer That-so bin ich begierg, wie sie sich hier, weil sogar eines ihrer Mitglieder ohne ihre Einwilligung erschoßen wurde, benehmen wird. Wahrscheinlich wird sehr heftig darüber gesprochen werden, ob es aber zu einer thatkräftigen Handlung kommen wird daran zweifle ich. Blum war Buchhändler zu Leipzig u. von dieser Stadt gewählt; er wird nun, wenn auch seine Stellung in Wien eine zweideutige war, doch als Märtyrer für die Freiheit im Volke fortleben: Windischgrätz dagegen wird ewig als Feind der Freiheit gewiß nicht der rächenden Hand des Schicksals entrinnen. – Messenhauser der Kommandant der Wiener National Garde soll ebenfalls erschoßen worden sein: die kräftigen Studenten aber unter das Militär gesteckt worden.

14. Die Weinlager des Hofkellers gesehen und 46 er Stein, der schon jetzt ein vortrefflicher Wein ist, getrunken. Theater: Deutsche Stiefel.

15. Endlich heute begannen meine Kollegien und zwar wie folgt:

von	8	–	9	Deutsches Privat R.	bei	Prof.	Held	tägl.
von	9	–	11	Deutsch u. Bayr. Civ. Pra.	bei	Albrecht		tägl.
von	11	–	12	Strafrecht	bei	Wirsing		tägl.
von	2	–	3	National Öcon.	bei	Deter		tägl.
von	3	–	4	Handels, Lehns, Wechsel R.	b. Held.	Mon. Mitt. Freit.		

16. Wir haben jetzt durchgehendes schlechtes Wetter, heftigen Wind, stürmischen Regen: naßkalte Witterung, die in der That durch Schnupfen, Kopf Weh, heißeren Hals nachtheiliger auf den Körper wirkt, denn trocken kalte. Bei Ehlens zu Abend gegessen.

17. Auch hier ist es mit soviel Umständen verbunden, aus der Universitäts Bibliothek ein Buch zu erhalten; entweder ist es nicht vorhanden oder schon ausgelehnt, so daß man lieber Privat- als öffentl. Bibliotheken angeht.

18. Fast können wir jetzt in Berlin denselben Sieg der Reaktion erleben, wie in Wien. Der König der Preußen ernannte im Ministerium Brandenburg Manteufel welche von Anfang an die Majorität der Kammer nicht besaßen, ebensowenig das Vertrauen des Volkes. Nichts desto weniger bestand der äußerst konstitutionelle König darauf u. die erste Handlung des Ministeriums bestand darin, daß es den Sitz der National Versammlung von Berlin nach Brandenburg verlegte. Darauf ging aber die National Versammlung nicht ein, indem keine Gründe vorlagen. Da nun auch die Bürger Partei für die Nat. Versammlung nahmen, so wurde dieselbe als geschloßen erklärt u. die Stadt durch Wrangel in Belagerungs Zustand versetzt. Bis jetzt kam es nicht zum Kampfe, indem die Versammlung, welche aus ihrem gewöhnlichen Stände Kammer getrieben, sich durch aus passiv verhielt u. ebenso das Volk. Von allen preuß. Städten gelangten über dieses nämlich rechtliche Benehmen der Versammlung Ergebenheits u. Beifalls Addressen ein, so daß sich derselbe bemächtigt fühlte, dem volkstümlichen Ministerium die Steuer Verweigerung entgegenzusetzen. Ich bin begierig wie das enden wird.

19. Heute morgens machte ich bei den Professoren Held u. Albrecht meine Aufwartung und inscribierte mich auf ihre Collegia: bei beiden wurde ich recht freundlich aufgenommen.

20. Das Colleg über National Öconomie hatte ich im vorigen Semester nicht gehört, weil Oberndorfer dieselbe ebenso vorträgt, wie er sie vor 20 Jahren gelesen u. ich der Hoffnung lebte dieselbe später bei Prof. Herrmann, der als Abgeordneter nach Frankfurt abgereist war, zu hören. Nun kam ich auf die Würzb. Universität u. bin hier gezwungen dieses Studium bei H. Prof. Deter vorgetragen zu hören, der dieses so prakt. Colleg noch lederner vorträgt, denn Oberndorfer. Ganz abgesehen davon, daß er ein aus einem Grabe entsprungenes Organ besitzt und erst diktirt und dann erklärt so besteht die Erklärung des Stoffes in nichts Anderm, als daß er das Diktat nochmals abliest: er ist nicht einmal mächtig, andere Constructionen zu bilden oder nur andere Worte zu setzen. Bei diesen Verhältnißen gehört in der That große Ueberwindung dazu das Colleg zu frequentiren.

21. Bei meiner Aufwartung bei den Prof. Held u. Albrecht lenkte ich auch das Gespräch darauf die Universität statt in 2 in 1 Jahre zu absolviren, da wurde mir der Rath zu theil, dieses nicht zu thun, indem ich noch zu viele zu wichtige Collegia zu hören hätte, als daß mir Zeit übrig bliebe, mich gehörig auf das theorethische Examen vorzubereiten. Es sei dagegen zweckmäßiger, in einem Jahr die Praxis zu vollenden, was mir gewiß auch gestattet würde. Ohnedies könnte der Fall eintreten, daß Ostern auf 1 Jahr ein theorethisches Examen stattfände, wo ich die Gelegenheit hätte zu absolviren.

22. Wurden wir von Gleubler besucht, der sich zum Zwecke des praktischen Examens hieher begeben hat. Er brachte zugleich Briefe von zu Hause.

23. Heute reiste Wutscher nach München, dem ich einen Silhouttenkopf an m. Freund Primberg u. den Hausschlüßel an Dr. Kaniberger mitgab. Er wird das theoreth. Examen in München machen.

24. Es findet dermalen hier eine Gewerbe Ausstellung statt, welche ich heute besuchte. Die schönsten u. kunstvollsten Gegenstände haben die Gebrüder Barth geliefert in ihren Mosaic Waaren.

25. Die Bischöfe Deutschlands mit Ausnahme einiger Östreicher haben nun nach ihrem dreiwöchentl. Aufenthalte ihrer Berathungen beschloßen u. sich wieder in ihre Sitze begeben.- Bei Herrn Privat Docenten Wirsing, der Straf Recht nach Heften vorträgt, inscribierte ich mich heute.

26. Wohnte ich im Theater der Aufführung Maria von Medici Lustspiel in 4 Aufzügen von Berger bei.

27. Die National Versammlung zu Preußen hat gegen die Verlegung nach Brandenburg auf Steuer Verweigerung einen Beschluß gefaßt, welcher von einigen Städten verworfen, von anderen angenommen wurde. Letztere wurden sofort in Belagerungs Zustand erklärt.

28. Wegen des Geburtsfestes S. Majestät fanden heute morgens Kirchenfeierlichkeiten Paraden u. in Folge dessen keine Kollegien statt. Nachmittags ging ich mit Eduard u. Max nach Durbach, wo wir heurigen Most tranken. Abend waren wir bei Oncel Wickenmaier eingeladen. In der Harmonie war Ball: ich sah von den Chörchen eine Zeit lang dem Tanze zu; allzugroße Hitze vertrieb mich, der Saal nimmt sich brillant aus.

29. Nun gehen die Wahlen zum bayrischen Landtag vor sich: ob wohl derselbe auch das Schicksal des östreichischen u. preußischen erleben wird.

30. Der Kriegs Minister Weishaupt hat sein Portefeuille niedergelegt: man sagt, weil er die Vermehrung der bayr. Armee nicht für nöthig hielt, General Le Suire rückt an seine Stelle.

Dezember.
1. Im Theater wohnte ich der Posse: der Vater der Debutantin von Bath bei, vorzüglich wurde die Haupt Rolle

Kammer Schauspieler vonWeßnig ganz vortrefflich gegeben.

2. Heute war ich vom Stadt Magistrate (?) betreffend vorgeladen. Ich wurde von der Commission für untauglich erklärt.

3. In der Aumühle Prager Musik gehört.

4. In Betreff der Honorarienbefreiung durchgefallen.

5. Bei Oncel Gros zu Abend gespeist. Im Harmonie Saale fand musikalische Abend Unterhaltung, welche von Böhmen ausgeführt wurde, statt.

6. Prof. Held ist unwohl, weshalb er nicht liest. Brief von zu Hause erhalten.

7. Heute gingen die Wahlen zum bayrischen Landtag vor sich u. hier wurden folgende Männer gewählt: Appl. Direk. Popins, Stifensieder, Kohl etc. Bei Oncel Schmitt – Wurstpartie.

8. Bei Ehlen zu Mittag gespeist. Dann mit Anton nach Gerbrunn gegangen: man genießt von der Höhe eine schöne Aussicht von der Stadt.

9. Ich habe nun bei Herrn Prof. Hildenbrand Rechts Philosophie u. Völkerrecht belegt u. werde versuchen in diesem Studien Jahre noch das theoretische Examen zu machen.

10. Nachmittags mit Anton nach Versbach gegangen u. hier einen vortrefflichen Most getrunken.

11. Heute war ich als Zeuge in Betreff der Kurzsichtigkeit des August Schmitt auf dem Magistrat vorgeladen. – Die preuß. National Versammlung ist aufgelöst u. der König der konstitutionelle hat eine okterierte Verfassung gegeben. Der Kaiser von Östreich Ferdinand der

Schwachsinnige hat abgedankt u. seinen Thron seinem Bruders Sohn Franz Jos. abgetreten.

12. Fand Abend im großen Saale der Harmonie eine musikalische Unterhaltung statt. Am meisten Beifall ärndtete ein neunjähriger Knabe Franz Fischer durch seine Variationen auf der Guitarre.

13. Herr Prof. Albrecht laß in Folge von Unwohlsein nicht. Auch ich habe seit einigen Tagen einen Cartharr u. Schnupfen in so hohem Grade, daß mir mein ganzer Kopf eingenommen ist.

14. In Schönbronn Herrn Amtmann Schneider von Zeulitzheim, der sich Geschäfte halber hier aufhält, gesprochen.

15. Abend begleiteten gegen 100 Fackeln die Leiche des sehr verdienten Prof. der Medicin Franz Mahr durch die Straßen in den Acker der ewigen Ruh. Allgemein bedauert wegen seiner großen Kenntnisse u. rastlosen Fleißes starb er dahin in den besten Mannes Alter – 38 Jahre alt. Die Universität soll durch diesen Todesfall einen empfindlichen Verlust erlitten haben.

16. Die hiesige Universität zählt bis jetzt schon 610 Immatriculirte Studenten u. hat so in diesem Semester um 100 zugenommen. Bei Oncel Schmitt zu Abend gegessen.

17. Mit Schneider nach Smolenz gegangen u. hier Freund Minger, Zö, Gleubler getroffen.

18. Man ist hier sehr gespannt, wie die Wahl des Präsidenten v. Frankreich ausfallen wird, ob Coevoingnar, dieser echte Republikaner od. Louis Napoleon dieser seichte thatenlose Mann obsiegen wird.

19. Heute kam die Nachricht hieher Apotheker Wenzel von Königshofen habe sich erseuft. Zerrüttete Vermögens Verhältnisse haben ihn zu diesem Schritte geführt. Gegen Landrichter Greb u. Kreß soll die actio denegatae justitiae eingeleitet worden sein. Wenzel ein sehr gewandter

Lebemann suchte sich schon seit ½ Jahre diese mißlichen Verhältnisse durch Trunkenheit vergessen zu machen: er soll vor 14 Tagen hier gewesen sein um ein Capital aufzunehmen, konnte jedoch ein solches nicht auftreiben. Nach Königshofen zurückgekehrt verschwand er vorigen Mittwoch u. wurde erst Sonntag als Leiche gefunden. Sein Schwieger Vater, der frühere Bürgermeister Meißner v. Volkach, der schon seit Jahren bei ihm wohnte, wollte die Leiche in das Haus nicht aufnehmen, wurde jedoch durch das Zusammenströmen von 4 – 500 Leuten veranlaßt, diesen Act der christl. Nächsten Liebe auszuführen.

20.   Lerchenfeld, dieser freisinnige Minister ist aus dem Staats Ministerium geschieden, weil seine freisinnigen Vorschläge nicht durchgingen. Man ist sehr gespannt, wer sein Nachfolger wird.

21.   Heute endete das prakt. Examen der Juristen, nachdem es am 1. Dez. begonnen. Gleubler, Will, Hußlein haben dasselbe mitgemacht.

22.   Max ging heute da jetzt die Weihnachtsferien beginnen, nach Poppenhausen u. wird von da mit dem Eilwagen noch nach Hause fahren. Da meine Ferien blos auf 3 Tage sich erstrecken, so werde ich hier verweilen u. diese Tage zum Nachstudium verwenden.

23.   Nachmittags ging ich mit Schneider nach Randersacker; wir haben jetzt gegen 12 Grad Kälte, sodaß sich an den Ufern des Mains schon Eis angesetzt und im Strome Schollen Eises getrieben werden. An der Brücke ist es schon fest zugefroren u. die Jugend ergötzt sich im Rutschen u. Schlittschuhfahren.

24. Den Vorabend der Weihnachten brachte ich bei Oncel Schmitt zu wo das Christkindchen reich bescherte, auch mir setzte es einen Chapeau auf ganz überrascht.

25. Abend fand im Harmonie Saal ein goßes Conzert statt, dem ich beiwohnte. Eine fremde Sängerin Frau Micolino trug einige Piecen vor, besonders zeichnete sich aber H.

Begmann durch seine kräftige gebildete Stimme aus. Die Ouvertüren wurden vortefflich durchgeführt.

26. Bei Ehlens eingeladen mit Vill, der nun seine Praxis in Kitzingen bei H. Landrichter Cloner fortsetzt. Mit Anton nach Zell gegangen u. hier sehr gutes Bier getrunken.

27. Heute begannen vertröpfelt die Collegien wieder. In Schweinfurt hat die Gastwirthin des Wilden Manns, so wurde mir erzählt, binnen 2 ½ Jahren 8 Kinder geboren: 2 mal Drillinge, 1 mal Zwillinge, von denen nur noch 4 leben.

28. Von der 3. einen flor.

29. In Bayern ist schon wieder eine Minister Krisis eingetreten u. zwar eine solche, daß es seiner Majestät geht wie dem Diogenes mit seiner Laterne und der Landtag vor der Thüre.

30. Heute hielt Robert, Ritter von Welz eine öffentliche Disputation in lateinischer Sprache, um Privat Docent der Medizin werden zu können. Die Dr. Fentor, Narr, Rienecker, Kiwisch, Ritter von der Rotterau disputirten mit ihm.

31. Abend ging ich in den Harmonieball, der sehr besucht war. Die jungen schönen Damen entwickelten einen Staat, der in einer Stadt wie Würzburg den höchsten Grad erreicht hat: in seidenen Kleidern zu tanzen scheint mir eine Üppigkeit. Mit dem Schlage 12 Uhr spielt die Musik mitten im Tanze einenTusch: alles rennt durcheinander u. Bekannte rufen sich Prost Neujahr zu. Hierauf folgt eine Verlosung: ich hatte mir ein Loos genommen u. für Oncel Schmitt, der mit Tante auf den Ball zu gehen verhindert war, 2; von diesen 3 gewannen 2; und zwar dem Oncel Schmitt eine vergoldete Kaffetasse und mir ein Halstuch mit seidenem Streifen. Wenn auch beide Gewinne (das Loos kostet 24 x) keinen bedeutenden Werth hatten, so freute es mich doch, daß das Glück mir eines Theils hold war, denn es waren Herren da, die 5 Loose hatten u. lauter Nieten zogen. Das Halstuch werde ich meiner alten Magd zum Neujahr geben. Für mich, der ich nicht tanze, hat nun

freilich der Ball nicht das Interesse, wie für andere und doch gewährt es mir Unterhaltung, wenn ich mit kalten Blicke schaue, wie manches Auge fieberhaft flammt, mancher Busen unruhig wogt und die schmachtenden Locken sich wirr auflösen, den Mann zu umspinnen.

Januar.

1. Onkel und Tante Schmitt, denen ich heute ihren Gewinnst überbrachte, waren sehr erfreut darüber. Abend bei ihnen zugebracht.

2. Heute am Stiftungstage der Universität hielt H. Rector Dr. Osann eine Rede: die Folge – ein dies academicus.

3. Herrn Geometer Hartung mit Gemahlin u. 2 Töchtern, welche von Aschaffenburg nach München reisten, kennengelernt. Ein Sohn des H. Rentamtmanns Metz, der in Prag etablirt ist, hat eine Tochter von Hartung zur Gemahlin.

4. Heute traf die traurige Nachricht hier ein, daß Tante Isabella in Kissingen einer Lungen Entzündung erlegen sei. Einer eben nicht angenehmen Zukunft hätte sie entgegengehen müssen: so wurde sie mit einem Schlage, dem sich kein Mensch entziehen kann, davon befreit.

5. Dieser Tage hatten wir 14 – 16 Grad Kälte, so kalt, daß in meinem Schlafzimmer das Wasser einfror. Nun hat sich der Himmel wieder zugezogen und scheint vielen Schnee bringen zu wollen.

6. Herr Prof. Martins liest jeden Samstag von 11 – 12 Uhr ein Collegium publicum: in welchem er Narren vorführen läßt, ihre Lebens Geschichte, die Entwicklung die Art und die Heilung des speciellen Wahnsinns vorträgt. Drei weibliche wurden heute vorgeführt, von denen Eine durch Roman Lesen, jedoch die Erblichkeit des Übels in sich tragend in die reine Manie versetzt wurde. Sie hat einzelne fixe Ideen (z. B. falschen Zopf, nächtlichen Besuch) u. springt von einem auf den anderen. Dabei hat sie originelle Einfälle und antwortet oft überraschend schlagend: er glaubt daß die Geisteskranke wieder herzustellen wäre.

7. Den Nachmittag brachte ich bei H. Revier Förster Heid, der sich hieher zurückgezogen hat, zu u. wir unterhielten

uns, da ich die Verhältnisse des früheren Klosters Bildhausen in Anregung brachte, vortrefflich. Gen Abend traf Max von seiner Ferien Reise hier an. Wir hatten viel zu erzählen.

8. Bäschen Augusta Ehlen hatte gestern Abend ein Unglück, es fiel auf sein Gesicht u. hat sich dadurch eine Blut Unterlaufung zugezogen. Ich besuchte sie heute, um ihr mein Beileid zu versichern.

9. Es hat jetzt einigen Schnee geworfen u. schon sieht man einzelne Schlitten durch die Straßen der Stadt fahren.

10. Ich war doch schon in so manchen Städten und noch in keiner, selbst nicht im wonnigen Mai Monat sah ich soviele Liebespaare wie hier in den jetzt so eisigen Winter Abenden. Bald unterhalten sie sich vom Fenster aus, bald Arm in Arm u. letzthin ereignete sich es sich gar, daß einer im Taumel vom Walle in den Stadtgraben hinunterpurzelte.

11. Die Straßen Polizei ist hier eine schlechte: es finden sich hier Gäßchen die ganz mit Eis überzogen, es wird nicht aufgehaut, nicht einmal gestreut; fällt ein Schnee, so wird nur äußerst selten Bahn gekehrt, sie muß erst durch Fußgänger gebrochen werden, heufig wird der Schnee auf die Gehwege hingeschoben.

12. In der Einrichtung der Harmonie habe ich nur einen Punkt auszusetzen: daß die außerordentl. Mitglieder, die doch nur 6 f. weniger zahlen, dann die ordentlichen, nicht einmal ihre Wünsche betreffs der Anschaffung von Zeitungen geltend machen dürfen u. so ist es gekommen, daß, obwohl so viele Zeitungen aufliegen, dieselben mehr oder minder eine Tendenz verfolgen u. die liberalen die freisinnigen (z. B. die Mannheimer Abend Ztg., die Trierer Zeitg.) verbannt sind, dagegen die ultramontansten, die servilsten Zeitungen stark vertreten sind.

13. In den Morgenstunden hatten wir eine Kälte von 10 – 12 Grad u. als ich Abend nach Hause ging fiel ein ganz lauer Regen, was auf wenigsten 2 – 4 Grad Wärme schließen ließ.

14. Die ganze Nacht hindurch fiel ein dichter Regen, so daß der hohe Schnee bis gen Abend verschwunden war. Folgen dieses heufigen u. grellen Temperatur Wechsels werden verschiedene u. gefährlich um sich greifende Krankheiten sein.

15. In München werden dieser Tage die ersten öffentl. Gerichte abgehalten werden. Die dortige Universität ist in diesem Semester von mehr denn 1600 Studenten, unter denen sich 130 Wiener befinden, besucht.

16. In Folge des so raschen Schneegangs u. der warmen Witterung ist der Main bedeutend angeschwollen u. hat seines Eises Decke gebrochen. Es ist etwas großartiges, wenn man von der Brücke herab, die beständig mit Schauenden bedeckt ist, dieses gewaltige Eistreiben mit ansieht u. von Stunde zu Stunde das Wasser wächst, so daß man eine große Ueberschwemmung befürchtet.

17. Dieselbe hat sich in der That eingestellt und fährt man in der Büttners Gasse mit Kähnen herum.

18. Von allen Seiten laufen Nachrichten von Ueberschwemmungen ein, besonders wurde Nürnberg großer Schaden zugefügt, selbst Menschenleben sind darauf gegangen. – Heute findet in München das erste öffentliche Gericht statt.

21. Mit Anton nach Gerbrunn gegangen.

22. Heute ist in München die Stände Eröffnung. Zum I. Präsidenten der Kammer wurde Frh. v. Lerchenfeld u. zum II. Graf Hegenberg Dux von S. Majestät bestätigt.

23. Die Mitglieder haben sich schon nach ihren politischen Ansichten in 3 Gruppen getheilt: 1. die rechte (reaktionäre ultramontane) mit Abul an der Spitze, 2. das Centrum (monarchisch konstitutionell) mit Lerchenfeld u. 3. die Linke (demokratische) mit Willich an der Spitze. Die erste zählt unter ihrer Fahne die Geistlichen u. starren Bürokraten, die zweite die Gemeinde Beamten u. die 3.te alle Pfälzer u. die Landleute.

24. Die Thronrede, welche S. Majestät bei Eröffnung des Landtags hielt, hat keine Partei zufriedengestellt, besonders berührte es nun angenehm, daß die Grundrechte nicht erwähnt, ebenso wenig eine Erstarkung eines einigen Deutschlands.

25. Heute fand hier im Kreis Gerichte die I. öff. Sitzung statt, welcher ich beiwohnte. Die richterlichen Personen waren der Kreis Dir. (Seufert) mit 4 Räthen als die eigentlichen Richter, ferner der Staats Procurator u. der Actuar (Zinn). Ferner war der Damnificat u. der Beschädigte – Bauer: der Vertheidiger des Ersten – Adv. Zorn. – Nachdem der Director die aufgehende Morgenröthe der Öffentlichk. u. Mündlichk. geprießen, ging er auf die Untersuchung selbst über, stellte an den Damnif. die gewöhnl. Fragen wie alt, welche Religion, ob verheirathet, ob vermögend etc. Hierauf mußte der Damnificat den Tathbestand, der in einem Diebstahl von 184 f. mittelst nächtl. Einbruchs bestand. Als die Richter u. der Staats Procurator, sowie der Vertheidiger keine Fragen mehr an ihn zu richten hatte, wurde der Beschädigte vorgeführt, ihm der Eid abgenommen, worauf das zur Sache Gehörige vorbrachte. Hierauf reasümirte der Staats Procurator den Thatbestand u. verurtheilte ihn wegen ausgezeichneten Diebstahls in 4 Jahre Arbeits H. Jetzt ergriff der Vertheidiger das Wort u. nachdem er dargethan, daß der Damnif. nicht aus böswilliger Absicht, sondern durch die Noth hiezu getrieben, indem er von Gleubigern gedrängt u. seine Frau der Entbindung nahe, ferner daß derselbe die große Reue zeige (er weinte), so solle man bei ihm nicht die Strenge des Gesetzes obwalten lassen, sondern ihn nur mit 2 J. Arbeitshaus bestrafen, damit einerseits den Gesetzen genügt anders er nicht zu lange seiner Familie als der einzige Unterstützer entzogen sei. Hierauf verließen die Richter den Saal u. kehrten nach einer halben Stunde mit dem Urtheile zurück, welches in Erwägung etc. auf 2 Jahre Arbeitshaus lautete. Der Andrang des Publicums war bei dem so beschränkten Raume (150 – 200 P.) sehr groß u. eine unerträgliche Hitze lastete im Saale: trotzdem verhielt sich dasselbe gemessen. Die ganze Verhandlung dauerte von 9 Uhr – ½ 12 Uhr. Die Voruntersuchung hatte

Assessor Plettner v. Arnstein geführt, da der Diebstahl in Opferbrunn vor sich gegangen.

26. Die Sonne sendet jetzt schon so warme Strahlen, daß ich dieser Tage in den Anlagen um die Stadt schon ausgeschlagene Palmen sah, ja die Knospen der Kastanienbäume treiben schon ihr Öliges aus. Auch sieht man heufig schon Leute im Freien sitzen.

27. Der Correspondent hat sich in seiner Ansicht, daß die Rechte in der bayr. Kammer bei Weitem das Übergewicht habe, sehr getäuscht. Ich kann mich auch durchaus nicht für die Rechte entscheiden die fast immer so stimmt, wie es das Ministerium wünscht: es kommt mir dies so unfrei, so kriechend vor, wie es mir ein sehr unbehagliches Gefühl ist, wenn ich mich mit Jemandem unterhalte und der stimmt mir, ich mag noch so verkehrtes Zeug sprechen, unbedingt bei. Leider zählt die Rechte Kräfte, wie sie vielleicht die Linke nicht aufzuweisen hat: ich wünschte nur letztere möchte nicht so oberflächlich gebildete, sondern tief praktisch Eingeweihte zählen. Jedoch wird keineswegs zu befürchten sein, daß dieselbe in dieser Hinsicht von der Rechten überrumpelt werden würde, indem die Hpt. Fragen u. die Lösung derselben schon vorher bei den einzelnen Parteien zur Sprache kommen u. dann die nachfolgenden Reden von wenig Einfluß mehr sind.

28. Heute wohnte ich in der Universitätskirche einer Predigt des Herrn Prof. Schwab bei. Obwohl ich sonst eben nicht ein besonderer Freund von Predigten bin, hatte ich doch als dieselbe endete nur den Wunsch, sie möchte erst beginnen. Er hielt einen Vortrag über die Ehe u. das Verhältniß der beiden Gatten gegenseitig in so ruhig, fein durchgebildeter Weise, wie ich noch nie einen Geistlichen sprechen hörte. Er vermeidet alles Schreien, alle Gestikulation, alles Augen verdrehen der auf das gemeine Volk wirkenden Mönche, nur wäre zu wünschen sein Organ wäre ein stärkeres: allein das steht nicht in seiner Macht. Es hat sich hier das Gerücht verbreitet und scheint sich in der That zu bestätigen, als sei den theologischen Seminaristen wegen der freisinnigen Ansichten des H. Prof.

Schwab der Besuch seiner Predigten untersagt. Andererseits behauptet man der Grund des Verbots sei der, weil immer sehr viele Damen den Predigten beiwohnten. Ist der erste Grund die Veranlassung des Verbots, so schadet sich die Geistlichkeit nur in den Augen des Volkes, indem hieraus zur Genüge erhellt, daß sie die Zeit mit ihren Folgen nicht aufzufassen im Stande ist oder daß sie sich als ohnmächtig dem entgegenwerfen will; der 2.te Grund wäre aber in der That noch lächerlicher, denn er gereicht der ganzen Anstalt zur Schmach. Was wäre von solchen schwachen Leuten zu erwarten wenn sie wieder ins Leben einträten: es bliebe nichts anderes übrig, denn sie unter Glas und Rahmen zu stellen.

29. Die Damen entwickeln hier an Sonn- u. Feiertagen einen Staat verbunden mit einer Eleganz, wie man ihn nicht leicht in andern Städten wiederfindet u. lassen es sich äußerst angelegen sein auf öffentlichen Plätzen sich zur Schau auszustellen. Man muß die neidischen, die hämischen Blicke gesehen haben, welche auf die einzelnen Anzüge von ihrer Seite geworfen werden, was zu dem Schluße berechtigt, daß Eitelkeit u. Stolz bei den Meisten die Oberhand gewonnen.

30. Anton hat sich gegen das Domino verschworen.

31. Bei Oncel Ehlen zu Abend eingeladen. Franz u. Anton sind da nicht sichtbare Traurige Existenz, noch trauriger zukünftig.

Februar.
1. Briefe von zu Hause erhalten. Bei Oncel Schmitt zu Abend gegessen. – In Folge einer Revolution sah sich der Pabst veranlaßt aus Rom zu flüchten u. hält sich nun schon seit einem Monate in Gaeta im Königreich Neapel auf. Derselbe Pabst, den früher die Römer auf den Händen trugen.

2. Seberich, der ein Jahr nach mir das Gymnasium absolvirte, ist dieser Tage auf Vorschlag des Magistrats hin zum Mathematic Lehrer an der Gewerbeschule ernannt worden, der kann von Glück sprechen.

3. Neuerdings sollte in Paris ein Umsturz der Dinge herbeigeführt werden; derselbe wurde alsbald unterdrückt.

4. Diesen Mittag war ich mit den beiden Barben bei H. Revierförster Haid zu Schweine Knöcheln eingeladen. Auch den älteren Barben Fritz, der von Lahr heraufgereist war, sprach ich später dort.

5. Bei Oncel Wickenmeier den Abend zugebracht.

6. Die Memoiren der Lola Montez, wovon dieser Tage in München die ersten Druckbogen erschienen waren, wurden von hoher Seite angekauft. Das sind die Nachwehen.

7. Ronge macht jetzt seine Rund Reise durch Bayern von München, Nürnberg kommend traf er dieser Tage in Kitzingen ein u. hat in diesen 3 Städten kirchl. Deutsch kathol. Gemeinden gegründet. Würzburg wird er wohl umgehen, denn hier hätte er für sein Leben zu fürchten.

8. Heute beging ich meinen 22. ten Geburts Jahr, wie die Jahre so rasch vergehen wie im Traume nur hie und da taucht in mir eine dunkle Erinnerung aus meinen Kinderjahren auf u. dies waren entweder sehr freudige oder ernsthafte nachwirkende Momente.

9. Der frühere Minister Abel wurde wegen einer voreiligen unüberlegten Bemerkung gegen den Präsidenten zur Ordnung gerufen. Aber auch von allen Seiten angegriffen, mußte der Inngrimm sich Luft machen. Er muß nach meinem Dafürhalten eine verzweifelte Stellung haben und ich weis nicht ob nicht für ihn, für das Land u. den König besser gewesen wäre, wenn er gar nicht als Wahlmann aufgetreten wäre.

10. Östreich, das sonst die National Versammlung aber nicht sehr in hoher Achtung hält, hat doch die von ihr ausgehende Wechsel Ordnung nicht nur ohne alle Abänderung in seinen deutschen Landen, sondern auch in allen übrigen eingeführt. Ein Zeichen, daß dieses Gesetz

ausgezeichnet durchgearbeitet u. ebenso praktisch sein muß.

11. Heute bejahrt es sich daß in München Gräfin Landsfeld die Stadt verlassen mußte. Obwohl König Ludwig sich in diesem ereignisvollen Tag zurückversetzt hat u. wie so manches andere sich verändert hat.

12. Im Kreis Gericht fand heute die II. te öff. Sitzung statt unter einem Zudrange des Publicums, daß der beschränkte Raum kaum die Hälfte fassen konnte. Abermals kam ein Diebstahl zur Verhandlung begangen von e. Mädchen von 23 Jahren aus Heidingsfeld: sie entwickelte selbst während der Verhandlung einen großen Leichtsinn, was auch schon aus dem fortgesetzten Diebstahl hervorging. Unwillkürlich riß ein Jude, als Zeuge das Publicum durch seine jüdische Gesticulationen, Betonungen etc. zum Lachen hin, selbst die Richter mußten sich Gewalt anthun nicht mit einzustimmen. Der Staatsanwalt trug auf 3 Jahr 6 Mon. Arbeitshaus nebst Tragung der Untersuchungs Kosten an. Nach der Vertheidigungs Rede des Accessisten Haus fanden sich aber die Richter veranlaßt das Urtheil auf 2 Jahr 9 Mon. u. auf Unterbürdung der Untersuchungskosten auf die Staatskasse zu fällen. Die Sitzung währte von 9 Uhr – ¾ 2. – Der Eid wird jetzt mittelst Aufstrecken der ganzen rechten Hand geschworen mit der Schlußformel: So wahr mir Gott helfe, die Juden setzen hiebei ihre Kopfbedeckung auf.

13. Unser gesammtes Ministerium hat abgedankt. Nachdem nemlich die Thronrede bei Eröffnung der Kammer sehr allgemein gehalten und nichtssagend war, wurde dieselbe von Seite der Linken äußerst energisch beantwortet. Die Minister glaubten wenn dieselbe speciell in der Kammer zur Debatte gebracht würde, daß dann vielleicht eine zahmere Umschmelzung daraus hervorgehen möchte. Sie setzten wirklich die specielle Debatte durch – aber sieh – die Addresse der Linken erhielt ihre alte Fassung u. das Ministerium nachdem es bemerkte, daß es nicht die Majorität der Kammer besaß, gab seine Entlassung ein. Daß auch H ? , der Justiz Minister mitfällt

ist ein großer Verlust für B. denn seine politische Richtung mag sein wie sie will, ein tüchtiger Justizmann war er, dies müssen selbst seine Feinde zugestehen.

14. Bei Kirchgeßner Julie lernte ich die Tochter des App. Rathes Samhaber v. Aschaffenburg, die sich hier auf Besuch befindet, kennen: eine nichtssagende Blondine.

15. Um den König irre zu leiten veranstalteten ihm die Reaktionäre einen Fackelzug und der König nahm ihn an. Durch das ganze Land werden durch geistliche Pius Vereine gegründet, die zu ihrem Zwecke constitutionelle u. religiöse Freiheit hätten. Wenn man aber tiefer in ihr Treiben schaut, so geht hervor, daß ihre Tendenz Herbeiführung der alten Zeit ist d. h. sie möchten das erwachte politische Leben im Volke zurückdrängen u. den frühern ihr finsteres Treiben begünstigenden Indifferentismus wieder einführen. Sie wollen nichts von einer Einigung Deutschlands im Innern nicht von seiner Erstarkung gegen außen wissen: in der Ohnmacht desselben finden sie ihre unheilvolle Macht. In ihrer kriechenden Thätigkeit werden sie mit aller Zuvorkommenheit vom Adel unterstützt und nur zu gut wissen sie beide vereint die Beschränktheit des gläubigen Landvolkes zu ihrem Zweck zu benützen. Auch in Münnenstadt hat sich ein solcher Verein gegründet unter der Leitung der Geistlichen Mohr u. Moritz: daß sie in der eigenen Grube, die sie in der Freiheit des Volkes graben, stürzten u. ihren wohlverdienten Lohn ernteten!

16. Der Kassa-Official Lizius, der diese Stelle der Schönheit seiner Schwester u. ihrer Hingabe an König Ludwig verdankte, ist dieser Tage wegen Unterschlagung von 18000 f in die Frohnfeste abgeführt worden. Er muß großen Aufwand gemacht haben, denn sein Gehalt belief sich auf 600 f und von Herzog Max erhielt er jährlich 1000 f, weil er eine seiner Maitressen geheirathet hatte, der Krug geht so lange zum Wasser bis er bricht!

17. Gestern Abend war ich in einer Gesellschaft (Stendorf), wo auch der Abgeordnete Roßbach, der die Faßnacht-ferien zu seiner (?) benutzt hatte, anwesend war. Er

besprach, was bis jetzt die Kammer gethan u. charakterisirte in kräftigen Zügen einige Persönlichkeiten der Kammer wie den alten auf Krücken einherschreitenden Schüler, das tüchtigste Mitglied der Linken. Auch Reinhard erwähnte er, der der Possenreißer der Kammer sei u. wenn er spreche mit der Gallerie koquettire etc. Er glaubt an keinen langen Bestand der Kammer.

18. Heute am Faßnachtsonntage hatten wir einen Tag wie man ihn im Monat Mai nicht schöner wünschen kann. Die Beume schießen schon Knospen u. einzelne Gestreuche treiben zarte Blätter. Es wäre für die Cultur sehr nachtheilig, würde uns nochmal der Winter sein kaltes Antlitz zeigen. Mit Anton, Schneider, Mor. u. Heid nach Versbach gegangen.

19. Am Faßnacht Montage las blos H. Prof. Albrecht 2 Stunden Civil Proceß, so daß ich Nachmittag mit Anton etc. einen Spaziergang nach Rimpar machen konnte, wo vom Jäger'schen Wirts Haus man gewiß befriedigt weggehen kann.

20. Nach Gerbrunn gegangen. Durch unser frühzeitiges Nachhausegehen waren wir befreit von einem orkanartigen Sturme, der die Faßnacht schloß u. die Fastenzeit einführte.

21. Es sind jetzt 14 Tage und noch haben wir kein Ministerium: es muß in der höchsten Regierung ganz verzweifelt ausschauen. Dietz, Landr. u. Gemünder.

22. Mittags wohnte ich der Sektion eines 16 jährigen Mädchens, das am Nervenfieber gestorben war, bei. Im hiesigen Spitale finden jährlich gegen 300 Sektionen u. in Entbindungs Anstalt fast ebensoviele Geburten statt.

23. Heute ist der Jahrestag der II.ten französischen Revolution (s. 28. 29. Febr. ds. vor. J.) Bedeutungsvoll hat dieser Moment durch ganz Europa sich fortgepflanzt und seine Früchte sind theils noch unreif, theils wurmstichig, theils verfault, keine zeigt sich als reife süße Frucht: es fehlte dem alten Baume an treibenden Saft u. so

lange nicht einer junger kräftiger Sproß Wurzel faßt, so lange werden die Völker vergebens sich laben wollen am Baum der jungen Freiheit.

24. Heute kehrte Max von seinen Faßnachtferien zu Grafenreinfeld hieher zurück. Es scheint ihm dort gefallen zu haben.

25. Die bayr. Kammer wurde von S. Majestät vertagt, vielleicht nur ein Schritt näher zu ihrer Auflösung. Die Münchner Arbeiter feierten den Bejährungstage der französischen Repuplik durch Banquett.

26. Die Lizius, frühere Maitresse Königs Ludwigs, dann des Prinzen Karl heirathete v. Stopaeus: sie soll eine jährliche Pension von 1200 f beziehen.

27. Nachdem die Römer wirklich den Pabst seiner weltl. Macht entsetzt u. die Repuplik reklamiert haben, hat der Pabst von Frankreich, Östreich u. Spanien angenommen.

28. Nachmittag wohnte ich im Spitale der Sektion eines 16 jährigen Mädchens bei, das am Nervenfieber gestorben war.

März.
1. Bei Oncel Ehlen zu Abend eingeladen.

2. Obwohl der Schluß dieses Semesters herbei gekommen, verlassen doch schon Einige die Universität und begeben sich in ihre Heimath.

3. Abend mit Schneider, Freund, Embden, Zoller u. Fischer in der Mainlust: sehr schönes Lokal und gutes Bier.

4. Gestern gingen nach Orb 400 Mann Militär mit 4 Kanonen ab, weil die Orber 50 Mann Soldaten die in ihrer Stadt kasernirt war, davon gejagt hatten. Herr Landrichter Kreß, der erst seit ½ Jahr dorthin ernannt ward, wird viel Unangenehmes zu erleben haben. Ein Zustand der Verzweiflung muß nun in der Stadt herrschen: 400 Mann

Einquartierung, wo die armen Leute kaum Brod zu essen haben.

5. Heute hatte der Senior der Mainländer Dotterweich aus Bamberg großes Pech: er befand sich auf dem Fechtboden u. sah zweien im Schlagen zu, da springt die Spitze der Klinge des Einen ab u. ihm in's Aug. Man glaubt jedoch, daß der Sehnerv ihm nicht verletzt wurde. – Heute Mittags schloß H. Prof. Held sein Colleg über Handels- u. Wechselrecht.

6. Abend fand in der Harmonie ein Concert statt. Freulein Achilles sang eine Arie aus Robert der Teufel sehr rein u. Frau Lehmann spielte mit ausgezeichneter Fertigkeit u. vielem Gefühle auf der Pedal Harfe.

7. Im Ingolstadter Höfchen traf ich nach langen Jahren Morelli, der früher in Münnerstadt studirt hatte u. jetzt als Provisor in der Kern Apotheke dafür conditionirt ist.

8. Großes Aufsehen erregt in Bayern ein Antrag des Finanz Ausschußes der Ständekammer in Betreff der griechischen Geldsendungen. Es sollen nemlich an 6 – 10 Millionen aus Staatsmitteln heimlich nach Griechenland gewandert sein ohngerechnet der jährlichen Appanage von 80000 f: es soll nun diese eingezogen u. König Ludwig mit seinem Privat Vermögen für die Zurückzahlung obiger Summe haften, außerdem die damaligen Minister in Anklagestand versetzt werden.

9. Endlich haben wir ein neues Ministerium erhalten, Kleinschrot Min. der Justiz, Förster früher Director in Augsburg Min. des Innern, Ringelmann Min. des Cultus u. des Unterrichts, Lesuire blieb Kriegs Min. – In Rücksicht hierauf u. weil in Frankfurt wichtige Debatten zur Sprache kämen vertagte man die bayr. Ständekammer bis 10.ten April, die Hpt. Ursache der Auflösung mag aber wohl die Anregung von Fragen Seitens der Kammer gewesen sein, deren Beantwortung man gerne verschiebt.

10. Auch der Kaiser von Östreich hat den Reichstag mit Gewalt aufgelöst u. dem Lande eine oktroirte Verfassung

aufgedrungen. Gegen 6 Mitglieder der Linken wurden verhaftet unter diesen Prato, Fischhof um Kriegsrechtl. mit ihnen zu verfahren.

11. Die Ungarn wehren sich mit Macht gen die Östreicher, welche neuster Zeit bedeutende Schlappen von ihnen erhielten. Wie viel Blut wird noch fließen, bis diese so verschieden artigen aber unter ein Scepter geknechteten Völkerschaften sich ihre eigene Selbstständigkeit erfochten haben.

12. Bei Oncel Wickenmaier zu Abend gegessen, wir unterhielten uns ganz vortrefflich.

13. Oncel Schmitt hatte uns auf heute Abend zum Abschied eingeladen.

14. Heute machten wir in Würzburg unsere Abschieds Besuche u. Abend kamen wir noch einmal mit Schneider im Reuter'schen Brauhause zusammen.

15. Um ½ 10 Uhr fuhren wir aus Würzburg und nachdem wir in Werneck zu Mittag gespeist gelangten wir um ½ 3 Uhr nach Schweinfurt. Von da setzten wir unsern Weg zu Fuß nach Rannungen fort. Hier hatte der Wirth die Güte uns bis auf die Schindbergs Höfe fahren zu lassen, von wo wir gegen 8 Uhr im väterlichen Hause anlangten.

16. Mit Vater, der eine Tagfahrt in Großwenkheim hatte, fuhr ich dahin; es war ein unfreundlicher stürmischer Märztag.

17. Landrichter Greb ist pensionirt worden, schon seit 38 Jahren war er Vorstand eines Gerichtes u. wohl in Dienstjahren der älteste im ganzen Kreise.

18. Der Landtags Abgeordnete Reinhard hielt heute in Neustadt eine Volks Versammlung, in welcher er über das Wirken der Linken in München u. besonders über das griechische Anlehen sich ausließ. Dieselbe verlief ruhig, Wirthe u. Bäcker wünschen eine baldige Wiederholung.

19.   Prof. Philipps wurde als Prof. an die Universität Würzburg u. Lassaux an die zu München ernannt. In Folge dessen war in letzter Stadt eine Studenten Versammlung, in welcher Addressen für u. gegen aufgelegt wurden.

20.   Mit Vater, Gleubler nach Maßbach gefahren. (Beweismittel im Civ. Proceß)

21.   Auch die Juristenfakultät in Würzburg hat eine Gegenvorstellung gegen die Reactivirung Philipps an das Ministerium gemacht: ich bezweifle ob sie von Erfolg begleitet wird.

22.   Mit Vater, der eine Tagfahrt in Poppenlauen hatte nebst der Mutter u. Max den Oncel Fritz besucht. Nahe an 2 Stunden weilten wir wohl schon ohne daß wir den Oncel von Angesicht zu Angesicht sahen u. kaum war er erschienen als er mit einer inneren Freude u. Hohn in die Worte ausbrach: Nun der Schellhammer, der Favorit vom H. Landrichter hat sich an die Spitze in Maßbach gestellt u. hält da nächsten Sonntag eine Volks Versammlung. Mir hätte nun nichts daran gelegen ob der oder jene eine Volks Versammlung hält, aber nur die Art u. Weise u. der Ton, mit dem er Favorit vom H. Landr. aussprach, der indignirte mich. Ich erwiderte ihm: das sei nicht wahr, indem ich allerdings wußte, daß die Stadtlauinger u. der Sohn vom Herrn Reinhard u. Zirck beide Landtags Abgeordnete veranlaßt hatten, einer Volks Versammlung in Maßb. thätig beizuwohnen. Daß ich nun sagte: das sei nicht wahr, griff ihn so sehr an, daß er aufbrauste, mir anvertraute, er sei der Oncel u. ich der Neveu, ob ich so zu ihm zu sprechen hätte. Ich erwiderte, daß der Ton, in welchem er der Favorit vom H. Landr. mich empört habe u. als er nun das Zimmer verließ, so sah ich mich der Tante gegenüber zu der Erklärung veranlaßt, daß es mir unangenehm gewesen wäre, daß es zu diesen Mißhelligkeiten gekommen; übrigens würde es mir Niemand verübeln können, daß ich eine solche Äußerung nicht stillschweigend hinnähme. Da es nun den Anschein habe, daß der Oncel meinetwegen das Zimmer verlassen habe, so könnte ich mit Ehren auch nicht länger hier weilen u. verabschiedete mich mit diesen Worten.

23. Ronge reist neuster Zeit viel in unserem Franken herum und scheint besonders in Schweinfurt einigen Anhang zu gewinnen. So hat schon vor etlichen Monaten Jens Sattler sein jüngstes Kind nach deutsch katholischen Ritus taufen lassen.

24. In der ersten Lesung ist die erbliche Kaiserfrage in Frankfurt durchgefallen und ebenso ist dem deutschen Volke die Souverenität abgesprochen worden. In der That das hatte das deutsche Volk von seinen Vertretern nicht verdient, denn ihm allein hatten sie ihre Tagung zu verdanken, gewiß nicht unsern Fürsten.

25. Heute fand in Maßbach eine Volks Versammlung statt, bei der sich die Abgeordneten Reinhard u. Zirck betheiligt. Es verlief die ganze Festlichkeit ohne die geringste Störung.

26. Lola Montez verkauft jetzt in London einen großen Theil ihrer Mobilien, denen viele mit dem bayr. Wappen geziert sind!

27. Mit Vater, Gleubler nach Maßbach gefahren, Rudolph Kretzer gesprochen: vortreffliches Bier getrunken.

28. In der II.ten Lesung ist die Erblichkeit der Kaiserwürde festgesetzt worden u. die Wahl auf den König von Preußen gefallen mit einer Majorität von 42 Stimmen. Welcher Umschwung der Dinge! Kaum ist ein Jahr verfloßen daß man denselben König von Preußen in vielen Städten in effigie verbrannte, köpfte u. jetzt drückt man ihm die Kaiserkrone auf, die wie man sich aussprach, er nur von den souveränen Fürsten annehmen werde, ihm, der so freisinnig war, sein Land mit einer oktroyrten Verfassung zu beglücken, der den Landtag gewaltsam auflöste, der so und so viele Städte welche gegen diese äußerst souveränen Maßregeln sich aussprachen in Belagerungszustand erklärte. Was ist von einer solchen Persönlichkeit zu erwarten? Welche Hoffnungen fußen sich überhaupt auf einen erbl. Kaiser?

29. Gegen den Abgeordneten Reinhard ist wegen seiner Äußerung, daß der Staat der Kammer falsche Rechnungen

vorlegte, überhaupt wegen Majestäts Verbrechen etc., von Seite des Staats Prokurators die strafrechtl. Untersuchung erkannt worden, welche vom hiesigen Gerichte nun eingeleitet wird.

30. Seine Maj. der König abermals auf fernere 11 Tage vertagt bis zum 23.ten April.

31. Die Piemontesen, die abermals ihr Haupt erhoben u. das Schwert, welches sich an ihre Spitze stellte, Karl Albert, sind vom alten Feldmarschall Radezki nach 3 tägigen Feldzuge auf's Haupt geschlagen worden. Es scheint es fehlt ihnen entweder an der gehörigen Taktik oder an dem nationalen Selbst Bewußtsein: wohl an beiden. In Folge dieser Verhältnisse hat Karl Albert seinem Throne entsagt, welchen nun der Herzog von Savoyen besteigen wird. Letzterer ist mit Radezki in Friedens Verhandlungen getreten u. wird wohl Haare lassen müssen.

Karl Georg Valentin Rost
geboren 8. Februar 1827 in Königshofen/Unterfranken
als zweites von 12 Kindern
gestorben 21. Juli 1889 in Vilshofen/Niederbayern
Beruf: Amtmann in Vilshofen

Vater: **Johann Baptist Wilhelm Rost**

Mutter: **Margarethe Josefa Benedikta Vergho**

Ehefrau: **Ida Augusta Regina Beer**
geboren 26. Dezember 1837
gestorben 21. Oktober 1873
Heirat : 16. Februar 1862

Tochter: **Margarethe Maria Rost**
Sohn: **Karl Anton Rost**

Tante: **Maria Auguste Margarethe Vergho**
geboren 8. April 1785 in Trappstadt/Unterfranken
gestorben 13. August 1870 in der Residenz zu Würzburg
als Weißzeugverwalterin

Fundort des Tagebuchs:
In den 1970er Jahren auf einer Müllkippe zwischen
Huttenried und Schwabbruck (Oberbayern/Schwaben)

München Viktualienmarkt

München Hofbräuhaus